Collection Témoignages
dirigée par Michka Seeliger-Chatelain et Tigrane Hadengue

ISBN 978-2-84594-441-1
Mama Éditions, 1 rue des Montibœufs, 75020 Paris (France)

NOURRITURES CÉLESTES

L'éveil d'un pionnier de la restauration

Alain COJEAN

NOURRITURES CÉLESTES

L'éveil d'un pionnier de la restauration

Préface d'Alexandre Mars
Postface de Henry Vignaud

MAMA ÉDITIONS

PRÉFACE

Bien avant de le connaître, j'éprouvais déjà une grande admiration pour Alain Cojean. Je me souviens d'avoir admiré sa réussite, ses idées innovantes et ambitieuses, l'esprit résolument chaleureux et sympathique qui se dégageait de ses restaurants, que je fréquentais assidûment dès les premiers mois de l'ouverture de la rue de Sèze. Travailleur non seulement acharné mais aussi passionné, Alain avait tout d'un modèle pour le jeune entrepreneur que j'étais alors. Il régnait dans ses enseignes bleu pâle une certaine ambiance, reflet parfait de la personnalité du patron : bienveillance et sourire, élégance et simplicité, enthousiasme et professionnalisme. Il m'a été rapporté depuis que cette façon singulière de considérer chaque employé comme le maillon le plus important de l'entreprise était un trait de caractère majeur d'Alain ; respect et attention qu'il apportait bien évidemment à ses clients également.

Alain fait partie de ces très rares personnes qui ne pensent qu'aux autres. L'épanouissement de son entourage est tout simplement sa priorité. Sa vision éminemment idéaliste du monde lui a fait rencontrer un certain nombre de déceptions. Étant doté d'un caractère positif et agile, il en a tiré quelques nécessaires leçons, mais sans ciller. Son objectif est et restera de rendre les autres heureux.

Une profonde amitié nous lie et, au-delà de ce sentiment, je ressens aussi une reconnaissance infinie pour Alain, qui m'a fait avancer sur la route de la sagesse comme me l'avait recommandé mon frère avant sa mort. Dévasté par la nouvelle du départ voulu de ce dernier, je reçus quelques jours après un message d'Alain, qui avait entendu parler de cette perte. Il évoquait l'existence de la vie après la vie. Ce concept m'était bien étranger – moi si rationnel et méfiant vis-à-vis de ce type de concept. Le moment n'était-il pas finalement venu ? Ne fallait-il pas abandonner un peu de mon indécrottable rationalité pour commencer à chercher des réponses ?

Alain, généreux par définition, a pris tout le temps qu'il fallait pour m'expliquer, me donner des pistes, me conseiller des lectures essentielles. Il m'a aidé à ouvrir les yeux sur un aspect de la vie qui est devenu fondamental pour moi aujourd'hui : la vie après la vie existe bel et bien.

J'admire ce qu'Alain a bâti en Inde, et j'attends impatiemment de voir ce que sera son prochain projet. Quel qu'il soit, je sais que la générosité et le partage seront au cœur de cette prochaine aventure.

Alexandre Mars

Entrepreneur, philanthrope et auteur

Nous sommes le 4 août 2013. Il est 22 heures. Mon portable vibre dans la poche de mon jean. Quand je le prends en main, je vois le prénom de mon frère affiché sur l'écran. Je décroche immédiatement, très inquiet. Il m'appelle rarement et encore moins le soir... Je sais qu'il est à Carantec, chez notre mère, avec sa femme et ses deux jeunes enfants. « Maman a eu un petit malaise », me dit-il. Je pousse un énorme « QUOI ??? »

CHAPITRE 1

Maman

Ma mère n'était qu'amour. Toute ma vie, je n'ai vu que bonté dans ses yeux, dans ses gestes, dans tout ce qu'elle disait, dans tout ce qu'elle faisait. Toujours souriante, elle n'était que gentillesse et générosité. Elle était en permanence attentive aux autres, pensant toujours à aider, rendant une petite visite à quelqu'un si elle sentait que celui-ci pouvait souffrir de solitude ou d'autre chose, s'intéressait aux gens, avait toujours un mot agréable pour eux, un mot gentil quand elle croisait un « p'tit vieux » de la maison de retraite marchant dans une rue de notre village... Elle était toujours disponible, à l'écoute, présente.

Elle racontait souvent des histoires drôles, elle était joyeuse et, en même temps, responsable, débrouillarde, entreprenante, pleine de bon sens, informée, curieuse de l'actualité économique et politique.

Elle aimait le bon air, les fleurs, la nature, et était très attachée à la Bretagne. Elle avait un sens fort de la famille, aimait ses trois enfants de la même manière, et aussi profondément ses parents, ses grands-parents, ses cousins, toute sa famille. Elle prenait soin de tout le monde, veillait à ce que tout soit pour le mieux, quitte à ne jamais se reposer. Toujours de bonne humeur, avenante et courageuse, je ne l'ai jamais, une seule fois de ma vie, entendue critiquer quelqu'un ni vue de mauvais poil. Pas une seule fois. Elle n'était qu'amour... Elle ne se plaignait jamais, et voyait toujours le verre à moitié plein et non à moitié vide. Elle avait une force hors du commun.

Elle était incroyablement dynamique. La vie a fait qu'elle n'a pas toujours été heureuse, mais elle a tout de même toujours montré de la joie, de la bienveillance avec tout le monde, avec ses proches bien sûr, mais également avec des gens qu'elle savait qu'elle ne verrait que quelques heures ou quelques instants. Dans les trains par exemple, dans les « compartiments », ancêtres des « Club 4 », elle sympathisait très vite avec ses voisins. Si elle sentait qu'elle pouvait aider quelqu'un, elle démarrait au quart de tour.

De tout ce qu'elle a surmonté, seul l'amour prenait le dessus. Elle était d'une grande lucidité, mais avait toujours une approche positive sur les choses. Comme le dit ma sœur, elle était solaire.

De notre enfance jusqu'à notre vie d'adulte, elle se cassait la tête pour nous faire de bons plats, différents chaque jour. Elle travaillait beaucoup pour cela. Elle y a passé une bonne partie de sa vie... Avec le recul, je pense que nous trouvions cela normal. Le soir de son départ, elle préparait encore à manger pour tout le monde. Combien de fois l'ai-je vue se servir le plus petit morceau, ou le morceau le moins beau, afin de laisser le meilleur aux autres ? C'était systématique. « Les autres » étaient sa priorité.

Ma mère, l'année de ses 20 ans

Le même sourire, 50 ans plus tard

Durant ma scolarité, plus d'une fois elle a fait le tampon entre mon père et moi, notamment lorsque la directrice de l'école appelait la maison pour lui dire tout le « bien » qu'elle pensait de moi. Elle écoutait attentivement et prenait très au sérieux ce que celle-ci lui disait, mais jamais elle n'en parlait à mon père. Elle savait que cela ferait plus de mal qu'autre chose.

Elle adorait chanter. Elle avait une voix extraordinaire, haute, pure et cristalline. Je n'ai jamais entendu une voix pareille. Un jour, je lui ai fait une surprise : je l'ai fait venir dans une pièce de la maison où un ami ingénieur du son avait installé du bon matériel d'enregistrement. Elle est entrée dans la pièce et, curieusement, n'a pas été très étonnée de voir un micro sur pied, quelques câbles et un de mes amis qu'elle n'avait jamais rencontré. Avec le sourire, elle s'est approchée du micro et s'est tout de suite mise à chanter. Mon ami a appuyé sur *« on »* et on l'a laissée enchaîner les chansons sans intervenir. Je voyais qu'elle y prenait beaucoup de plaisir, qu'elle était heureuse. Et bien plus heureuse encore quelques mois plus tard, lorsqu'elle a découvert, le jour de ses 70 ans, un CD avec une douzaine de ses chansons[1].

Quand j'habitais encore à la maison, vers mes 18 ans, les seules soirées où elle n'était pas là étaient consacrées à ses associations. Elle s'était beaucoup impliquée sur des projets lors de la crise des *boat-people*. Elle s'occupait, avec certains de ses amis, de recueillir des familles

1. Je ne remercierai jamais assez mon ami POM (Pierre-Olivier Marcherand) d'avoir réalisé ce disque qui a tant fait plaisir à ma mère. Il était ingénieur du son à Ridge Farm Studio, dans la campagne londonienne où tant d'artistes, de Little Richard à Queen, sont venus enregistrer.

vietnamiennes parties de leur Saïgon natal à bord d'embarcations de fortune pour fuir les conflits armés de leurs pays. Pendant de nombreuses années, elle a mis la même énergie dans des projets d'aide au Burkina Faso. Elle était définitivement tournée vers les autres.

À cette époque, je quittais la maison familiale pour aller faire mes études à Rennes. Ce n'est qu'en écrivant ces lignes, des décennies plus tard, que je m'aperçois qu'alors, je n'avais pas pris en compte le fait que, comme j'étais le dernier des trois enfants à quitter la maison pour partir étudier, je la laissais seule avec mon père. Je trouvais cela normal et ne me préoccupais pas du changement de rythme qu'elle allait connaître.

Elle aimait rire. Je me souviens de la dernière fois où elle m'a préparé des petites crêpes dans une poêle. Elle en faisait une pile. Il n'a pas fallu que j'insiste beaucoup pour qu'elle les fasse sauter en l'air le plus haut possible. Elle a d'abord dit un petit non, un non qui veut dire oui… Et je l'ai vue faire sauter les crêpes quasiment jusqu'au plafond de la cuisine et les rattraper avec agilité dans la petite poêle. Elle prenait autant de plaisir à le faire que moi à la regarder.

Elle m'appelait parfois au bureau. Même si j'étais en réunion, je décrochais, car j'avais toujours peur au fond de moi que ce soit très important. Je lui demandais « Pas d'urgence, maman ? » ; si elle répondait non, je lui disais que je la rappellerais très vite. Parfois, elle m'indiquait que ce n'était pas urgent mais que ce serait très rapide et, en quelques mots, elle me racontait une petite histoire drôle et raccrochait en pouffant de rire. Je reprenais ma réunion en me retenant de ne pas rire à mon tour. Ce qui était parfois difficile…

Elle était aussi gourmande que moi. On aimait aller chez Martin, le salon de thé de Morlaix. Elle regardait attentivement tous les gâteaux, mais choisissait à chaque fois les mêmes... Lors de notre dernière venue, à un moment, elle m'a dit : « Oh la la, je n'ai plus faim ! » Je lui ai répondu : « C'est curieux ! Ce n'est que ton troisième gâteau ! » Et on a éclaté de rire.

Ma mère était mon socle, une force d'amour stable et éblouissante. Elle était réellement lumineuse. Elle était mon modèle, et le restera à vie.

Les tout derniers mois de son existence, elle était toujours aussi merveilleuse, aussi attentionnée, mais elle n'était plus jamais détendue. Elle ne voulait pas quitter mon père qui était alité et dépendant. Elle le laissait juste pour aller faire les courses et les faisait à toute vitesse.

Quand je l'invitais à la crêperie à Carantec ou à Roscoff, ou quand je lui proposais d'aller voir la mer, elle n'était plus détendue. Elle pensait à son mari, mon père. Une fois à Carantec, sans doute la dernière fois où nous sommes allés à la crêperie, elle n'avait pas encore reçu la crêpe commandée qu'elle voulait déjà rentrer pour être présente à ses côtés. Elle s'est donnée « corps et âme » pour lui.

Après le départ de mon père, j'étais persuadé qu'une belle partie de son existence s'annonçait pour elle. Avec du repos, de la détente, du bien-être, quelques voyages, et encore de la joie. Elle le méritait tellement... La vie en a décidé autrement. Deux mois plus tard, elle est partie à son tour.

CHAPITRE 2

Mes premières années en Bretagne

MA FAMILLE

Enfant, je vivais avec mes parents, mon frère et ma sœur aînés dans un village en Bretagne. J'étais plutôt heureux. J'adorais la nature, les bois, les jonquilles, mon chat, le vélo, mes copains, les balades, les pierres. Et, plus que tout, ma mère. À l'époque, je ne pensais pas que l'on pouvait un jour perdre sa mère. Ou plutôt, cela me paraissait tellement inconcevable, tellement irréaliste, que je ne l'entrevoyais même pas.

Contrairement à mon frère et ma sœur, je lisais peu, voire pas – ce qui contrariait beaucoup ma mère. Je ne lisais que Tintin, que je dévorais sans cesse. Tintin m'a permis de voyager. J'aimais son audace et sa pugnacité. J'avais vraiment l'impression de le connaître. J'avais beaucoup de tendresse pour Milou, mais c'est le capitaine Haddock qui avait ma préférence. J'adorais quand il s'énervait, car il était toujours drôle. J'appréciais aussi sa fidélité envers Tintin. Il lui aurait donné sa vie en cas de pépin. Mis à part dévorer ces bandes dessinées, je préférais être dehors, dans le jardin ou dans les bois, plutôt que rester lire à la maison.

J'ai assez peu connu la famille de mon père, mais j'ai eu la chance de bien connaître celle de ma mère. J'adorais mes grands-parents, mon grand-oncle et ma grand-tante. Ils n'étaient que gentillesse, simplicité et amour. Mon grand-père avait un frère, et ma grand-mère, une sœur. Les deux frères ont épousé les deux sœurs. Ils ont vécu jusqu'à la fin de leurs jours une vie de parfaite entente et de joie. Ils ont connu la guerre, des moments parfois difficiles, mais ils sont toujours restés très unis et heureux.

Mes grands-parents ont eu une fille – ma mère –, et mon grand-oncle et ma grand-tante ont eu deux garçons, Germain et Joseph, qui ont grandi avec ma mère. Ils s'entendaient très bien et sont toujours restés très liés. Avec les années, beaucoup de ces gens formidables, profondément aimants, sont partis petit à petit. D'abord mon grand-père, suivi de mon grand-oncle, ma grand-tante, puis de ma grand-mère. Ils ont été d'une gentillesse permanente avec moi et m'ont apporté un amour incroyable. Après le départ de ma mère, il y a huit ans – deux mois après celui de mon père –, mon oncle Germain est mort, quatre ans plus tard.

J'aimais beaucoup Germain. Nous n'étions pas de la même génération, mais on s'entendait comme de vieux copains. Je regrette de ne pas lui avoir rendu davantage visite les dernières années de sa vie. Quelques semaines avant sa mort, il m'a appelé pour savoir par quel train j'arrivais à Caen à l'occasion de la fête pour ses 80 ans. C'était un peu avant midi. « Dis donc, tu ne peux pas venir un peu plus tôt ? » m'a-t-il demandé. J'ai tout de suite compris pourquoi. À peine m'a-t-il vu, alors que les premiers invités commençaient à arriver, que nous sommes directement allés dans son « laboratoire », petite pièce attenante à sa cuisine où il prenait plaisir à fabriquer petits fours et gâteaux. Comme je l'avais imaginé, il a débouché une bouteille de champagne et on l'a bue tous les deux. En plus de l'amitié que nous avions l'un pour l'autre, nous avions cette discrète complicité...

Le départ de Germain a été de nouveau pour moi une leçon importante : ne pas reporter les visites à des gens que l'on aime, surtout s'ils sont âgés. Après, c'est trop tard et le « trop tard » arrive très souvent, en fait toujours, sans prévenir.

LE JARDIN EXTRAORDINAIRE

Enfant, dans mon jardin en Bretagne, j'adorais m'allonger sur la pelouse avec mon chat et regarder les brins d'herbe que j'aimais tant... J'avais remarqué que chaque brin d'herbe était une construction en soi. Une parfaite construction. Il y avait un côté pile et un côté face, le côté pile servant de structure pour le côté face. Un peu comme les constructions des cathédrales, des sortes de voûtes qui soutenaient l'ensemble. C'était à la fois tout petit et très clair. J'aimais regarder tous ces brins d'herbe, à la fois différents et semblables.

Sur cette même pelouse, les pâquerettes m'attiraient aussi. Elles m'émerveillaient. J'avais remarqué qu'elles se refermaient le soir, sans doute pour dormir, me disais-je... J'aimais également les boutons d'or, bien moins nombreux, mais leur couleur très vive me frappait. Cette jolie petite fleur, originaire d'Asie, se plaisait en compagnie des pâquerettes. J'appréciais aussi les pissenlits mais, je ne sais pas pourquoi, mon père ne les aimait pas. Sans doute les considérait-il comme des « mauvaises » herbes ? Je trouvais qu'il s'agissait également de très belles constructions, qui avaient en plus la particularité, en fin de vie, de se transformer en une boule blanche composée d'une multitude de sortes de petites plumes sur lesquelles, comme tout gamin, j'aimais souffler. En s'envolant, je ne le savais pas, les « petites plumes » permettaient de disséminer les graines.

Les fleurs pour lesquelles j'avais le plus d'affection étaient les capucines. Elles étaient de couleur jaune, orange, rouge, et leurs feuilles d'un très beau vert – les couleurs de leur lieu d'origine, la Cordillère des Andes entre la Bolivie et le Pérou. À ma naissance, ma mère en avait planté sur une grande allée du jardin et, durant toute mon enfance, elles étaient présentes par centaines, peut-être même par milliers. C'était magnifique. L'été, j'aimais observer les nombreux gros bourdons qui passaient sans cesse d'une fleur à l'autre. Je pensais que ce n'était que pour se nourrir. Ils n'arrêtaient de bourdonner qu'une fois posés à l'intérieur de la fleur, le temps de se régaler puis repartaient sur une autre fleur et ainsi de suite...

Dans mon jardin, je remarquais que, l'hiver, certains arbres gardaient leurs feuilles, contrairement à d'autres. Je me demandais comment cela était possible. J'avais remarqué que le camélia blanc s'ouvrait avant le rose. Je me demandais toujours pourquoi. Devant la maison, il y avait une rangée de quatre arbres et, au printemps, les feuilles arrivaient dans le premier arbre, puis dans le deuxième et enfin dans le troisième et quatrième. Je n'arrivais pas à comprendre pourquoi non plus. Était-ce un ordre établi entre eux ? Le hêtre, dont les feuilles changeaient de couleur au fil des mois, m'intriguait aussi, tout comme le cognassier. Comment se faisait-il que cet arbre fruitier produise des fruits que nous ne pouvions pas manger ? Ils étaient trop durs. Ma mère avait trouvé la solution, car elle en faisait de délicieuses confitures, qui, je m'en souviens, avaient le goût de pâtes de fruits. Les roses de Noël me fascinaient également, car elles s'ouvraient juste pour Noël, comme un cadeau.

Plus tard, je me suis mis à regarder les fougères. Que ce soit la fougère classique, que d'une manière générale on ne regarde pas, ou l'osmonde royale, que je ne trouvais qu'à un seul endroit - dans le petit bois à deux kilomètres à vélo de chez moi -, je ne voyais que perfection dans ces plantes.

Le soir, c'étaient les étoiles que j'admirais. Elles m'intéressaient autant que les brins d'herbe. Parfois, l'été, par temps clair, en m'allongeant sur l'herbe, je les regardais attentivement et j'étais convaincu de voir toute notre galaxie. Je n'en voyais évidemment qu'une infime partie.

J'étais loin d'imaginer que, rien que dans notre galaxie, il existait des centaines de milliards d'étoiles, sans parler des planètes encore plus nombreuses. Et les galaxies, il n'y avait pas que la nôtre ou quelques autres, se comptaient aussi en centaines de milliards et peut-être même en milliers de milliards...

Je pensais que les étoiles étaient statiques, les galaxies aussi. J'ai appris, tardivement, que les centaines de milliards de galaxies, contenant elles-mêmes des centaines de milliards d'étoiles et des centaines de milliards de planètes, ne sont pas fixes dans le ciel. Elles s'éloignent en permanence les unes des autres et de plus en plus... Même si on se force à imaginer ce que cela représente, je pense que ça dépasse totalement les capacités des animaux que nous sommes.

Je ne savais pas non plus que les étoiles naissaient et... mouraient. Je pensais qu'elles étaient, contrairement à nous, là depuis toujours et pour toujours. Je ne savais pas qu'elles suivaient la même règle que nous, comme tout ce qui a une vie d'ailleurs. Même si cela ne se fait pas comme nous en quelques années ou décennies, mais généralement en milliards d'années, elles suivent cette même logique, cette même destinée. Pour elles aussi, la mort fait partie de la vie.

J'étais impressionné, car j'avais entendu dire que certaines étoiles que l'on voit, toutes scintillantes, tellement présentes, n'existent pas en réalité, précisément, n'existent plus. « Comment est-ce possible ? me disais-je. Je les vois bien ! Elles sont présentes. » J'ai appris bien plus tard que, longtemps après l'extinction des étoiles, les photons de leur énergie continuent d'exister. Des photons de plus de treize ou quatorze milliards d'années, de « l'époque » du Big Bang, existent toujours dans l'univers. Récemment, des astronomes sont en effet parvenus à détecter des signaux liés à l'apparition des premières étoiles peu après la naissance de l'univers. La lumière de ces étoiles, disparues depuis si longtemps, a mis des milliards d'années pour arriver jusqu'à nous !

Pourquoi, d'ailleurs, les photons de l'énergie des étoiles existeraient après leur « mort » et aucune partie de nous ne survivrait après la nôtre ? « Je crois en une vie après la mort, tout simplement parce que l'énergie ne peut pas mourir ; elle circule, se transforme et ne s'arrête jamais », a écrit Einstein.

Bien plus tard, en vieillissant, j'ai appris que si des choses visibles n'existent plus, l'inverse est également vrai. Des choses invisibles existent. Je ne parle pas des ondes, de la radioactivité ou plus simplement de l'air que nous respirons ou de tant d'autres « choses » qui existent mais que l'on ne voit pas. Je parle d'une « vie » qui existe après que notre vie (physique) n'existe plus, après ce que l'on appelle la mort.

Je me souviens d'un évènement qui m'a marqué quand j'étais enfant. La télé était allumée dans le salon durant la journée, chose qui n'arrivait jamais. C'était le 21 juillet 1969. J'avais 7 ans. Je voyais mes parents avec mon frère et ma sœur, très impressionnés et concentrés sur cet évènement qu'ils regardaient sur l'écran en noir et blanc. Impressionné, il y avait de quoi l'être en effet, et je l'étais également : une personne née et vivant sur Terre foulait le sol d'une autre planète. Mais je me rappelle aussi très précisément m'être dit : « À quoi bon tout ce truc s'il y a des gens qui meurent de faim dans le monde ? » C'était il y a plus de cinquante ans... Le drame continue : un enfant de moins de 15 ans meurt toutes les cinq secondes dans le monde et pourtant, la plupart des causes sont évitables. Près d'un milliard de personnes n'ont pas accès à de l'eau potable (une des premières causes de mortalité au monde), une personne sur sept vit dans un état de pauvreté extrême... Il y a de quoi remplir des pages entières de ces chiffres dramatiques.

Je continue à me faire la même réflexion quand je vois aux infos des reportages sur la conquête de l'espace. Et on en voit de plus en plus ces temps-ci. Je me dis toujours que ce n'est tellement pas prioritaire. Tant qu'il y a une seule personne qui ne mange pas à sa faim ou qui est victime d'injustice, à quoi bon ? Le millième, le dix millième même, des sommes dépensées chaque année dans la conquête spatiale suffirait probablement à éradiquer la misère dans plusieurs pays, voire dans le monde... Le monde va mal. Avant de marcher sur la Lune ou sur Mars, l'homme marche d'abord sur la tête.

L'APPEL DES PIERRES

Les pierres ont été ma plus grande passion – une véritable obsession pendant toute mon enfance et mon adolescence. Et ça l'est encore.

Les pierres me fascinaient. Je crois bien que dès que j'ai commencé à marcher, j'ai commencé à me baisser pour les prendre en mains afin de les regarder. Leur beauté, leur construction, leur perfection me fascinaient réellement, pour ne pas dire m'hypnotisaient. J'ai donc eu très tôt une collection impressionnante.

J'avais remarqué que la construction, l'aspect de ces pierres, ressemblait souvent aux fleurs ou aux plantes que j'observais enfant, bien des années avant. Elles étaient souvent ouvertes de la même manière que s'ouvrent les fleurs. La ressemblance était parfois si frappante que j'imaginais à l'époque que la force qui les faisait s'ouvrir était sans doute commune. Une image de perfection, un dessin parfait qui s'ouvrait harmonieusement vers le ciel.

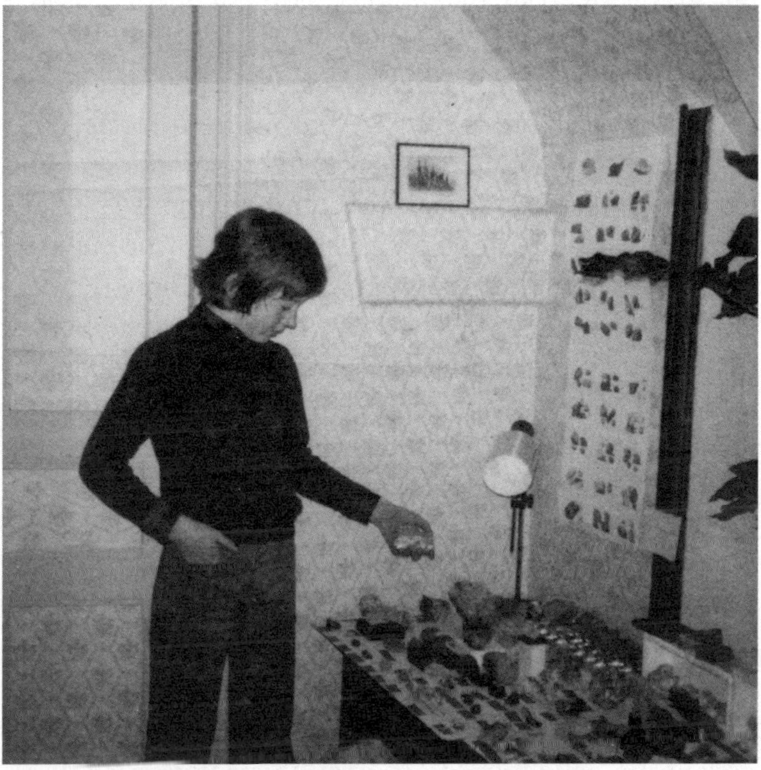

À la maison, devant ma collection de pierres

La première pierre « marquante » que j'ai trouvée était de la tourmaline. De la tourmaline noire. J'étais en 6e et je faisais ma retraite de communion à Saint-Pol-de-Léon. Pendant les récréations, j'ai trouvé cette pierre qui m'a réellement émerveillé. Deux cristaux parfaits de tourmaline noire traversant du granit. Aucun caillou ramassé par terre ne m'a autant captivé. C'est peut-être à cause de cette trouvaille que la tourmaline est restée ma pierre préférée.

Un jour, ma mère m'a amené en voiture à Corlay, dans les Côtes-d'Armor. C'est dans cette commune que l'on trouve le plus de staurotides, communément appelées « croisettes de Bretagne » à cause de leur forme qui, parfois, représentait une croix parfaite. Nous allions dans les champs qui venaient juste d'être labourés et cherchions ces pierres si particulières. Petit, elle m'accompagnait également sur une petite île à Carantec où par hasard, j'avais trouvé un petit filon de fluorine, une pierre translucide bleue et verte. Au bout d'un moment, les pierres ont également intéressé ma mère.

Je ne voyais que perfection dans toutes leurs formes, leurs couleurs. Leurs cristaux étaient parfaits, souvent différents selon les variétés des pierres, mais à chaque fois dans une sorte d'harmonie totale. J'étais absolument émerveillé. Quand je n'étais pas dans le jardin, j'étais devant ma collection de pierres. J'y passais des heures chaque jour, bien plus que devant « mes devoirs » qui me barbaient. Je n'aimais pas l'école, je m'y ennuyais. J'aimais encore moins les devoirs à faire le soir, c'était une véritable corvée, pour ne pas dire un calvaire.

À l'école, j'attendais la sonnerie de la fin des cours. À ce moment-là, je revivais...

MINOU, MON CHAT

Enfant et adolescent, j'ai vécu une véritable histoire d'amour avec mon chat. Je dis « mon chat », mais c'était une chatte. Elle s'appelait Minou. Je l'aimais. Il m'aimait également. On a vécu ensemble, si je puis dire, de mes 5 à mes 18 ans. C'était mon meilleur ami. Nous avions un lien incroyable. Je voyais de l'amour dans ses yeux. Je pense qu'il voyait la même chose dans les miens. Pas besoin de parler le français ou « le chat »... On se comprenait comme s'il était un humain, comme si j'étais un chat. Nous étions tout simplement deux animaux qui vivions au même endroit, au même moment, qui nous comprenions et nous aimions.

En me levant le matin, mon premier but était d'aller voir mon chat et de passer du temps avec lui. Le sien était sûrement en grande partie le même. On se retrouvait tous les matins et on était heureux. La plupart du temps, on se séparait dans la journée, car il y avait l'école...

Quand, en fin d'après-midi, le bus scolaire me ramenait devant chez moi, dans les cinq secondes qui suivaient, je le voyais arriver vers moi, d'un petit pas pressé, le museau en avant, avec son air tout content. Il connaissait mon heure de retour à la maison. Je pense qu'il m'attendait. Nous étions tellement amis.

Le soir, j'étais malheureux, car mon père ne voulait pas qu'il dorme dans la maison. Donc, avant d'aller au lit, c'était : « Allez ! hop ! Dehors ! » J'en étais malade. Parfois, j'entendais la pluie battante, je le regardais sur le seuil de la porte et voyais bien qu'il avait envie de tout sauf de sortir sous le ciel noir et la pluie froide, mais il était mis dehors.

Des décennies plus tard, je me demande comment cela se fait que je ne sois pas sorti avec lui quand mon père le mettait dehors. En fait, je le sais. Mon père aurait hurlé, j'aurais eu le droit à une engueulade effroyable. Cela aurait été un vrai drame. Mais avec le recul, je me dis que j'aurais dû le faire tout de même. Parfois, je repense au regard de mon chat, qu'on obligeait à sortir à ce moment de la journée quand nous, nous allions rejoindre nos lits au chaud, et cela me plonge en moins d'une seconde dans une profonde tristesse.

Le lendemain matin, je retrouvais mon chat qui semblait ne pas nous en vouloir et me donnait mon lot d'amour quotidien.

Je ne sais comment définir ce qu'il m'a apporté. De l'amour bien sûr. Mais tellement d'autres choses également. Un regard sur la vie, sur l'infini de la vie, sur le fait que nous étions en réalité assez semblables, voire semblables tout court. Son statut d'animal faisait qu'il était simplement un petit « être » de compagnie au sein de la famille, mais il était bien plus que cela à mes yeux, il était « une personne ». Nous étions six dans la famille et non cinq. Il était juste, il ne trichait pas, il était parfait. J'ai eu la chance formidable que nos vies se soient croisées.

Un matin d'hiver vers 7 heures du matin, en attendant le bus scolaire qui m'amenait à l'école et m'éloignait donc de mon chat, au milieu de la route, devant chez moi, j'ai vu son corps. Inanimé. Tout trempé et tellement froid. Je n'arrivais pas à croire que c'était mon chat. Il lui ressemblait beaucoup, mais comme il était tout mouillé et écrasé, je me disais que ce n'était pas lui. Je me persuadais que ce n'était pas mon chat. À tort.

Minou

SUR MA MOB, JE SUIS BIEN

Enfant, la mobylette a été pour moi un formidable symbole de liberté. Mon père en avait offert une à mon frère à la suite de l'obtention de son BEPC. Je regardais cette simple mob avec émerveillement. Elle représentait à mes yeux un mélange de liberté et de griserie potentielle. Je la dévorais des yeux...

Je me rappelle encore parfaitement de l'emplacement du neiman qui m'empêchait de l'emprunter quand mon frère n'était pas là. Cette sécurité bloquait le guidon et donc empêchait le moindre mouvement de la fourche. Impossible de goûter aux joies de la liberté et de la (relative) vitesse qu'elle pouvait procurer. Mon frère rangeait soigneusement sa clé en son absence et changeait régulièrement de cachette. Par chance, un jour, je suis tombé dessus et je suis aussitôt allé en faire un double à la cordonnerie du coin. Cela me permettait de l'emprunter de temps en temps.

Mon frère avait un copain, Pierre, qui avait le même âge que lui, 14 ans. Moi, j'étais ami avec Jacques, le frère de Pierre. Nous avions deux ans de moins qu'eux. Nous guettions les moments où ils abandonnaient leurs mobylettes. C'était généralement pour aller jouer au tennis le samedi. Dès que nous entendions les premières balles, nous nous précipitions pour emprunter leurs engins et nous nous amusions à rouler le plus vite possible, sans ralentir dans les virages, toujours à la limite de l'adhérence. Premières sensations de vitesse... Nous ramenions les mobylettes avec un temps de sécurité afin de ne pas nous faire attraper par nos frères respectifs.

À 13 ans, j'ai acheté une vieille mobylette bleue à un voisin marin pêcheur. Cinquante francs, un peu plus de sept euros. J'étais heureux comme tout. J'avais enfin ma propre mobylette ! Je l'adorais. Cela n'avait pas plu du tout à mon père qui, bien naturellement, m'interdisait d'aller sur la route avant l'âge autorisé. Alors je la briquais dans le jardin en attendant d'avoir mes 14 ans et... et en attendant aussi qu'il prenne sa voiture pour aller voir des clients afin d'avoir ce plaisir, interdit mais tellement intense, de rouler sur la route.

Avec un de mes voisins, nous adorions nous retrouver pour rouler sur des petits chemins, les plus cabossés possible. Parfois, quand il avait plu, nous allions près de chez nous sur un chemin presque impraticable en temps normal et totalement impraticable quand il avait plu. C'était pire que du verglas, bien plus glissant qu'une patinoire, ce qui nous motivait d'autant plus. Pour ne pas tomber ou essayer de ne pas tomber, il fallait y aller le plus à fond possible, dans une concentration totale et surtout sans décélérer un seul instant. De vraies sensations fortes.

À cette époque, j'aimais aussi beaucoup aller, avec un copain de mon village, dans un endroit que l'on appelait le « bourrier ». On ne parlait pas encore de décharge publique ou de déchetterie et encore moins de tri sélectif. C'était un champ immense au milieu d'une très belle nature dans lequel les éboueurs venaient tous les jours vider le contenu des poubelles récupéré chez les particuliers de mon village et des villages voisins. Tout y était déposé en vrac, sans le moindre tri. Cela peut paraître bizarre, mais j'adorais m'y balader et y fouiner. J'y passais des après-midi entiers et j'y trouvais des trésors. Un jour, j'y ai découvert une mobylette pas très ancienne avec en plus des amortisseurs arrière, ce qui était le must pour les amateurs de mob. Celle de mon frère n'en avait pas. Je l'ai traînée jusque chez moi et avec mon copain, on l'a remise en état. Sa couleur (orange) ne me plaisait guère, mais j'étais tout de même très heureux de ma trouvaille.

ÉPANOUI SUR TATAMI

Le judo a également été pour moi une passion dévorante. Je ne me souviens plus du moment précis où j'ai voulu en faire... mais j'en rêvais depuis que j'étais tout petit. Le déclencheur n'a pas été les films de Bruce Lee, encore inconnu en France à l'époque.

Je me demandais tout le temps pourquoi il n'y avait pas un club de judo dans mon village.

Un matin, j'ai poussé la porte de la mairie de mon village pour demander à voir le maire. Je devais avoir environ 7 ans. Le vieux secrétaire de mairie me regardait entrer avec surprise et m'a tout de suite demandé ce que je voulais. « Voir le maire », lui ai-je répondu aussitôt. Le bureau de la mairie était tout petit et le maire est sorti de son bureau, tout sourire. Amusé et surpris, il m'a demandé ce que je voulais. J'ai répondu : « Un club de judo à Taulé » Un peu interloqué et attendri, il m'a demandé : « Mais où on ferait ça ? » Je lui ai répondu du tac au tac : « Dans la salle du patronage. » Ce maire, Jean Penn, était un homme adorable. Il souriait et n'écourtait pas la discussion. Je revois encore son visage attendri. C'était un très brave homme.

Quelque temps plus tard, ma mère me montra un article dans le journal local : « Un jeune sportif de la commune a

Félicien Bizouarn, mon prof de judo

manifesté son désir de faire du judo. Les personnes intéressées peuvent se faire connaître auprès de la mairie. » Petit sondage du maire.

Deux ans plus tard, l'année de mes 9 ans, le premier cours de judo se tenait à Taulé dans la salle du patronage. J'ai rencontré pour la première fois mon prof, qui allait avoir une importance capitale dans ma vie. Dans ma vie d'enfant, d'adolescent, et je dirais même, d'adulte. Je trouvais ce professeur extraordinaire, et il l'était réellement.

Toute mon enfance et mon adolescence, j'ai pratiqué ce sport, cet art martial, avec une grande assiduité. À 16 ans, je suis passé ceinture noire dans mon club de Taulé et me souviens que ce jour-là mon prof m'a dit : « Voilà, ça commence maintenant ! » C'était tellement juste. Tout était dit dans cette phrase ! Le judo enseigné par ce professeur était un état d'esprit, une merveilleuse école de la vie, une école d'humilité.

VOULEZ-VOUS COUCHER AVEC MOI CE SOIR ?

Je me souviens de mon premier orgasme. Je devais avoir 12, 13 ans environ, car c'était en fin de classe de 5e. La première réflexion qui m'est venue tout de suite après cette « surprise » que j'avais forcément trouvé indescriptible, a été : « Mais comment se fait-il qu'il y ait des tensions, des choses si négatives dans le monde quand on connaît ces quelques secondes incroyables ? » C'était une réflexion de môme, mais elle m'était venue à l'esprit de manière extrêmement forte, comme une évidence.

À cette période, je suis entré un jour, pour passer le temps, dans une micro-librairie non loin de l'emplacement où nous attendions le bus qui nous ramenait à la maison après l'école. J'y ai découvert des magazines pornos. Le responsable, un grand gars assis sur un tabouret haut, fumait clope sur clope et ne faisait pas du tout attention à moi. J'en ai profité pour tourner fébrilement les pages de ces magazines... Mon rythme cardiaque s'est emballé d'un seul coup et mon cœur n'a cessé de battre la chamade. Sensation aussi nouvelle que forte.

Cette année de 5e était aussi celle où passait sans cesse à la radio une chanson de Lady Marmelade, *Voulez-vous coucher avec moi ce soir?* devenue un tube dès sa sortie. Cette chanson ne me laissait pas de marbre non plus. C'était l'époque où je découvrais la sexualité.

LE TABLEAU NOIR DE L'ÉCOLE

Le stress des bulletins scolaires

Seule ombre au tableau: mes bulletins scolaires. Mes premiers stress. Les premiers d'une longue série... Je ne pensais qu'à cela. À la maison, avec mon père, tout était basé sur ça. C'était son seul critère de reconnaissance. J'étais passionné par plein de choses, mais pas par l'école, dont le seul intérêt à mes yeux était de pouvoir y retrouver mes copains. Et comme ces bulletins étaient remis tous les trimestres, ils ont rythmé mon enfance et mon adolescence, mais pas dans le bon sens. Dans les yeux de mon père, je ne voyais que cela... On parlait peu et je mesurais en permanence l'impact qu'avaient les bulletins sur lui. Sur lui, et donc sur moi.

Vers 15 ans, j'ai trouvé une parade : la falsification. Mais pour mener à bien l'opération, il fallait les avoir en ma possession, ces fameux bulletins, avant qu'ils n'atterrissent sur le bureau de mon père. Pour cela, je passais les premiers jours de mes vacances à bêcher les parterres dans le jardin. Cela me permettait de guetter l'arrivée de la factrice, qui me confiait le courrier. Tant que je n'avais pas récupéré mon bulletin, j'avais la peur au ventre. Cela me gâchait toutes mes vacances. Une fois le bulletin récupéré, j'y ajoutais, lorsqu'il y en avait besoin, quelques remarques atténuant celles des professeurs.

À partir de la classe de seconde, j'étais devenu expert en la matière. J'avais dérobé dans le bureau de la directrice de mon école un butin magnifique : une boîte entière d'imprimés vierges et le tampon de sa signature. Chaque bulletin comprenait une feuille originale blanche suivie d'une feuille carbone et d'un double de couleur jaune. La technique était simple, mais en même temps elle n'est pas si simple à expliquer. Elle consistait à réécrire, dans les cases correspondantes, les quelques bonnes remarques de bulletins précédents directement et très exactement sur l'écriture du professeur, avec en dessous la feuille carbone et le double de couleur jaune. C'était au millimètre près, il fallait être très précis. Ainsi, la bonne remarque s'imprimait sur le double jaune et c'est celle-là que je postais de la ville de mon école, après modification de certains commentaires désobligeants.

Cela me permettait, au moment de l'arrivée des bulletins, de ne pas lire dans les yeux de mon père ce sentiment de nullité qui me faisait beaucoup de mal. Je ne me sentais pas nul en tout cas et, surtout, pas fainéant. Je m'intéressais à plein de sujets, à plein de choses mais l'école ne me parlait pas. L'encadrement ne me plaisait pas. La directrice de l'école était une religieuse et, je ne sais pas pourquoi, elle m'avait dans le nez...

Mes bulletins originaux étaient loin d'être nuls, mais ce n'était pas de « bons bulletins ». La clé de la relation entre mon père et moi était ces fameux bulletins.

Un soir, de ma chambre, j'ai entendu mon père crier dans la cuisine. Il parlait à ma mère et je savais que c'était à mon sujet. Je soupçonnais fortement un appel de la directrice de l'école. Tout doucement, j'ai ouvert la porte de ma chambre et me suis glissé, en chaussettes, dans le noir, au milieu de l'escalier, à un endroit où je pouvais entendre la « conversation » sans risquer d'être surpris. Je l'ai entendu dire des mots durs à mon égard. Et quand il a dit : « Qu'il aille faire son régiment ! », je suis reparti dans ma chambre, toujours sur la pointe des pieds. La nuit ne s'annonçait pas bonne pour moi.

Un classement qui me glace

Bien des années plus tôt, en primaire, nous étions une trentaine d'élèves en classe. Et nous étions classés. J'étais souvent huitième, neuvième, onzième. Personnellement, cela ne m'affectait pas du tout. Je l'étais davantage par le principe même de classement. Le premier est untel, le deuxième est untel, etc., jusqu'au trente-deuxième et dernier.

Dans ma classe, Sylvie était toujours la dernière. À la remise des notes, son corps se tassait et je la voyais baisser la tête avec une tristesse inouïe. Je trouvais cela affreux et me disais que ce principe de classement devrait être interdit. Je la regardais discrètement et lorsque je voyais sa tête, j'avais autant de tristesse qu'elle, si ce n'est plus...

Je n'ai jamais aimé les classements. Je pense que cela a dû abîmer, voire démolir plus de gamins que cela en a motivé. Je suis convaincu que cela fait plus de mal que de bien. J'ai toujours détesté cela, maintenant plus que jamais.

Cinquante ans plus tard, Sylvie est la seule personne que je revois de mes premières années d'école. Quand je retourne dans mon village, c'est avec elle que j'ai plaisir à discuter. Une intelligence pragmatique et toujours de l'attention envers autrui. Je l'admire pour la manière dont elle s'occupe quotidiennement de sa mère. À ce niveau-là, c'est sûrement elle la première.

Je ne sais pas si c'est à cause de cela que je déteste les émissions de divertissement où il y a élimination afin d'arriver à un classement. Que ce soit des émissions sportives, musicales, de cuisine ou autres, je déteste le principe de classement et d'élimination. Le deuxième candidat a probablement autant de talent que le premier. Et le dernier a sûrement un talent également... Récemment, j'ai remarqué qu'une célèbre émission musicale, basée sur la sélection et donc l'élimination, était organisée avec des enfants. Je trouve cela dingue. Déjà, pour des ados ou des jeunes adultes, je trouve cela d'une grande dureté, mais a-t-on imaginé les conséquences sur les enfants ? C'est trop violent. Tous les participants sont doués et il n'y a pas vraiment quelqu'un de meilleur qu'un autre, surtout à cet âge-là. A-t-on pensé à la façon dont ils peuvent réagir ? De manière visible ou non d'ailleurs – ce qui est encore pire. Bien sûr, la compétition et principalement l'émotion visible chez des candidats créent de l'audience, donc de la publicité et donc des revenus. Mais la production a une responsabilité. Les parents aussi, et surtout le spectateur.

Il me revient à l'esprit un garçon en primaire qui portait toute la misère du monde sur ses épaules pendant les récréations. Il avait eu, j'imagine, de très mauvaises notes et la maîtresse, une religieuse sévère, n'avait rien trouvé de mieux que de lui fabriquer un bonnet d'âne en carton, qu'il devait garder pendant les récréations. Quelques gamins tournaient autour de lui en se moquant. Je trouvais cela abominable. Comment la maîtresse pouvait-elle penser une seconde que cela allait motiver ce pauvre gamin à mieux travailler ? Ce n'était sans doute pas son but en fait, elle voulait le punir, le vexer. Ça au moins, elle avait réussi. Le gamin était à plaindre. La religieuse aussi.

Je ne pense pas que le principe de classements auquel sont soumis les enfants dès les petites classes soit une bonne chose. Cela peut, à mes yeux, les inciter, voire les former à une forme de compétition, de rivalité, en tout cas une forme de concurrence qui n'est pas souhaitable et surtout, même si cela peut en motiver certains, cela peut décourager et parfois même en humilier d'autres... Dans l'absolu, un enfant devrait être encouragé à aider ses petits camarades et également noté sur sa faculté à le faire. Cela devrait être une matière scolaire en soi. Lorsqu'un gamin aide à faire comprendre un exercice à un autre, c'est bénéfique pour les deux. Pour l'instant présent et pour plus tard.

Mis à part mon tout premier jour à la maternelle (un horrible moment), je n'ai pas beaucoup de souvenirs de mes premières années d'école, sauf un, précis. J'étais en 10e, ce qui doit correspondre au CE1 maintenant, je pense. En fin de cours, nous avions un exercice de calcul à faire et nous n'avions pas le droit de sortir à la récréation avant de l'avoir fini. Les « meilleurs » élèves étaient sortis rapidement, les élèves « moyens » ensuite et nous entendions leurs cris dans la cour. La maîtresse, une religieuse sévère, était également sortie de la classe. Je faisais partie des derniers, qui n'arrivaient pas à faire ce petit exercice de mathématiques. Je ne sais plus qui en partant, avant de poser son cahier d'exercices sur le bureau de la maîtresse, s'est penché vers moi et m'a expliqué en quelques instants la résolution toute bête du problème. Je ne me rappelle même plus si c'était une fille ou un garçon. Je n'ai en tête que ces quelques instants de pure bienveillance, quelques mots simples et très, très vaguement, le sourire de satisfaction de cet enfant après qu'il m'eut expliqué le sujet qui nous plombait tant. En revanche, je me souviens très bien être venu ensuite voir Sylvie, ma voisine, désespérée par cet exercice et lui expliquer en quelques instants également, comment répondre. Tilt ! Elle a compris tout de suite et nous sommes sortis pour la récréation, hélas écourtée.

Ce petit épisode m'a marqué. La maîtresse, avec son air si sévère et ses longs cheveux gris-blanc maintenus par son voile noir, aurait pu passer une heure auprès de Sylvie et moi à nous crier dessus, nous n'aurions pas réussi à trouver « la solution du problème » comme on le disait à l'époque, je crois... Il n'a fallu pas plus de trois ou quatre secondes à un petit camarade de classe pour me faire comprendre le « truc » et à peu près le même temps pour que Sylvie le comprenne à son tour. Comment cela se fait-il ? Je crois que cela s'explique parce qu'il n'y avait pas de jugement, d'a priori, à l'opposé de l'enseignement de cette sœur qui nous faisait passer pour des ânes si on ne comprenait pas tout de suite. L'impression de l'être, ou du moins d'être perçu comme tel, paralysait les facultés d'apprentissage de certains, dont je faisais partie. Un enseignement par la peur et la honte, alors que nous n'avions que 7 ou 8 ans.

LE TEMPS DES COPAINS

Toute mon enfance, dans mon village, j'ai eu de bons copains. Plus tard, en entrant en 6e dans un collège en ville à quelques kilomètres de chez moi, je m'en suis fait d'autres. J'ai notamment rencontré Pierre, avec qui je suis très vite devenu ami. Nous avions les pierres comme passion commune.

Deux ou trois ans plus tard, à l'âge où on avait le droit de conduire des mobylettes, il m'a invité chez lui et j'ai ainsi rencontré sa famille, qui m'a marqué pour le reste de ma vie. Ils avaient une maison incroyable dans le Finistère, tout au bout d'une pointe rocheuse, à quelques dizaines de mètres de la mer, sans aucune clôture. Une ancienne maison de pêcheur agrandie, appelée « le Fort » où, je m'en souviens, il n'y avait pas l'électricité. C'était un endroit unique, où chacun des cinq frères et sœurs invitait leurs nombreux amis. Il y avait en permanence de très grandes tablées toujours très joyeuses. Les parents venaient souvent nous rejoindre le soir et dînaient avec nous. La pièce était éclairée par le feu de la cheminée et quelques bougies ici et là. Après le dîner, toujours très gai, on allait se coucher dans une grande pièce à l'étage où se trouvaient des duvets et de nombreux matelas un peu en vrac. Les parents avaient leur chambre. Tous les enfants de cette famille nombreuse étaient détendus, heureux, très ouverts et s'entendaient tous très bien entre eux. Ils étaient champions de voile. C'était à mes yeux « la maison du bonheur ». J'étais sidéré et fasciné par le sentiment de liberté, de positivité qui y régnait. Il y avait une sorte d'optimisme intense et permanent dans l'air. Je n'ai, je crois, jamais connu ailleurs une ambiance pareille. Un endroit vraiment unique. Ce n'était pas du tout le genre d'endroits où étaient évoqués les sujets qui fâchent, comme les bulletins scolaires...

Quand je rentrais ensuite chez mes parents, j'avais besoin d'un petit temps d'adaptation. Mon père était strict et me parlait peu. La transition me donnait le cafard pendant quelque temps. C'était systématique.

Il n'y a pas très longtemps, un de ces derniers étés, soit une quarantaine d'années plus tard, je suis retourné au Fort. J'étais assez troublé en empruntant le petit chemin qui mène à la maison. En arrivant sur place, j'ai trouvé très exactement la même ambiance. Plein d'ados souriants, détendus, des jeunes pleins de vie partout et leurs parents, qui étaient mes amis quand nous avions l'âge de ces jeunes. L'horloge avait tourné super vite. Une vie était passée, mais l'endroit et l'atmosphère étaient totalement identiques. La mère de mon ami, devenue depuis longtemps grand-mère et même arrière-grand-mère, était toujours là, aussi douce et bienveillante qu'à l'époque. En fait, rien n'avait changé. Les mêmes ondes d'amour irradiaient l'endroit. Définitivement, un lieu absolument unique.

De retour de l'école, le soir, avant d'aller me coucher, quand mes parents regardaient la télé, que mon frère révisait ses leçons, j'aimais retrouver un petit voisin, Hubert. Nous devions être en 5e, peut-être en 4e. Nous adorions plus que tout un jeu : lancer des bombes à eau sur le pare-brise des voitures. Nous avions appris comment fabriquer ces « bombes » en papier. C'était une technique de pliage assez simple à partir d'une feuille A4 qui permettait d'en faire un petit récipient que l'on remplissait d'eau ensuite. On se cachait derrière le mur du cimetière de mon village et on attendait qu'une voiture passe. Quand on sentait que la voiture arrivait juste à notre niveau, l'un d'entre nous sortait la tête du mur, comme un diable qui sort d'une boîte, lançait sa bombe en plein pare-brise, et rebaissait sa tête aussitôt. La surprise de l'automobiliste était totale et on partait à chaque fois dans un fou rire incontrôlable. C'étaient des moments de joie et de poilade formidables. Nous avions ensuite fait évoluer la technique. On lançait les bombes, lui d'abord et ensuite moi, ou inversement. Double effet « *kiss cool* ». Parfois, je me positionnais au début du mur et balançais ma bombe. Une fois remis de ses émotions, le conducteur repartait et boum ! Hubert l'attendait au bout du mur avec un deuxième projectile. C'était toujours une grande partie de rigolade !

Un soir, on a entendu une camionnette arriver et on s'est dit : « Celle-là, on ne va pas la louper ! » Au tout dernier moment, on s'est levés en même temps et, dans un même mouvement, on a balancé nos engins artisanaux remplis d'eau. Plof ! Plaf ! « Merde ! Des gendarmes ! » Ce coup-ci, on n'a pas ri du tout et on a pris nos jambes à notre cou. Ils étaient deux. Je m'en voulais, car je n'avais pas reconnu le bruit du moteur. Ils nous ont couru après entre les tombes. C'était un vrai stress, car il ne s'agissait pas d'un seul gendarme, qui aurait été facile à semer en courant très vite, mais de deux, ce qui changeait tout. Tout en courant le plus vite possible, il fallait gérer leur technique de zigzags dont le but était de nous encercler, ou au moins d'attraper l'un de nous deux. Je me souviens encore des démarrages en trombe entre les tombes, des freinages puis des accélérations... Ils étaient vraiment décidés à nous coincer. Heureusement, on était plus rapides qu'eux, mais quel stress épouvantable !

On a laissé passer quelques soirs, mais l'envie de recommencer était trop forte. Un soir, on a balancé nos bombes sur le pare-brise d'une voiture puis on a baissé la tête. N'entendant pas la voiture redémarrer, au bout d'un moment, on a relevé doucement la tête au-dessus du mur et on s'est retrouvés nez à nez avec le visage rouge écarlate du conducteur, fou de rage. Sans se dire un mot, on a dévalé les allées du cimetière et sauté par-dessus le mur de l'autre côté. On a continué à courir et on s'est aperçu que le conducteur faisait la même chose, bien décidé à nous rattraper. On a traversé les jardins de plusieurs propriétés, puis un lotissement en construction. Une maison en travaux nous a servi d'abri pour reprendre notre souffle. Hubert s'est assis par terre les jambes écartées, épuisé, essayant de retrouver une respiration normale. Il avait un problème d'asthme. Je pensais que nous étions sauvés mais par sécurité, j'ai tout de même jeté un œil par la fenêtre pas encore posée. Et non loin, j'ai vu un homme tête baissée, courir vers notre refuge ! « Vite, Hubert ! Vite ! Le mec arrive ! » Le pauvre Hubert a dû reprendre la course et on a, au bout d'un moment, réussi à semer ce conducteur pugnace. Il s'agissait du médecin du village, resté peu de temps en exercice. Heureusement que je n'avais jamais été en consultation chez lui, sinon, j'étais cuit.

Quelques jours plus tard, ma mère me dit : « Tiens, Alain, le docteur untel quitte la commune et j'ai promis que tu irais chez lui dimanche pour lui donner un coup de main pour son déménagement ! » Inutile de dire que j'ai trouvé je ne sais plus quelle excuse pour y échapper.

Hubert était un peu plus jeune que moi et, pourtant, il est déjà parti de l'autre côté du rideau. Je l'ai appris très récemment et cela m'a fait beaucoup de peine. Il n'avait pas eu une vie facile, avait connu de sérieux problèmes avec l'héroïne et l'alcool. C'était un gentil garçon, trop gentil peut-être. Il y a quelques jours, je suis passé devant la tombe de sa famille qui nous a vus cavaler tant de fois, et j'y ai vu inscrit « *Hubert 1962-2020* ». Je lui ai parlé en espérant qu'il m'entende.

J'avais un autre copain, Loïc, avec qui j'adorais m'amuser. Il y avait tout près de chez lui un voisin très ronchon. Il râlait tout le temps, confisquait nos ballons, nous engueulait quand on faisait du vélo devant chez lui, etc. Bref, un vieux grincheux pas sympa du tout. On a finalement prévu de lui jouer un tour. Pour sortir de chez lui en voiture, il était obligé de passer par un petit chemin de terre avec un peu d'herbe au milieu. Un jour, connaissant un peu ses horaires, on a déposé un gros tas de fougères en plein milieu du chemin, un deuxième un peu plus loin, un troisième ensuite et enfin, un quatrième encore un peu plus loin et un peu moins épais. Cachés derrière une petite haie à moins de trois mètres du dernier tas, on l'a entendu sortir de sa voiture au premier tas de fougères, en gueulant et en donnant des coups de pied dedans, puis il est remonté dans sa voiture en jurant et en claquant violemment sa portière ! Loïc et moi, on se regardait dans les yeux en silence mais avec le sourire... Le deuxième tas, il a roulé dessus, le troisième aussi mais à plus vive allure, sans doute pour essayer de calmer ses nerfs. Arrivé non loin du quatrième tas, rassuré que celui-ci soit moins fourni, il a accéléré encore et on a entendu un grand « BOUM ! » en même temps que des jurons. Nous avions dissimulé d'énormes cailloux derrière ces quelques fougères... Il est sorti en hurlant. Nous étions séparés de lui juste par une petite haie. S'il nous avait vus, je crois qu'il aurait été capable de nous tuer tellement il était énervé. Pendant qu'il jurait, Loïc et moi, recroquevillés tous les deux, nous nous regardions avec ce mélange de peur intense et de joie, intense également, car nous avions réussi notre coup. Mais derrière le petit buisson, on osait à peine respirer.

MON PROF DE PEINTURE

De la 6e à la 3e, j'ai eu un prof d'anglais épouvantable. Il a terrorisé des centaines et des centaines d'élèves pendant toute sa carrière. Il était connu pour cela. Aujourd'hui, cela ne serait plus possible. Dans la minute, ses agissements seraient dénoncés sur Internet et il serait, à juste titre, exclu de l'Éducation nationale et poursuivi.

En 6e, dès les premiers jours de la rentrée, il avait crié : « Cojean, t'es nul ! Ton frère était bon, toi, t'es nul ! NUL ! » Nous retenions tous notre respiration pendant les cours. Nous avions 11 ou 12 ans. On tremblait. C'était une armoire à glace, avec les cheveux blancs en brosse, et il criait très fort, il nous insultait, il nous tirait les cheveux. C'était terrible. D'autant plus terrible que personne ne bronchait... Il hurlait véritablement en classe. S'il voyait un gamin un peu songeur ou pas très concentré, de l'estrade, il lui jetait de toutes ses forces son livre, un cahier ou un stylo à la figure. Nous avions tous très peur.

Quand j'étais en 5e, les fenêtres de la classe permettaient de voir arriver les profs sur une espèce de coursive une dizaine de secondes avant qu'ils n'entrent dans la classe. On était forcément devenus des spécialistes du guet. On chahutait, mais quand on voyait ce prof arriver, on s'asseyait dans la seconde, les bras croisés, dans un silence religieux.

Une fois, alors que par la fenêtre je ne voyais aucune tignasse blanche arriver, j'étais debout en train de rigoler avec un copain tout en continuant à guetter l'ennemi. La voie était libre et j'en profitais. Tout d'un coup, j'ai vu ce professeur devant moi, comme un diable sorti d'une boîte, rouge comme une tomate et les yeux grands ouverts de rage. J'étais le seul debout et il est arrivé vers moi en criant : « La ruse des Sioux ». Il était venu à quatre pattes, donc invisible des fenêtres. Il avait attrapé quelqu'un. C'était moi. Ce fut ma fête.

Un jour, pour m'amuser, j'ai eu l'idée de l'enregistrer pendant un cours. Le matin, j'ai emprunté le petit magnétophone de mon frère et suis allé à l'école. L'exercice peut paraître simple, mais avec lui c'était quasi impossible car ce prof avait une manie particulière: quand il avait le dos tourné vers le tableau et qu'il y écrivait à la craie, il avait la faculté incroyable de se retourner en un millième de seconde pour attraper un élève qui regardait ailleurs ou qui osait discrètement dire un mot à son voisin. Quand il se retournait très brusquement et qu'il voyait un élève bouger un petit doigt, il entrait dans une colère effrayante. Dans le meilleur des cas, on se prenait une craie dans la figure... Ce matin-là, j'avais installé mon petit magnétophone dans le casier de mon bureau, et le micro qui y était relié était caché derrière ma trousse. Mon voisin était pétrifié pour moi, mais j'étais décidé. Je n'aurais rien fait de cet enregistrement, sauf l'écouter ensuite le soir avec mes copains. L'entendre gueuler « enculé ! » nous aurait fait marrer après coup.

J'attendis que le prof ait le dos tourné pour avancer tout doucement mon doigt vers le magnétophone afin d'appuyer discrètement sur la touche rouge *Record*. Le mouvement de ma main était quasi invisible mais tout d'un coup, cette armoire à glace s'est retournée en un millième de seconde et m'a regardé fixement. « Qu'est-ce que tu fais, Cojean ? » Mon cœur avait beau n'avoir que douze ans, il a failli s'arrêter. Je lui répondis : « Rien ». Mais il insista : « QU'EST-CE QUE TU FAIS, COJEAN ? » Je lui répondis de nouveau « rien » en essayant d'être le plus convaincant possible et en espérant qu'il ne vienne pas à ma table. Hélas, c'est ce qu'il fit. Je le vis débouler vers moi, dans une colère folle, le visage écarlate, prêt à exploser. Il était tellement déterminé à me montrer sa rage qu'il restait là à me fixer en hurlant. Il n'a donc pas vu mon micro situé à quelques centimètres de lui. Il m'a regardé longuement, les yeux imbibés de fureur, et a hurlé de plus belle : « TU FERAIS MIEUX DE M'ENREGISTRER!!! » Incroyable ! J'ai eu chaud aux fesses.

Parfois, quand un élève avait un correspondant anglais, celui-ci était invité à assister à une journée de classe. C'était à se tordre de rire, mais il ne fallait surtout pas le montrer. Notre prof tentait de se faire comprendre en parlant anglais au correspondant et celui-ci répondait sans cesse : *« Sorry ? Sorry ? I don't understand ! »* Il ne comprenait pas ou presque rien de ce que lui disait le grand nerveux qui prenait sur lui pour ne pas exploser. C'était drôle !

J'ai aussi le triste souvenir de Serge, un petit gars gentil comme tout et si fragile, à genoux sur le sol de la classe, en train de se faire tirer les cheveux par ce prof qui lui dit en même temps devant tout le monde : « Ah... C'est infect de respirer le même air que toi ! » Serge avait dû oublier de mettre un « s » à un verbe de la troisième personne du singulier. Cela rendait complètement dingue ce prof. Nous étions en 5e, nous devions avoir 12 ans.

J'ai récemment rencontré en Bretagne un copain de cette époque et lui ai demandé des nouvelles de Serge, ce garçon si gentil et hélas perdu de vue depuis longtemps. J'ai appris qu'il était passé de l'autre côté du rideau. J'ai eu, et j'ai encore, de la peine. Quand je pense à lui, je revois son visage totalement apeuré et abattu quand il se faisait hurler dessus par ce prof enragé. Je me souviens d'un petit brun, gentil et mignon comme tout, avec des yeux de petit chien effrayé, devant ce prof qui n'aurait jamais dû l'être. C'était trop violent pour le gamin qu'il était, trop violent pour nous tous.

Un jour, alors que j'étais en 3e, ce professeur m'avait demandé, en plein milieu du cours, de me mettre debout afin de m'interroger devant toute la classe. Plus il me questionnait en criant, plus je me fermais comme une huître. À un moment, il a dit: « Son frère était intelligent pourtant... » Quand mon frère était en 3e, il avait, il est vrai, deux ans d'avance et moi... un an de retard. Mais je ne me sentais pas plus con pour autant. Je crois que je garderai toute ma vie la tonalité de sa voix quand il me criait: « Cojean! T'es nul! T'ES NUL! »

Qu'ai-je retenu de ces années avec ce prof? Une chose: quand on dit, quand on hurle à quelqu'un qu'il est nul, il risque de le devenir. C'est ce qui m'est arrivé. Je suis nul en anglais. J'arrive à me débrouiller partout quand je vais à l'étranger, j'arrive à peu près à l'écrire, mais je serais incapable de lire un livre dans cette langue et d'en comprendre parfaitement le sens. Je n'arrive même pas à comprendre les paroles de certaines chansons. La seule chose qui m'importait à l'époque, ce n'était pas d'apprendre et d'essayer de devenir bon en anglais, c'était d'éviter l'engueulade. C'était ma priorité quotidienne, comme beaucoup d'autres gamins.

Les paroles, d'une manière générale et celles des profs tout particulièrement, surtout lorsqu'elles s'adressent aux gamins, ont un pouvoir énorme, dans le bon sens ou dans le mauvais. Elles ont une force que l'on ne soupçonne pas. Elles peuvent faire naître des envies, des rêves, des vocations même, ou au contraire... les briser. Elles ont un réel pouvoir sur la vie. Dans un sens, elles sont « magiques »: Dire « T'es nul! » peut, en effet, être comme jeter un sort ou se transformer en une sorte de prophétie.

Quand j'eus 15 ans, j'ai voulu à mon tour donner une petite leçon à ce prof d'anglais. Avec mon ami Marc, à la sortie des classes, après avoir attendu la fin de la sonnerie, devant les élèves qui sortaient des cours et leurs parents venus les chercher, nous avons peint sa voiture en rose et une fois ce travail effectué, rapidement mais méthodiquement, nous sommes partis en courant. Plus de quarante ans après cette petite histoire, j'en entends encore parfois parler quand je rentre dans mon village. Bien que nous ayons été vêtus de bleu de chauffe, avec une casquette sur la tête et des lunettes de soleil, il n'a pas fallu longtemps à la police pour nous confondre (à ce sujet, bravo au commerçant qui nous avait vendu la peinture… et nous avait dénoncés).

Quelques mois plus tard, Marc et moi sommes convoqués au commissariat de police de Morlaix. Ma mère (qui n'avait rien dit à mon père) et moi sommes arrivés en même temps que Marc, qui était accompagné d'Alexis Gourvennec, son célèbre père (« paysan directeur général », comme le désignait un livre qui lui avait été consacré). Ce dernier, en arrivant au commissariat, avait dit avec sa grosse voix : « Pour une fois, ce n'est pas moi qu'on vient chercher ! » Il faisait allusion aux différentes arrestations qu'il avait connues lors des manifestations agricoles dont il était le leader, notamment une majeure en 1961 où il avait, avec des copains agriculteurs, organisé l'occupation de la sous-préfecture de Morlaix après avoir sorti le sous-préfet de son lit en pleine nuit. Plus de 6 000 agriculteurs de la région avaient alors aussitôt envahi la ville pour demander sa libération et sous cette pression, il avait été libéré au bout de quelques jours et porté en héros par ses collègues dans les rues de la ville.

Je me souviendrai toujours de cette scène dans laquelle le commissaire faisait tous les efforts possibles pour ne pas éclater de rire. Peut-être avait-il eu ce prof d'anglais dans son enfance. À la manière d'un Philippe Bouvard, je le voyais faire des petits bonds sur son fauteuil en s'efforçant de toutes ses forces de ne pas éclater de rire. Il disait quelques mots et s'arrêtait brusquement de longs instants, car il sentait que le fou rire allait arriver au prochain mot prononcé. Je n'en revenais pas ! Je me disais : « Ce n'est pas possible ! Il va éclater de rire ! » Alexis, le père de Marc, commençait également à avoir du mal à se retenir et l'approche d'un fou rire ne semblait pas l'inquiéter plus que cela. Ma mère, très gênée, faisait également tout son possible pour rester sérieuse, mais comment l'être quand Alexis et le commissaire commencent à rire et au bout de quelques minutes, à rire aux éclats ? Elle y arrivait à peu près, cependant. Et plus le prof s'énervait et devenait rouge écarlate, plus les deux hommes rigolaient. C'était surréaliste. Un fou rire incontrôlable. Pendant un temps, qui m'avait semblé interminable, personne ne pouvait plus dire un mot tellement Alexis et le commissaire se marraient ! À chaque fois que mon prof prononçait la moindre syllabe, les rires reprenaient de plus belle. C'était dramatique. Je ne savais pas comment cela allait se terminer, tout en comprenant que j'allais m'en sortir avec seulement une bonne engueulade. Heureusement que Marc et moi avions eu la bonne idée d'utiliser de la peinture à l'eau.

Des années plus tard, alors que je suis étudiant à Rennes, j'arrive à Morlaix par le train. Pendant les quelques minutes où le train ralentit sur le viaduc, je regarde comme à chaque fois par la fenêtre en essayant de repérer le maximum d'endroits... Mon ancienne école, mes bars préférés, etc. Le train ralentit et je regarde de nouveau par la fenêtre afin de voir si c'est mon père ou ma mère qui est venu me chercher. J'aperçois mon père. Mais, stupeur ! La personne juste à côté de lui, c'est mon prof d'anglais ! Panique, je me demande quelques instants ce que je fais. Je descends du train ou je continue vers Brest ? Si je choisis cette deuxième option, ça va être le bazar et je vais bien me faire engueuler ensuite, mais me retrouver face à face avec à la fois mon prof et mon père, c'est impossible, totalement inenvisageable.

Je descends tout de même du train et en montant les marches de l'escalier menant à la sortie, je vois bien mon père et l'armoire à glace aux cheveux blancs en brosse, l'un à côté de l'autre. Mon corps finit de monter l'escalier mécaniquement. J'arrive peu à peu devant eux. Ils sont côte à côte et là, mon père me demande tout fort : « C'est pas ton prof de peinture, lui ? » et nous regagnons la voiture tous les deux. J'en suis resté bouche bée ! Moins que le fameux prof, j'imagine...

Mon père était plutôt sévère. En tout cas, toujours sérieux et taiseux. Il ne blaguait jamais. Il avait une gravité permanente. Des sept kilomètres qui séparaient la gare de la maison, nous n'avons pas dit un mot et donc aucune explication sur l'épisode de la gare avec ce fameux prof d'anglais. Cela restera un mystère, un vrai mystère. Une façon peut-être de me dire qu'il avait été mis au courant et que, finalement, cela l'avait amusé...

Il y a quelques années, soit plus de trente ans plus tard, je trouve dans ma boîte aux lettres à Paris une enveloppe provenant de Morlaix. Intrigué, je l'ouvre et découvre une page d'avis de décès du *Télégramme* (le journal local). Je ne comprends pas. Mécaniquement, je regarde les annonces les unes après les autres rapidement, jusqu'au moment où je vois l'avis de décès de ce prof. Un de ses anciens élèves m'avait fait ce petit clin d'œil… Je pense que « là » où il « est », il regrette sa violence et là où nous sommes, on la lui pardonne.

Mon copain Marc est, quelques années plus tard, parti « de l'autre côté » ; Alexis, son père, aussi, le commissaire, probablement également, comme ma très chère mère. Je suis le seul encore en vie qui repense à cette petite histoire.

DÉLIT DE FUITE

Mon père et moi n'avons que très peu parlé ensemble, en tout cas, peu discuté. Pas plus quand j'étais enfant qu'adolescent. Les résultats scolaires ont régi notre relation.

Une fois, je l'ai vu fou de rage contre moi, réellement fou de rage. Rien à voir avec sa réaction après la lecture de mes carnets de notes. J'avais 18 ans et, à cette époque, je ne jurais que par la moto et la vitesse, la grande vitesse.

Un soir, en sortant d'un bar où j'avais passé la soirée avec des copains, en démarrant la moto, j'ai entendu un sifflet ! « Merde ! Un flic ! » Au lieu d'attendre sagement l'arrivée du gendarme, j'ai mis les gaz et suis parti en trombe. Cette moto, une 900 Kawa, dont le moteur savamment trafiqué pouvait atteindre les 100 km/h en quatre ou cinq secondes, m'avait fait partir comme une fusée. J'avais pris peur, non pas parce que j'avais un coup dans le nez ou que je n'étais pas assuré, mais parce qu'à l'époque, les phares blancs étaient interdits en France (jusqu'en 1993, seuls les phares jaunes étaient autorisés) et, ne voulant pas être verbalisé car je savais que je n'aurais pas d'argent pour payer l'amende (j'avais déjà du mal à m'acheter de l'essence), j'avais pris la décision de fuir le gendarme qui voulait m'interpeller. Cela aurait pu rester une anecdote sans intérêt, mais le lendemain, la police a débarqué à la maison. J'étais très mal... J'étais foutu. Or, ce qui m'a fait le plus de mal, ce ne sont pas les ennuis qui logiquement m'attendaient, mais les cris, les hurlements de mon père. Je le regardais dans les yeux et je voyais que ce qu'il pensait de moi était affreux, j'étais pire qu'un moins que rien: quelqu'un d'irrécupérable. C'était l'équivalent de l'ensemble de mes bulletins scolaires puissance mille que je prenais d'un coup en pleine figure. C'était horrible.

Avec les flics, cela n'est pas allé très loin. Le commissaire de Morlaix, croisé trois ans auparavant lors de l'épisode de la voiture de mon prof d'anglais, se souvenait de moi et a été formidablement conciliant. Ce fut juste une bonne engueulade au commissariat. Mais ce fut surtout le début d'une nouvelle longue période de discrédit aux yeux de mon père.

Bien des années plus tard, en vieillissant, j'aurais aimé voir dans ses yeux que je remontais dans son estime, voir qu'il avait compris que les carnets de notes à l'école n'étaient pas tout dans la vie. Loin de là... Que je me débrouillais finalement pas si mal, que j'étais en réalité sérieux et bosseur et peut-être même, en fait sûrement, trop sérieux et trop bosseur. Mais je crois que c'était un peu tard pour qu'il s'en rende compte.

De toute façon, il entrevoyait l'univers de l'entreprise comme un monde à risque et le discours allait avec. Nous avions un peu raté quelque chose ensemble, et je sais que mes résultats scolaires en étaient en grande partie responsables.

IN THE SUMMERTIME

À cette époque, ma famille passait l'été à Carantec, à 10 km de la maison principale. Une maison d'été, de vacances en quelque sorte, à deux pas de la mer. Mais l'été était pour moi une occasion de travailler. Je préférais de très loin travailler que de rester à la maison et de jouer au tennis le matin et faire du bateau l'après-midi. Cela ne me faisait pas du tout envie. Travailler me passionnait… Je faisais toutes sortes de petits boulots et j'aimais cela.

Avec mon ami Yoyo, un été, nous travaillions dans une usine. Nous avions planté notre tente dans un champ juste à côté. Nous faisions huit heures à la chaîne au SMIC. Au bout de ces huit heures, nous entendions une longue sonnerie et nous avions droit à un grand bol de café et autant de pain-beurre que nous voulions, puis nous enchaînions sur de nouveau huit heures au SMIC augmenté de 50 %, puis huit heures après la sonnerie suivante, notre bol de café et de nouvelles tartines, nous enchaînions sur trois heures augmentées cette fois de 100 % du SMIC. Nous partions ensuite vers notre tente. Parfois, nous titubions un peu, non pas à cause d'un éventuel verre de trop, mais simplement de fatigue… À la fin des deux mois d'été, nous

Mon père

faisions la queue avec tous les salariés pour recevoir, les uns après les autres, une grosse enveloppe de cash. Elle était en grande partie destinée à m'acheter une nouvelle moto. Pour Yoyo, à voyager, avec toujours la meilleure des herbes au fond de sa poche...

Les autres étés, je travaillais aussi, à droite à gauche et souvent sept jours sur sept, et du matin au soir, mais j'étais tellement heureux ! Pendant plusieurs étés, j'ai vendu des fruits et des légumes. J'avais été embauché par Jean, un brave homme d'une cinquantaine d'années, qui tenait un magasin dans la galerie commerciale de Morlaix. Il me faisait confiance et je le lui rendais bien. J'avais carte blanche. Je lui ai très vite réclamé un camion « et pas un petit ! ». Deux ou trois jours plus tard, je l'obtenais. Un peu interloqué, mais partant du principe formidable qu'il me faisait confiance, Jean n'avait pas hésité. Quel pied ! L'aventure commençait ! Après avoir fait la mise en place du magasin à 6 heures du matin, je chargeais mon camion de fruits et de légumes, je préparais ma caisse et ma monnaie, je vérifiais que ma balance marchait bien et je partais au volant. Confiant et heureux.

Instinctivement, je me dirigeais vers les campings de la région. Et ils étaient nombreux. Entre le Léon et le Trégor, séparé par la magnifique baie de Morlaix, il y avait de quoi faire. J'ai très vite compris comment pouvoir entrer avec mon camion dans les campings. Un plateau de pêches au gardien suffisait généralement. Je roulais doucement dans les allées en tenant le volant d'une main et, de l'autre, le micro du haut-parleur que j'avais installé sur le toit. Au bout d'un moment, je me garais et cela ne s'arrêtait pas ! Avec le recul, cela me fait penser aux rushs que j'ai connus bien des années plus tard dans les restaurants parisiens. C'était en effet un vrai rush. Quand je terminais un camping, je me dirigeais vers un autre et ainsi de suite jusqu'à la fin de la journée. Avant de rentrer au magasin remettre en chambre froide la marchandise qu'il me restait (quand cela arrivait), je repérais des lotissements et je prenais mon micro : « Maison Cabon, Morlaix, fruits et légumes » et je voyais sortir les mères de famille. J'étais heureux. J'avais un sentiment de satisfaction. Je me sentais vraiment bien.

Dans la galerie du centre commercial où se trouvait le magasin, j'ai croisé un jour le regard d'une fille... Blonde, douce, belle, un regard dans lequel ne se lisait que de l'amour et de la gentillesse. Elle n'était pas du coin, avait un petit stand de bijoux artisanaux. On s'est regardés et on s'est aimés dans la seconde. Le soir, après avoir préparé pour le lendemain ma marchandise en chambre froide et fait ma caisse, je l'ai rejointe et nous sommes partis dormir à Taulé, dans la maison de mes parents, qui eux dormaient à Carantec dans la maison d'été, avec mon frère et ma sœur. C'était une fille cool, sexy et pleine d'humour.

Un dimanche matin, un des rares jours off de l'été, nous dormions profondément quand soudain, j'entends du bruit dans la maison. « Merde ! Mon père ! » Je reconnais son pas dans l'escalier, puis à l'étage ; je l'entends ouvrir brusquement les portes de toutes les pièces une à une et les refermer au même rythme. La dernière était la mienne. Il ouvre brusquement la porte et me voit au lit avec Corinne qui, je m'en souviens encore, a dit de sa voix douce : « Bonjour Monsieur. » Que pouvait-elle dire d'autre ? Rien. C'était ce qu'il fallait dire. Mon père a refermé violemment la porte en criant et en prononçant toutes sortes de mots, un peu à la manière du capitaine Haddock quand il se prenait un lampadaire dans la figure. Je l'ai entendu crier pendant de nombreuses minutes jusqu'à ce qu'il redescende l'escalier, toujours en criant, et quitte la maison.

Le lendemain, un copain qui travaillait dans le magasin de fruits et légumes me dit qu'il a les clés d'une piaule dans le centre de Morlaix. Quel bonheur ! C'était une piaule en effet, assez vide, avec en gros un lit et une douche, tout ce qu'il fallait pour être au paradis. Il n'y avait pas l'électricité, mais on s'en foutait. On y rentrait tous les soirs. À peine nous y arrivions, nous faisions l'amour et nous repartions le lendemain matin après avoir dormi deux heures ou trois tout au plus. C'était merveilleux.

Un jour, fin août, j'ai accompagné Corinne à la gare. Elle repartait dans sa famille en province. J'ai pleuré sur le chemin du retour.

Récemment, presque quarante ans plus tard, en fin de journée, devant chez moi à Paris, j'entends : « Alain ! » Je me retourne... Je vois une femme de mon âge qui s'approche de moi en souriant... « Tu ne vois pas qui je suis ? » me dit-elle. « Non », je réponds. « Morlaix 1980, les fruits et légumes... les bijoux... le petit studio ! » Corinne ! L'amour de mes 20 ans... Je ne l'ai pas reconnue, mais sa voix oui. « Je voulais juste te revoir et t'embrasser. » Une ou deux minutes plus tard, je l'ai vue repartir sans que je la retienne.

J'étais dans le trip boulot, je passais d'un RDV à un autre, toujours speed et un peu stressé... Je l'ai laissée repartir sans lui proposer de prendre un verre. Sans que l'on en parle vraiment, je comprenais qu'elle ne m'avait pas oublié, mais qu'elle avait fait sa vie. Plusieurs vies s'étaient écoulées depuis ce petit nid d'amour dans une rue du centre-ville de Morlaix. Pincement au cœur.

CHAPITRE 3

Les voyages immobiles

VINGT ANS, LE LSD

L'année de mes 20 ans, alors que j'étais étudiant en droit à Rennes, un « évènement » majeur a marqué ma vie.

J'ai souhaité faire l'expérience du LSD. Le LSD 25. La drogue la plus puissante au monde, la seule se dosant en microgrammes. J'avais lu auparavant tout ce qui existait sur le sujet, ou du moins, tout ce que j'avais pu trouver… Je dévorais les livres de Timothy Leary, dont le fameux *Politique de l'extase*, ceux d'Allan Watts, et tous les livres de Carlos Castaneda, mais mon ouvrage préféré était *Les Portes de la perception,* d'Aldous Huxley, que je lisais et relisais et dans lequel l'écrivain britannique racontait sa propre expérience avec une substance assez proche du LSD, la mescaline. Le but n'était pas du tout de me « défoncer », comme il est possible de le faire avec certaines drogues, mais d'explorer un univers que je ne connaissais pas et qui m'intriguait, m'attirait énormément. Il s'agissait davantage pour moi de faire une expérience mystique, spirituelle. D'ailleurs, avant la prise du buvard en question, je m'étais bien installé à mon bureau, dans ma petite chambre, un stylo à la main et un cahier tout neuf devant le nez. Inutile de préciser que cette précaution n'a servi à rien. Ça ne marche pas comme ça. Mon bic et mon cahier n'avaient aucun sens dans ce qui allait suivre...

Le LSD a totalement et définitivement changé ma perception du monde. C'est comme si j'étais né une deuxième fois. J'avais cette curieuse impression de n'avoir connu ou exploité jusqu'alors que 0,0000000001 % de mon cerveau ou de ma conscience. J'ai compris que ce que l'on vivait au quotidien n'était qu'une infime partie de ce qui existait ou pouvait exister. Je découvrais une autre réalité.

Je comprenais mieux les plantes, les minéraux. Je sentais qu'il y avait un lien entre tout ce qui composait l'univers, que tout était relié, que tout était connecté : les animaux (humains et non-humains), les plantes, les arbres, les pierres, les étoiles, l'air, la lumière, les sons de la nature, etc. Tout était relié. Relié dans une logique d'amour que je n'avais pas perçue auparavant. Je prenais conscience qu'il n'y a pas d'un côté la nature et de l'autre les humains. L'humain a généralement eu tendance à le penser, la science aussi sans doute. Je ressentais qu'il y avait l'univers dont nous faisons partie au même titre que bien d'autres choses. Je comprenais que la nature et l'humain ne faisaient qu'un, que nous faisions partie d'un tout, d'un même souffle de vie, d'une même énergie, d'une énergie universelle. Je comprenais qu'une même étincelle de vie existait en nous et dans tout ce qui nous entourait et que celle-ci était reliée à cette force qui fait exister l'univers. Je voyais de la vie dans les plantes, au même titre qu'il y en a en nous, j'y voyais la même énergie – le support était simplement différent. Il n'y avait pas de « mauvaises herbes », en ce sens que celles-ci répondaient, comme la plus belle des roses, à une force, une logique, une belle énergie de vie, à une « intelligence » en quelque sorte. Je n'emploie d'ailleurs plus, depuis, l'expression « mauvaises herbes ». Je voyais que dans la plus petite particule de matière, dans tout ce qui m'entourait, il y avait l'univers tout entier. Tout était un. Un était tout.

Mon voyage, mon « trip », pour reprendre le terme en usage, était un peu comme si je m'étais assis dans un vaisseau spatial et que j'avais fait non seulement le tour de la Terre mais aussi celui de notre galaxie, celui de toutes les galaxies... et de l'univers tout entier. C'était comme une sorte de porte ouverte sur la connaissance, une expérience indescriptiblement gigantesque. Ce moment était incomparablement plus riche d'enseignement que les vingt premières années que je venais de vivre. Difficile, impossible à expliquer donc. Il me semblait avoir appris ce qu'un homme peut comprendre en mille vies, en un milliard de vies. Des centaines et des centaines d'expérimentateurs ont essayé de décrire cet état. Ils se sont tous heurtés au même problème : l'impossibilité de transcrire par des mots ce qu'ils avaient vécu, tant le phénomène défiait la description. Je comprenais pourquoi les Américains avaient à l'époque surnommé le LSD « *Consciousness-expanding drug* », la drogue qui élargit la conscience.

Aldous Huxley considérait que, durant son expérience, il était libéré des restrictions que lui imposaient son cerveau et son système nerveux, il était entré dans une autre réalité que celle perçue par ses cinq sens, une autre réalité où le temps et l'espace n'existent plus. Quant au Dr Leary, il indiquait que le LSD révélait des dialogues cellulaires imperceptibles en l'état de conscience normale et pour lesquels nous n'avons pas de termes symboliques appropriés.

Je pourrais en parler des heures et des heures, comme si cela s'était passé hier, alors que cela remonte à bientôt quatre décennies.

Inutile d'expliquer que mon retour à l'école de notariat n'a pas été chose aisée. Déjà, à la base, je ne trouvais pas la matière très intéressante, mais suivre, dans l'ambiance rigide d'une école d'un autre siècle, des cours de droit, m'était devenu quasi impossible. Je me souviens d'un très vieux monsieur, un juriste qui avait sûrement dépassé 80 ans et qui continuait à donner quelques cours de droit civil. Il commençait ses cours toujours de la même manière, en disant : « Prenez vos porte-plume » et, d'un ton monocorde, nous dictait ses cours sans s'arrêter pendant deux heures. Nous tous, en silence, tête baissée, on prenait des notes en se concentrant pour ne pas perdre le fil. C'était extrêmement inintéressant à mes yeux. J'ai tout de même suivi le cursus jusqu'à la fin et obtenu mon diplôme de clerc de notaire. Je ne voulais pas passer pour un raté aux yeux de mon père et, surtout, ma mère était rassurée de me voir dans cette école. Je ne pouvais pas lui faire le sale coup de la quitter.

Après cette expérience majeure du LSD, je trouvais évidemment peu de choses intéressantes. J'avais vu la « lumière » et ce que je voyais ensuite ressemblait davantage à son ombre. C'était aussi comme si j'avais piloté une Formule 1 et que, tout d'un coup, la vie ne me proposait que des voitures pour enfants sur un manège, ou pire, les voitures miniatures en plastique que l'on collectionne petits. L'exemple n'est pas exagéré.

Sans trop entrer dans les détails, la prise de cette substance hallucinogène provoque une forte stimulation de plusieurs zones du cerveau. Les changements de perception se traduisent alors par une exacerbation des cinq sens, une puissante impression de liberté et d'harmonie. Cette hyperconnectivité des zones cérébrales active la communication de zones qui n'ont pas l'habitude de communiquer entre elles. Normalement, notre cerveau est constitué de réseaux indépendants qui séparent différentes fonctions spécifiques comme la vision, l'ouïe ou le mouvement. Après une prise de LSD, la séparation de ces réseaux se brise et le cerveau, plus intégré, plus unifié, amène à une expérience proche de l'illumination mystique.

En résumé, le LSD permet au cerveau de dépasser les limites habituellement fixées par l'anatomie en le rendant, en quelque sorte, « libre » d'explorer une variété de modèles de connectivité fonctionnelle. Les gens qui en ont pris ont souvent parlé de deuxième naissance, d'accès aux mystères de l'univers visible et invisible, de lucidité infiniment exaltée.

Les effets du LSD sur moi ont été tellement gigantesques, tellement forts, tellement indescriptibles, qu'ils ont définitivement changé ma perception du monde. Malgré tout, je ne voudrais inciter personne à en prendre et faire ce voyage, car il est arrivé que certains n'en soient pas revenus.

Par la suite, j'ai appris que cet état de bien-être, voire d'illumination, provoqué par le LSD, réside en fait au fond de nous, et que certaines techniques, sans prise de substance donc, peuvent permettre de s'en approcher.

LA MÉDITATION TRANSCENDANTALE

Je ne me rappelle plus du tout comment je suis venu à m'intéresser à la méditation transcendantale. Je ne sais plus qui m'en a parlé ou bien où j'en ai entendu parler. Peu de temps après cette expérience indescriptible du LSD, je recherchais « quelque chose » sans savoir exactement quoi. Comment avoir une vie normale ou, plus exactement, comment trouver de l'intérêt dans une vie « normale » ensuite ? C'est l'apprentissage de la méditation qui m'a mis sur la voie.

Lors de l'entretien préalable à mon initiation, que j'étais impatient de commencer, le professeur m'informa d'une règle absolue : « Aucune drogue deux mois avant l'initiation. » J'étais tellement motivé que cela n'a pas du tout été un problème. C'était simplement nouveau pour moi de ne pas pouvoir me rouler un petit joint le soir de temps en temps avant de m'endormir.

J'ai commencé à pratiquer la méditation transcendantale – que l'on appelait « MT » – de manière assidue. J'ai été, pendant ces quelques années de pratique, dans une sorte d'épanouissement comme je n'en avais jamais connu auparavant. J'avais un sentiment de bien-être permanent, du matin au soir, un sentiment de liberté également. J'étais particulièrement bien dans mes pompes, j'étais même heureux.

Cette technique de méditation, dérivée d'une pratique spirituelle indienne introduite en Occident par Maharishi Mahesh Yogi, a connu dans les années 1970-1980 un essor mondial. Je me sentais si bien en la pratiquant que j'ai très vite pensé à l'enseigner moi-même. Je me suis alors mis en tête de devenir prof de MT. Je sentais que j'avais complètement trouvé ma voie. Puisque cela m'avait fait un bien fou, je voulais que le plus grand nombre de personnes en profite.

Mais c'était la période où je devais quitter Rennes pour « monter » à Paris, expression que l'on utilisait souvent à l'époque... Une ville que je ne connaissais pas vraiment. Je suis entré tête baissée dans le monde du travail, ce qui me laissait peu de temps pour la pratique de la méditation, qui s'est peu à peu estompée. C'est sans doute comme quelqu'un qui fait du sport tous les jours : son corps et son esprit en redemandent. Cela fait partie de son équilibre. Et si on arrête un jour ou deux, cela manque. Mais si on arrête quelques semaines ou quelques mois, l'envie de reprendre a disparu. Plus exactement, la volonté peut manquer, même si l'envie reste présente.

Bien des années après, je reste persuadé que la méditation est une excellente chose et qu'elle est certainement le meilleur moyen de connaître à terme une sérénité et un bien-être durable. Sa pratique est devenue de nos jours beaucoup plus accessible, avec notamment l'apparition de différentes approches et techniques.

CHAPITRE 4

Paris Paris

UNE JOURNÉE PARTICULIÈRE

Je me souviendrai toujours de mon premier jour à Paris.

C'était l'année de mes 22 ans. J'habitais à l'époque près de l'église d'Auteuil.

Je sors faire un premier tour dans le quartier pour faire une course quand une femme élégante s'approche de moi pour me demander son chemin. Elle recherche je ne sais plus quelle rue, mais c'est celle d'à côté. Pendant que je lui indique le chemin, elle me regarde dans les yeux et je sens ses doigts caresser doucement et discrètement la braguette de mon jean...

Je suis stupéfait. Mais je ne bronche pas et continue à lui expliquer, tant bien que mal, le chemin pendant qu'elle continue à faire ce qu'elle a commencé.

Extrêmement surpris, je lui propose de la conduire au numéro qu'elle cherchait, sans doute imaginaire. Je ne sais plus qui de nous deux a trouvé cette entrée de parking, mais à peine arrivé dans cet endroit à l'écart, je l'ai vu se mettre à genoux devant moi.

En rentrant chez moi, je n'en revenais toujours pas.

Mon séjour à Paris commençait bien ! Et j'étais plutôt content.

DÉLIT DE CUITE

Plus jeune, j'étais passionné par Serge Gainsbourg. J'ai eu la chance de le rencontrer à une soirée à laquelle j'avais été invité à Paris. J'étais tellement excité à cette idée. C'était un rêve de jeunesse : rencontrer Gainsbourg. J'avais passé mon adolescence à écouter *Melody Nelson, L'Homme à la tête de chou,* et bien d'autres albums. À cette soirée, j'avais bu quelques verres avant de l'approcher... et bien davantage ensuite avec lui. On avait rigolé. J'étais incroyablement heureux. Tellement heureux que le lendemain, j'ai appelé à la maison, en Bretagne. C'est mon père qui a décroché. « Papa, devine avec qui j'ai pris des verres hier soir ! Devine ! »... « Gainsbourg !! » j'ai lancé, heureux comme tout. Aussi énervé que répréhensif, il m'a répondu : « C'est honteux ! Honteux ! C'est une honte ! »

Peu de temps après, j'ai passé une autre soirée mémorable avec Gainsbourg... Elle s'est terminée derrière les barreaux dans la cellule d'un commissariat de police.

Ce soir-là, un ami m'avait convié à une émission de radio, car il savait que j'aimais beaucoup cet artiste qui en était l'invité. Je suis arrivé un peu en retard à la radio, située à l'époque dans l'ancien Forum des Halles. Je m'attendais à arriver dans une grande salle avec plein d'invités et y trouver une petite place en faisant le moins de bruit possible, mais quand je suis arrivé, on m'a dit : « Vite, vite, on vous attend. » Je me retrouvai dans un minuscule studio qui ressemblait à une toute petite cabine de sauna en bois. L'émission avait démarré... Au moment de l'ouverture de la porte, j'ai vu Serge assis et, juste à côté de lui, une chaise vide. J'entre et je vais m'asseoir le plus discrètement possible. Il me reconnaît et crie en rigolant, en direct : « Oh lui ! » et dans la seconde, il arrête de parler pour me servir un verre. Il était déjà saoul. Saoul et tellement déconneur. En face de nous, derrière une vitre, un animateur essayait de garder le fil de la discussion tout en étant, ou du moins, tout en se montrant, très cool... Mais je voyais qu'il était en fait au boulot et qu'il ramait pour aller au bout de l'émission.

Serge me servait verre sur verre et en profitait pour s'en servir également. Je ne suis pas spécialement fan de pastis et pourtant ce soir-là, je ne sais pas comment j'ai fait pour en boire autant. Serge appelait cela des « 102 », car il servait systématiquement des doubles doses. Je me souviens que je choisissais avec plaisir, dans la collection de vinyles, les chansons qui passaient pendant les pauses musicales.

En quittant le Forum, nous nous sommes dirigés vers un bar juste en face, où nous avons continué à boire quelques verres. Et en sortant de ce café, qui jouxtait le commissariat, Serge a abordé le policier qui montait la garde et est entré dans le commissariat. Je l'ai suivi, et son chauffeur aussi. On s'est rapidement retrouvés dans une cellule, assis sur une banquette en skaï, derrière les barreaux, non pas contraints et forcés, mais à boire le champagne que les flics étaient allés chercher dans le bar d'où nous venions.

Une soirée mémorable avec Serge Gainsbourg

Ma gueule de bois a été épouvantable et a duré plusieurs jours. Un moment, j'ai sincèrement cru que je ne m'en remettrais jamais. Mais j'étais heureux.

Un jour, j'étais avec lui devant son hôtel (vraiment) particulier rue de Verneuil. Des peintres finissaient de repeindre en blanc le mur de la façade, qui avait été entièrement recouvert de graffitis. « J'ai fait une connerie, me confiait-il. J'ai fait une connerie. » Son grand mur passait en effet d'un extrême à l'autre. J'ai été très surpris, car il avait l'air triste et désolé. Il se rendait compte qu'il n'aurait pas dû effacer les créations de ses fans qui ornaient sa façade, mais je pense qu'il n'a pas eu à attendre longtemps que son mur soit de nouveau recouvert de messages et de dessins, quelques jours à peine sans doute.

Un samedi après-midi, je suis passé devant chez lui, mais j'étais accompagné d'un copain. Plus tard dans la soirée, vers 22 ou 23 heures, j'étais tranquillement chez moi assis par terre en train de ranger des livres et des disques en écoutant la radio quand, tout d'un coup, j'ai entendu l'animatrice prononcer ces mots : « Serge Gainsbourg est mort », suivis de cette chanson :

Je suis venu te dire que je m'en vais
Et tes larmes n'y pourront rien changer
Comme dit si bien Verlaine au vent mauvais
Je suis venu te dire que je m'en vais
Tu te souviens des jours anciens et tu pleures
Tu suffoques, tu blêmis à présent qu'a sonné l'heure
Des adieux à jamais, ouais
Je suis au regret de te dire que je m'en vais

Je t'aimais, oui, mais...
Je suis venu te dire que je m'en vais
Tes sanglots longs n'y pourront rien changer
Comme dit si bien Verlaine au vent mauvais
Je suis venu te dire que je m'en vais
Tu te souviens des jours heureux et tu pleures
Tu suffoques, tu gémis à présent qu'a sonné l'heure
Des adieux à jamais, ouais
Je suis au regret de te dire que je m'en vais
Car tu m'en as trop fait...

Choc.

Le lendemain matin, j'étais devant chez lui avec de nombreux fans, dans une atmosphère aussi triste que silencieuse. Depuis, quand je passe rue des Saints-Pères à moto ou en taxi, je tourne toujours rapidement la tête vers la rue de Verneuil. Je vois en un instant le mur de sa maison encore plus tagué qu'avant et toujours quelques badauds devant.

Depuis sa mort, le 2 mars 1991, je n'ai plus jamais remis les pieds dans sa rue.

ÇA SE PASSE COMME ÇA...

J'ai travaillé quelque temps chez un notaire parisien, où je m'ennuyais à mourir. C'était une étude d'un autre siècle dans laquelle régnait un notaire que le personnel appelait Monsieur Jourdain tellement il était prétentieux et pédant. Je pense que le fait qu'il vienne d'un petit village de province et soit devenu notaire à Paris lui était monté à la tête. Il s'efforçait en vain de faire partie du « tout-Paris ». Tous les salariés de l'étude étaient considérés comme des larbins. Seul le clerc principal avait a priori son approbation, sans doute parce que c'était lui qui tenait techniquement l'étude.

À la signature de mon contrat, j'avais été surpris par les horaires. Il était en effet indiqué 8h42 pour l'arrivée au bureau le matin. Pas 8h30 ou 9 heures, ni même 8h45: 8h42. Curieux. C'était l'époque où l'horaire légal du travail hebdomadaire passait de 40 à 39 heures. L'idée que ses salariés partent une heure plus tôt le vendredi soir le rendait malade. Il avait alors trouvé cet artifice pour les coincer.

Je me rappelle aussi des séances de parafeurs. Tous les soirs à 17 heures précises, nous nous rendions à son bureau à la queue leu leu dans un silence religieux pour faire signer les courriers que nous avions préparés dans la journée. Il attendait, assis à son grand bureau Empire et, à tour de rôle, nous nous approchions de lui. Nous restions bien sûr debout et forcément un peu courbés pour pouvoir tourner les pages des parafeurs et lui présenter les courriers afin qu'il y appose sa griffe et, généralement, il le faisait en râlant. Une fois les courriers signés, nous nous retirions tout doucement dans le silence, laissant la place à d'autres collègues... Scènes quotidiennes dignes d'une comédie de Molière.

La perspective de devenir un jour notaire ne me faisait pas vibrer et ce poste chez Monsieur Jourdain m'a définitivement ouvert les yeux: je ne serais jamais notaire. Dont acte.

Je suis passé des tapis d'Aubusson au carrelage antidérapant d'un McDo, dans lequel j'ai trouvé un petit job de serveur. Je n'oublierai jamais mon premier jour. C'était l'ouverture du grand restaurant du parvis de la Défense... On m'avait placé au « lobby » (débarrasser les plateaux, vider les poubelles, nettoyer les tables, le sol, etc.) J'étais à fond, à 300 à l'heure, je n'arrêtais pas une seconde.

Tout à coup, j'ai croisé le regard du directeur, debout et immobile près du comptoir où se trouvait la rangée de caisses. Avec l'index, il me fit signe de venir vers lui. J'arrivai à sa hauteur, un peu inquiet, et il me dit : « Tu viendras me voir après le rush. » Je me demandai aussitôt : Qu'est-ce que j'ai fait ? une connerie ? Je ne pense pas. J'étais tellement speed... Je ne pouvais pas aller plus vite... Je me sentais efficace. En tout cas, je me donnais à fond. À 14 heures, j'allais le voir un peu inquiet, mais il me félicita : « Chapeau ! Je n'ai jamais vu quelqu'un d'aussi efficace au lobby ! » J'ai dû forcément répondre « merci » et suis reparti travailler. Mais j'étais différent. Différent, parce que je venais d'être complimenté. Je crois bien que c'était la première fois de ma vie que l'on me félicitait, que je recevais un compliment.

Il se trouve qu'en plus, l'ambiance était bonne. Je comptais n'y passer que quelques mois, comme beaucoup d'étudiants, mais j'y suis finalement resté de nombreuses années. On bossait dur, mais ce n'était pas « coincé » comme dans mon précédent job dans le notariat et, à un moment je me suis dit : « Pourquoi ne resterais-je pas dans cette entreprise ? Je peux peut-être évoluer, je pourrais même peut-être devenir directeur un jour. »

Et je suis rapidement devenu directeur du restaurant. Inutile de réfléchir, je l'ai fait pour prouver à mon père que je n'étais pas complètement nul. C'est sûrement le désir d'une certaine reconnaissance qui m'a fait avancer dans

Sur un shooting produits

cette voie. Prouver à mon père, qui n'avait jamais été fier de moi pendant les années de scolarité – c'est-à-dire une grande partie de notre passage commun sur Terre –, que je n'étais pas un « bon à rien ». Devenir très vite directeur d'un McDo en a été le moyen.

J'ai ensuite rejoint le siège et, quelques années plus tard, je suis devenu responsable Recherche & Développement, sujet qui me passionnait.

Le simple mot « chapeau » prononcé par le directeur m'a fait du bien. Beaucoup de bien. Cela peut paraître puéril, mais il a eu un impact considérable sur moi. Les mots ont décidément un pouvoir, un vrai pouvoir sur l'esprit. Ils peuvent changer une trajectoire de vie...

SONG FOR GUY

Le tout premier poste auquel on m'a affecté lorsque je suis arrivé chez McDo était la plonge. On m'y a placé en même temps qu'un autre gars, Guy. Nous avions tous les deux 22 ans. On est devenus copains tout de suite. Il était à la fois précis, bosseur, très investi et en même temps, son visage, son regard me faisaient comprendre qu'il avait au fond de lui une passion, un engagement, en tout cas, un truc très fort, mais je ne devinais pas quoi...

Quand je le voyais arriver ou partir du resto, toujours « mal fagoté », comme on le disait autrefois, je regardais sa dégaine toute maigre et speed, avec ses vêtements toujours recouverts de plâtre, des chaussures jusqu'au blouson... On devinait à peine la couleur de ses chaussures tellement elles étaient tachées. Je me demandais ce qu'il fabriquait. J'avais compris qu'il était artiste, mais j'étais loin de savoir à quel point il l'était. Au bout de quelques semaines, il m'a invité à venir « chez lui ». Il habitait à Belleville - cet arrondissement qui a tant changé ces dernières années - dans un squat. Un vrai. Je compris, en voyant son atelier, qu'il faisait de la céramique. C'était un véritable capharnaüm, un bordel indescriptible dans lequel il arrivait pourtant à créer des pièces d'une précision incroyable. Le sol était jonché de sacs de plâtre, d'outils divers, de bouteilles de vin vides et, à côté de celles-ci, une espèce de paillasse où je ne suis pas sûr qu'un chien, même tout seul et abandonné, se serait allongé. C'était le lit de Guy. Dans un coin, il y avait une micro-pièce qui servait de toilette et de douche, mais aussi et surtout de lieu pour préparer son plâtre, sa terre glaise et laver ses pinceaux. Un seau en plastique qu'il remplissait d'eau froide servait de douche. Cela ne l'empêchait pas d'arriver à l'heure au travail et toujours avec une propreté irréprochable, sauf pour ses vêtements.

Quand il s'agissait d'aller manger (je ne dis pas déjeuner ou dîner), il avait le chic pour trouver les pires endroits ou, disons, les plus improbables. Pour aller prendre un verre, n'en parlons même pas. Il m'est arrivé de me retrouver avec lui dans des endroits et de me dire que si on en ressortait, on aurait de la chance. Guy buvait plus qu'il ne mangeait et fumait beaucoup. Pas de gros joints qui l'auraient cassé, mais des cigarettes toutes fines, des « splifs », sur lesquels il tirait quatre ou cinq fois simplement. C'est avec lui que j'ai écouté les meilleures musiques. Il était un grand fan des Rolling Stones (il n'y a pas un titre de leurs débuts qu'il ne connaissait pas), un fan de jazz également et incollable en musique classique. Il avait une culture musicale immense. Tout cela, encore une fois, ne l'empêchait pas d'être un vrai pro au boulot. Perfectionniste et dynamique la journée, et le soir, il regagnait son squat.

Il me faisait rire... Un jour, je l'ai vu avec une sacrée tignasse et lui ai dit qu'il aurait bien besoin d'un coup de ciseaux. « T'as raison », me répondit-il et, dans l'après-midi, je l'ai accompagné chez le coiffeur. Il me demanda de l'attendre. Je ne savais pas qu'il existait ce genre de petit commerce à Paris. On se serait cru dans une toute petite boutique d'Alger, d'Istanbul ou de Calcutta. Un papy lui a coupé les cheveux en quelques minutes, mais vraiment à la louche, si je puis dire. Il en est sorti avec le sourire, sa tignasse simplement raccourcie ici et là, en disant « Et voilà ! » « Combien t'as payé ? » lui demandais-je... « 5 francs », me répondit-il (75 centimes d'euros). C'était Guy...

Il avait la particularité de travailler tout le temps, sept jours sur sept, du matin au soir et toujours avec le sourire.

Ce qu'il produisait était magnifique et il a assez vite été repéré par de grands collectionneurs.

Un jour, après être tout de même devenu directeur d'un McDo, qu'il gérait parfaitement, il a démissionné pour se consacrer uniquement à son art, la céramique. Il a trouvé un petit local, toujours à Belleville, où il est resté une vingtaine d'années avant de partir vivre à la campagne, en pleine nature, dans un vieux bâtiment de ferme. J'étais et suis resté son premier fan. J'adorais ce qu'il faisait.

Nous nous sommes revus très récemment. Il est venu me voir chez moi à Paris. J'ai été très surpris car je l'ai trouvé vieilli. Vieilli, mais toujours avec la même humilité, le même sourire, la même gentillesse, le même humour et

Dans l'atelier de Guy

Hélène

toujours un petit peu d'herbe dans le fond de sa poche... Sacré Guy!

HÉLÈNE

La première semaine chez McDo, j'ai croisé le regard d'une fille. Hélène. On était tous les deux serveurs. Elle était si mignonne, joyeuse, pétillante et avait un sourire incroyable. Elle avait 18 ans, j'en avais 22. On est devenus copains tout de suite et quelques semaines plus tard, on s'est embrassés. On est restés quelques années ensemble avant de nous éloigner doucement...

Un soir, on a décidé de se revoir, d'aller prendre un verre. Elle me dit: « Écoute, Alain, j'ai un truc à te dire... » Un peu gênée, elle m'annonce: « J'ai rencontré quelqu'un... et... c'est une fille. » Je lui ai répondu: « Hélène, je viens aussi de rencontrer quelqu'un, c'est un garçon! » J'avais rencontré Fred quelques jours plus tôt...

On a éclaté de rire et on s'est pris dans les bras, puis on s'est embrassés comme de jeunes amoureux.

Plus de trente ans plus tard, on est restés les meilleurs amis du monde... Comme si nous ne nous étions jamais quittés.

ET LE GARÇON

Je travaillais dur chez McDo mais, parfois, j'avais mon dimanche de libre.

Ces jours-là, mon petit périple était toujours le même. Je me réveillais, sortais de chez moi, traversais la rue commerçante et allais chercher deux pains au chocolat chez Le Nôtre. J'achetais ensuite le *Journal du Dimanche,* puis je m'installais à une terrasse de café et commandais un café allongé. C'était quasiment mon seul moment de détente de la semaine ; en tout cas, mon préféré.

Un dimanche, je suis donc allé chez ce traiteur acheter mes pains au chocolat et j'ai remarqué derrière le comptoir un garçon que j'ai trouvé très beau. C'est lui qui m'a servi. J'ai commandé mes deux pains au chocolat et il m'a donné le ticket pour aller régler à la caisse avant de revenir les chercher. Je lui ai rendu le ticket après avoir payé, il m'a donné un sac que j'ai trouvé un peu épais, mais je l'ai quand même pris. Arrivé à la terrasse du café, j'ai ouvert le paquet, j'ai trouvé mes deux pains au chocolat et découvert un pain aux raisins et un croissant. Tiens ! me dis-je, il s'est trompé, c'est bizarre...

Un autre dimanche matin où je ne travaillais pas, je suis retombé sur le même serveur ou plutôt, je me suis arrangé pour tomber sur lui. J'ai commandé mes deux pains au chocolat, j'ai pris le ticket, je suis allé payer et je suis revenu chercher mes viennoiseries. Il m'a tendu un sac en carton avec des anses. Tout de même un peu interloqué, je l'ai pris et j'ai quitté le magasin. Arrivé au café, j'ai constaté qu'il ne manquait aucune sorte de viennoiseries du magasin et j'ai découvert en plus une petite bouteille de jus d'oranges pressées. Bon... Plus de doute, ce n'était pas une erreur.

Je suis revenu un troisième dimanche chez le traiteur et ce serveur m'a rattrapé dans la rue en me donnant un petit bout de papier. « Je m'appelle Fred », me dit-il en me le tendant. Son numéro de téléphone y était inscrit. Les portables n'existaient pas à l'époque.

Heureusement qu'il a fait le premier geste, car de mon côté, je n'aurais pas osé.

Au premier rendez-vous, nous avons découvert que nous étions tous les deux nés à Brest. Heureuse coïncidence.

Cela fait plus de trente ans qu'il m'a offert ces pains au chocolat. On peut dire que nous ne nous sommes jamais quittés.

En vacances

CHAPITRE 5

L'alignement des planètes : les années Cojean

Je n'étais pas malheureux chez McDo, bien au contraire. C'est une société dans laquelle j'ai eu beaucoup de reconnaissance et cela avait sans doute comblé un manque à ce niveau datant de très longtemps. Inutile de faire une analyse pour le comprendre. J'aimais mon métier, j'aimais mes collègues de travail, j'y étais heureux.

À l'époque, je n'étais pas « éveillé » comme maintenant, oserais-je dire... Je ne crache pas dans la soupe, car encore une fois, j'ai été heureux dans cette entreprise où je me suis beaucoup donné. Mais il est évident que maintenant, je ne pourrais plus travailler dans un groupe où l'immense organisation mondiale n'a qu'un but unique, le profit maximum pour des actionnaires. Je ne pourrais plus y travailler non plus car je suis depuis bien longtemps un végétarien convaincu, et du fait des incommensurables problèmes d'écologie qu'entraîne une multinationale de burgers, quoi que l'on dise. Je ne pourrais plus y travailler non plus pour plein d'autres raisons d'ordre social, sociétal, financier, etc.

MISE EN BOUCHE

J'étais donc bien chez McDo mais, à l'aube de l'an 2000, j'ai commencé à rêver de me lancer pour créer la plus belle entreprise qui soit dans le domaine de la restauration, mais dans un tout autre registre que McDo. Ce rêve est vite devenu une obsession.

L'idée était de ne travailler qu'avec des produits frais, des produits de grande qualité. Je voulais également que la viande ou le poisson soit l'accompagnement du légume et non l'inverse (je n'étais pas encore végétarien). Je voulais une ambiance détendue, un cadre épuré, et, plus que tout, que les gens qui y travaillent soient heureux. En réalité, j'ai sincèrement veillé à cela sept jours sur sept pendant dix-huit ans. Cela a été mon but quotidien, mon moteur du matin au soir, tout au long de ces années. Cela a été ma vie.

Je souhaitais aussi que cette entreprise de restauration ne soit pas une entreprise classique, qu'elle serve à « autre chose » que simplement à servir de bons produits à ses clients dans un environnement agréable. Je voulais qu'une partie de ce que l'on gagnerait soit reversée ou investie dans des projets d'aide à l'accès à l'eau et à l'alimentation, mon domaine d'activité.

Fred s'est très vite attelé à la préparation des premières recettes dans le tout petit local que nous avions loué quai de Valmy, qui nous servait de bureau et de cuisine. Il avait ce don de viser juste dans tout ce qu'il faisait. Que ce soit dans le choix des ingrédients, dans l'élaboration des recettes, dans la tonalité des messages qui allait faire plus tard l'identité de ce qui deviendrait une marque. Il ne se trompait pas. C'était toujours bien vu et pertinent.

Quand il créait ses premières recettes de soupes, qui étaient toutes délicieuses, il ne pensait pas vraiment que l'on puisse un jour les proposer à des clients. Il veillait simplement à ce qu'elles soient les meilleures possible, c'est tout. Toute son énergie et son talent étaient focalisés sur cet objectif. En préparant deux litres de soupe dans notre petit labo, il était loin d'imaginer que, plus tard, nous en vendrions plus d'une tonne par jour. Même chose pour les cocktails de fruits: il mettait au point de très bonnes recettes sans penser que plus tard nous allions en vendre des dizaines de milliers. Après avoir mis au point les recettes, il prenait plaisir à leur trouver des noms: « Le jardin dévasté », « 10 heures du soir en été », « Les mots bleus », « Le plaisir principal », « Superhulk » ou « Greenpower ».

Avant le lancement, Raphaël, un copain de McDo auprès de qui je m'étais confié sur mon projet, m'avait suivi dans l'aventure. Il était bosseur et doué dans les présentations. C'était un spécialiste du PowerPoint et moi, j'étais nul – et je le suis encore – dans tout ce qui est informatique. J'étais plutôt papiers et panneaux de présentation avec images. Raphaël m'a beaucoup aidé dans cette période de pré-lancement.

Trouver le nom du restaurant n'a pas été simple. À chaque fois qu'un nom nous paraissait bien, je filais à moto à l'INPI faire une recherche d'antériorité dont le coût était de 250 francs (50 euros). Internet ne permettait pas de le faire à l'époque. Toutes ces recherches coûteuses se soldaient toujours par : « nom déjà déposé ». Les dimanches matin, j'avais pris l'habitude d'aller prendre un café avec mon ami Guy dans son atelier de céramiques. Ce matin-là, je lui fis part de mon inquiétude de ne pas trouver un nom qui ne soit pas déjà déposé. Je l'ai vu sourire et lui ai demandé pourquoi. « On dit bien : on va manger chez Ducasse, eh ben maintenant on dira : on va manger chez Cojean ! » m'at-il lancé, sûr de lui et en se marrant. « Alors là, sûrement pas ! » je lui ai répondu. Trois jours plus tard, je déposais ce nom.

ARGENT TROP CHER : LE FINANCEMENT DU PROJET

Je n'avais pas beaucoup d'argent de côté : 50 000 francs (7 000 euros). Il me fallait en trouver. Cela a été la principale occupation de l'année 2000 : trouver une banque et des actionnaires financiers qui acceptent de me suivre, sachant que le montant du prêt ne suffirait sûrement pas au financement d'un premier établissement.

J'avais fait le tour de toutes les banques que je connaissais de nom. J'étais bien reçu dans chacune d'entre elles mais, au final, c'était toujours « non ». Mes interlocuteurs étaient frileux, ne pensaient et ne parlaient que de risque. Moi, j'y croyais et me disais : « Mais qu'est-ce qu'ils sont bêtes, ils n'ont pas compris que c'est parti, que je vais me lancer d'une manière ou d'une autre, que je vais ouvrir. » Quand j'ai fait le tour des treize différentes banques, je me suis dit que, puisque je n'en connaissais pas d'autres, j'allais refaire le même tour, mais en changeant d'agence. Et je suis reparti à la chasse des trois millions de francs recherchés. La quatorzième banque que j'ai contactée, la première de ce second tour, a accepté de me faire confiance : une filiale du Crédit Agricole, la Caseg (Caisse Aveyronnaise de Services et de Gestion). Mon interlocuteur a percuté tout de suite. Je l'ai vu dans ses yeux. Il m'a très vite dit : « Reviens demain, je vais te faire rencontrer mon directeur. » Le lendemain, une bonne poignée de main avec le directeur de l'agence a très vite scellé notre accord. Nous n'avions pourtant rien signé, juste discuté, nous étions sur la même longueur d'onde et je savais que c'était bon. Il avait une tête de terrien, une bonne tête de paysan, pas breton mais aveyronnais, des grosses paluches, une tête à aimer bien manger et boire du bon vin. Je savais que je pouvais lui faire confiance, et il ne m'a pas déçu. Quelques semaines plus tard, mon prêt était signé. J'étais caution personnelle, ce qu'il faut toujours éviter, mais je n'avais pas le choix et, de toute façon, j'avais tellement la foi que ce sujet de caution ne m'a pas stressé.

Les trois millions de francs étaient insuffisants. Il fallait que je trouve la même somme pour démarrer le projet. J'ai acheté le livre *Business Angels,* grâce auquel j'ai fait la connaissance d'Antoine Dupont-Fauville, un très charmant vieux monsieur, ancien inspecteur des finances. Celui-ci m'a mis en relation avec un groupe de financiers puissants : l'IDI.

J'ai rencontré le patron, redoutable financier, très connu dans le monde de la finance à Paris. Je suis entré dans son bureau où jai senti une atmosphère de dureté. Je n'eus même pas le temps de finir ma présentation qu'il me coupa la parole et me fit une proposition. Déroutant, bien sûr. Il fit venir dans la foulée un de ses juristes, un petit monsieur courbé, dégarni, qui ne me voyait pas et ne regardait que ses papiers. À l'issue de cette réunion, quand il me raccompagna, je remarquai au-dessus de la porte de son bureau une énorme tête de lion empaillée, la gueule grande ouverte, montrant tous ses crocs et sa puissance passée. Je m'apprêtais à sortir du bureau mais je m'arrêtai pour la regarder. Je sentis que le financier m'observait pendant que je regardais ce qu'il restait de ce pauvre animal… « C'est moi qui l'ai tué ! » me dit-il. Je lui répondis aussitôt, mécaniquement, sans réfléchir : « Ça ne m'étonne pas ! » et on s'est quittés sur ces mots. Les jours suivants, j'ai beaucoup discuté avec son triste juriste, qui m'avait préparé un projet de pacte d'actionnaires gros comme un annuaire. Je ne connaissais rien à rien à toutes ces clauses juridiques très complexes où chaque paragraphe peut cacher un piège… J'ai alors pris rendez-vous avec mon frère, banquier, pour lui faire lire un exemplaire du pacte. Après avoir rapidement jeté un œil à ce document complexe, il m'a très vite dit : « Je vais te mettre en relation avec un de mes camarades de promotion quand j'étais à HEC, c'est un ancien de l'IDI. C'est lui qui rédigeait les pactes quand il y travaillait à l'époque. » Je trouvais l'idée très bonne. Et c'est ainsi que j'ai pris rendez-vous avec quelqu'un qui allait avoir une grande importance par la suite, un dénommé François.

Sur les recommandations de mon frère, je l'appelai donc. Une petite voix extrêmement calme et très posée me proposa : « Oui, voyons-nous à 7h50 » ou un horaire de ce genre, un peu décalé, qui me surprit. Je me présentai et, très vite, on relit ce pacte, qu'il corrigea rapidement en rayant tous les passages dangereux et en me faisant des remarques sur les autres. Pendant qu'il corrigeait, à une vitesse dont je me souviens encore aujourd'hui, il me demanda de lui parler du projet. Je démarrai donc au quart de tour. Il avait presque fini la correction du pacte du chasseur de lion. Très vite, il annonca: « Ça m'intéresse ! » J'étais surpris et, en même temps, j'avais maintenant les bases d'un pacte corrigé. François lançait une société d'investissement au même moment où je démarrais mon aventure entrepreneuriale. Il me fit une offre immédiatement, plus intéressante que celle de son ancien patron de l'IDI et rédigea, à la main, un accord sur une simple feuille A4. Je lui fis confiance, au même titre qu'il me faisait confiance. On se serra la main. L'association avec mon actionnaire financier démarra à cet instant.

Tout ceci s'est déroulé en moins d'une heure. Je repartis immédiatement à l'IDI où j'avais mon second rendez-vous avec l'amateur de safari sanglant. J'entrai une nouvelle fois dans son bureau et lui annonçai: « J'ai donné mon accord à un de vos confrères. » Cet homme était et est peut-être encore un des financiers les plus puissants de Paris, il avait donc beaucoup d'autres dossiers, et des dossiers incomparablement plus importants que celui d'un entrepreneur en herbe, mais le fait que je décide de ne pas faire affaire avec lui l'avait énervé et j'ai vu qu'il se mettait en mode « je vais le retourner en un claquement de doigts ». Il m'a fait tout de suite une contre-offre bien plus intéressante que l'offre de François, mais j'ai refusé. J'avais serré la main de ce dernier et je lui faisais confiance. Je sentais que le chasseur était contrarié, vexé. En partant de son bureau, dans une ambiance assez glaciale, je jetai une dernière fois un coup d'œil au pauvre lion et je me dis : « J'ai bien fait. »

J'avais donc mon accord de prêt et une promesse d'investissement de la part de mon futur actionnaire. Mon financement était bouclé.

UN TOAST À MON AVOCAT

Pour mettre en forme le dossier, j'ai pris contact avec un cabinet d'avocat et le « hasard » a fait que je suis tombé sur un Breton. De mémoire, ses premiers mots ont été : « De quel coin es-tu ? » J'ai répondu : « De Morlaix. » Morlaix, qui est sa ville natale. Nous avons sympathisé dans la seconde et sommes devenus de très bons amis.

André m'a accompagné toute ma carrière et m'a brillamment conseillé jusqu'à son départ à la retraite. J'avais toujours plaisir à aller le voir à son cabinet, à Neuilly. Quand il me recevait dans son bureau, je l'écoutais attentivement, mais je ne pouvais m'empêcher de temps en temps de tourner la tête à gauche afin de regarder un magnifique tableau accroché au mur, une peinture abstraite bretonne. J'étais attiré comme un aimant par ce tableau que je trouvais magnifique.

Je suis allé le saluer pour son dernier jour d'activité, la veille de sa retraite. Je me suis assis à ma place habituelle et j'ai tout de suite remarqué que le tableau n'était plus au mur. Il a vu que je l'avais remarqué. « Depuis des années, je vois que tu aimes ce tableau, alors il est pour toi ! » m'a-t-il dit en me tendant cette belle toile qu'il avait préalablement emballée. Le peintre n'était autre que lui-même. Je découvrais une facette du personnage : André était aussi artiste.

André et son tableau

UNE PREMIÈRE RÉUNION QUI N'AUGURE RIEN DE BON

Le premier rendez-vous de travail avec François, mon tout nouvel actionnaire financier, s'est fait en l'an 2000 au cabinet d'André, mon avocat. L'objet de la réunion était de rédiger officiellement les accords qui allaient me lier à lui, ce que l'on appelle un « pacte d'actionnaires », une sorte de contrat de mariage.

À l'époque, seul m'intéressait le fait d'avoir 51 %, la majorité comme on dit, mais un pacte d'actionnaires comporte tout un tas d'autres choses importantes, les clauses de sortie notamment. Je ne savais même pas à l'époque qu'en démarrant un projet, on prévoyait déjà sa fin, ou du moins, sa propre fin dans le projet.

La réunion avait bien démarré, mais soudain, le ton est devenu différent, plus « raide ». Lorsque nous avons abordé la rédaction de ces clauses particulières, François s'est subitement énervé. Cela m'a sidéré. André, lui, est resté aussi calme que ferme.

J'ai compris au cours de cette réunion que je ne m'associais pas à un copain qui aimait le projet, mais à un investisseur financier.

André était d'excellent conseil, c'est sans doute ce qui énervait François, apparemment habitué à ne pas être contredit.

ARCHI-CONVAINCU

Plus d'un an a été nécessaire pour monter le projet. Nous partions de zéro. D'une feuille blanche, mais avec une foi inébranlable, de la joie et un sentiment merveilleux de liberté. Jour après jour, étape par étape, le projet se montait. Les rendez-vous se succédaient, et Fred peaufinait ses recettes.

Puis vint le moment où il a fallu trouver un site et l'acheter... Après de nombreuses visites, nous avons jeté notre dévolu sur un vieux bistrot rue de Sèze. Les discussions n'ont pas été simples, car les deux garçons qui tenaient cette affaire depuis des années étaient des vieux de la vieille, mais nous avons réussi à négocier au mieux et, finalement, nous avons signé.

Ce site était un très bon emplacement, mais il était sur le marché depuis longtemps. Il était en effet entouré de sex-shops et cela refroidissait les acquéreurs potentiels. Nous, on s'en foutait[2]. C'était une petite rue extrêmement bien située, dans le quartier d'affaires de la Madeleine. Les sex-shops, remplacés par Internet, ont depuis presque tous disparu et la rue est, petit à petit, montée en gamme.

Il fallait trouver l'architecte qui allait nous accompagner dans l'aventure. J'avais pris rendez-vous avec trois archis le même jour. Le premier, je ne le sentais pas. Le gars était très (trop) sûr de lui... Le deuxième était une star du moment, un grand nom dans le design. Il sortait d'une interview et continuait à ne parler que de lui... « Ma vie, mon œuvre ». En début de soirée, je rencontrai le troisième archi et je sus très vite que c'était le bon. Humble,

2. Ce qui, je m'en suis rendu compte bien des années plus tard, n'était pas le cas de mon père : en retrouvant dans ses papiers une photo de cette première boutique de notre enseigne, je constatai, en souriant, qu'il s'était appliqué à découper aux ciseaux le sex-shop voisin !

simple, discret, il me reçut dans sa maison, rue Bichat dans le Xe arrondissement, où les enfants jouaient devant la cheminée. Il y avait une bonne ambiance, tranquille et chaleureuse. Il me montra son travail. De très beaux lofts principalement. Tous les books qu'il me présenta concernaient des appartements. Un moment, j'osai : « Avez-vous déjà dessiné des restaurants ? » « Ah ! non, jamais », me répondit-il tout en me présentant d'autres réalisations de lofts. Construire un restaurant, c'est extrêmement technique et les normes sont drastiques. Ce n'était pas son domaine, mais je savais que c'était lui qui ferait partie de l'aventure... Je n'avais vu que des photos d'appartements, mais c'était frais, pur, pas prétentieux du tout. Tout était bien pensé... L'architecte était choisi. Et notre collaboration – qui a duré presque vingt ans – a alors démarré.

Nous avons fait d'énormes travaux sur le site de la rue de Sèze. En fait, nous avons totalement déshabillé le lieu, rasé tout l'intérieur et l'avons refait à notre image.

GRAND OPENING

Vint le moment de recruter les premiers salariés. Une petite annonce de recrutement sur la vitrine du restaurant avec mon prénom et mon numéro de portable. Premier coup de fil : Paul-Marie, un adorable jeune Breton qui a débarqué de Vannes, où il avait passé les dix-huit premières années de sa vie, pour venir à Paris suivre les cours du Conservatoire national supérieur de musique. Longue histoire avec ce gamin, devenu grand et devenu aussi, depuis, un grand musicien et père deux petits blonds adorables. Nous sommes devenus amis pour la vie. D'autres jeunes sont venus nous rejoindre, tous pleins de vie, adorables, motivés. C'était formidable.

L'ouverture a démarré comme un coup de feu ! C'était extrêmement intense. Sept jours sur sept. De très tôt le matin à tard le soir. Du non-stop.

Du jour de l'ouverture, curieusement, je ne me souviens pas de grand-chose. Tellement à fond. Une seule chose me reste en tête : le premier client. J'ai ouvert la porte à 8 heures et un client, qui attendait curieusement depuis un petit moment devant la porte, entra dans le restaurant. Le premier client... C'est un évènement important ! Je m'attendais à ce qu'il demande un café et/ou un croissant, mais il commanda un jus d'herbe de blé ! Surprenant, car il n'avait pas eu le temps de lire la carte, et stressant pour moi car je n'étais pas prêt. La machine était encore dans son carton et cela prenait du temps de découper aux ciseaux un plateau d'herbe de blé... Il a reçu son jus d'herbe avec une petite dizaine de minutes d'attente et mes excuses. Ce tout premier client n'était pas un client lambda. C'était un concurrent qui venait voir ce que nous faisions, m'a-t-il révélé. Le premier d'une très longue série !

C'est inimaginable comme les concurrents de tous horizons sont venus chez nous. Pas une journée ne passait sans que des groupes organisés, ou parfois des indépendants, viennent photographier ou filmer nos vitrines, acheter un exemplaire de chaque produit, etc. Des centaines et des centaines de visites de ce type. Certaines chaînes se sont créées à Paris en reprenant à peu près toutes nos recettes. Dès que nous lancions la carte saisonnière, on était sûrs à 100 % de retrouver la même chose dans ces enseignes quelques semaines plus tard. C'était le cas également de la GMS (Grandes et moyennes surfaces) de quartier. Tout était systématiquement copié. Nous, jamais nous n'avons copié une recette ! Pas une seule fois, mais nos principaux concurrents nous piquaient tout. Au début, cela m'énervait beaucoup. Au bout d'un moment, cela m'énervait moins et, à la fin, plus du tout ou presque. On peut en effet copier des recettes, mais on ne peut pas copier l'âme d'une maison. On peut faire une déco assez semblable, mettre des tabliers de couleurs aux serveurs, positionner des présentoirs de la même manière, proposer des offres de produits assez proches, passer le même genre de musique... Au premier regard, cela pouvait paraître assez semblable et au deuxième, c'était clair qu'il s'agissait d'une autre histoire. Il y avait quelque chose de fort et en même temps d'assez indéfinissable. Même si nous ne communiquions pas ou peu, les clients percevaient une ambiance qui était attachée à notre entreprise, une sincérité.

On travaillait dur. On était souvent sollicités comme traiteur pour des défilés de mode ou des évènements de ce genre. La plupart du temps, on déclinait la proposition car, même si c'était flatteur, cela nous faisait nous éloigner du terrain et celui-ci était notre priorité. On l'avait bien en tête, on ne voulait pas se disperser, alors on laissait passer la possibilité de faire de belles prestations à des évènements visibles, branchés. On était plus à l'aise ainsi.

Je me souviens d'une prestation pour Chanel, que nous avions tout de même acceptée lors de nos débuts, et de l'après-midi où Fred et moi étions dans la cuisine de

Madeleine à préparer des mini-sandwiches et des petites salades pour l'évènement. Nous nous appliquions pour que cela soit parfait. Nous avions demandé à deux jeunes serveurs bretons d'amener les plateaux de sandwiches rue Cambon au siège de la maison Chanel. Ils étaient revenus en me disant: « Oh! Alain, on a vu un mec hyper *space* là-bas! Il était tout en noir, des lunettes noires et des cheveux blancs avec du talc dessus et une grande queue de cheval! » Cela m'avait fait rire...

Raphaël a quitté l'aventure dès les premiers jours, préférant retrouver son domaine, le marketing. Fred et moi tenions alors à deux le restaurant, accompagnés des « p'tits gars » qui nous avaient rejoints. Au début, nous y passions pas loin de vingt heures par jour... Nous n'avions pas une minute pour nous. Nous finissions très tard et démarrions très tôt. La machine était lancée.

La période était tellement particulière que je ne me rappelle pas vraiment du déroulé des journées. On courait tout le temps. Nous avons eu la chance que, dès le premier jour, les clients soient au rendez-vous. Très vite, le bouche-à-oreille a fait son travail et c'est une véritable foule qui venait déjeuner chaque midi. C'était impressionnant, le restaurant était noir de monde. Je me souviens d'un article de journal disant: « Connaissez-vous le restaurant à la façade bleue, rue de Sèze près la Madeleine? Chaque midi, cela ressemble à une émeute... »

Petit à petit, nous nous sommes organisés. Jean-Phi, un copain de McDo, nous a rejoints un an plus tard. Il nous a aidés à structurer les choses, notamment la partie financière, dans laquelle je n'ai jamais été bon.

L'ENTREPRISE À PLEINES DENTS

Nous étions lancés à toute allure.

Nous n'arrêtions pas une minute, ce qui n'empêchait nullement que l'ambiance soit formidable. Les jeunes recrues étaient extraordinaires. Nous étions soudés. C'était magnifique. Oui, nous avons connu un véritable « état de grâce » avec les salariés de l'entreprise. Dès la première embauche, nous avons eu la chance incroyable d'avoir des personnes adorables, motivées, bosseuses et investies.

Paul-Marie, le premier salarié, a été suivi d'un autre jeune Breton de Vannes puis, rapidement, certains de leurs amis et ensuite des amis de leurs amis sont venus nous rejoindre. Enfin, ce fut les copines des copains, les copains des copains, des frères et sœurs. Et ainsi de suite. Tout un réseau de cooptation en interne, en quelque sorte.

Ils avaient eu des parcours différents. Il y avait énormément de jeunes artistes, beaucoup venaient de la musique, du théâtre, de la photo ou du cinéma. Au fil du temps, ils se sont sûrement donné le mot. D'autres étudiaient l'informatique, la logistique, certains avaient une formation d'ébéniste. L'un d'entre eux avait été bûcheron, un autre avait gardé des moutons, d'autres encore étaient marins, certains alpinistes, dessinateurs, etc. Ils avaient des parcours différents, mais avaient tous un point commun : ils étaient gentils, lumineux, positifs, ils débordaient de vie, de projets, d'optimisme et ils étaient passionnés par l'entreprise. Le fait qu'ils venaient d'horizons si divers, y compris géographiquement, apportait une richesse supplémentaire à l'histoire qui se mettait en place jour après jour. Les cinq continents étaient représentés. À un moment, nous avions plus de cinquante nationalités parmi les centaines d'employés.

Un an après l'ouverture de notre premier restaurant à Madeleine, nous avons été invités à en ouvrir un deuxième dans le magasin de la Samaritaine. À ce moment-là, nous avons décidé d'installer une cuisine centrale à quelques mètres de nos bureaux dans le XVe arrondissement. Nous avons ouvert ensuite un troisième restaurant, boulevard Haussmann, un quatrième dans le VIIIe arrondissement et ainsi de suite... Tout cela représentait un travail considérable.

Les restaurants étaient très bien tenus par de bons directeurs et des équipes motivées. La promotion se faisait toujours en interne. C'étaient généralement des anciens serveurs qui devenaient directeurs de restaurant, et ainsi de suite jusqu'au plus haut poste. Nous n'avons en effet jamais embauché de directeur venant d'autres enseignes, par exemple, ils ont tous commencé chez nous. J'étais ainsi rassuré sur le fait que non seulement la technique, que je savais pointue, serait maintenue mais, également et surtout, que l'esprit de la maison resterait le même.

Parfois, pour certains postes, il fallait forcément des spécialistes, comme pour la compta, mais comme je viens de le dire, je préférais de loin la promotion interne. N'importe quel salarié pouvait grimper les échelons et arriver au siège. Cela a été le cas d'ailleurs, la majorité des cadres du bureau venait en effet du terrain. Nous avons tenté une fois ou deux d'embaucher au siège quelqu'un qui avait fait une grande école de commerce, mais nous

nous sommes vite aperçus que la greffe ne prenait pas vraiment, et nous n'avons pas renouvelé l'expérience. Rien ne valait l'interne. Pourtant, à un moment, j'ai fait la bêtise d'approcher, plus exactement de me laisser approcher par ce que l'on pourrait appeler un gros calibre et cela a été une erreur, dont je parlerai plus tard.

Quand il m'arrivait de faire passer des entretiens, je ne voulais pas voir le CV. Je me fichais de savoir dans quelle école les postulants étaient allés. BEPC ou HEC, cela ne m'importait guère. Je regardais la lumière en eux, je regardais s'ils étaient sympas et simples, s'ils pouvaient s'intégrer facilement dans cette famille et cela me suffisait. Nous faisions un métier technique et la technique s'apprend. La gentillesse ne s'apprend pas. La simplicité non plus.

La seule recommandation que je donnais aux équipes encadrantes (tous anciens serveurs) était, une fois la formation effectuée, de mettre les serveurs en confiance comme nous l'avions nous-mêmes fait pour eux. Les mettre en confiance et non en garde. À l'inverse de ce que j'avais connu à l'école. Je suis toujours parti du principe qu'il fallait les mettre le plus à l'aise possible, les encourager et faire en sorte qu'ils deviennent le plus autonomes possible. C'était un des points les plus importants pour moi. J'ai tellement conscience que plus le manager doute a priori du serveur, plus il réduit les chances de celui-ci de s'épanouir. Inversement, plus le manager est convaincu du potentiel du serveur, plus il multiplie les chances de réussite de celui-ci. Ce principe de mise en confiance et d'encouragement s'est rapidement diffusé à tous les niveaux de l'entreprise, il faisait partie de la philosophie de la maison. Je ne sais pas qui un jour a dit ou écrit cette fameuse phrase: « Le regard que je porte sur l'autre fait, au bout du compte et en grande partie, ce qu'il devient », mais c'est tellement juste ! C'est vrai pour les écoliers, c'est vrai pour les salariés, c'est vrai d'une manière générale. Le regard porté sur un jeune, que cela soit à l'école ou plus tard au travail, peut tout changer pour celui-ci.

Je donnais donc beaucoup d'importance à la reconnaissance. Un serveur qui a bien travaillé et que l'on félicite sera très sensible au compliment. Cela lui fera plaisir, le mettra davantage en confiance et lui donnera plus d'aisance, plus d'autonomie dans son travail et souvent, il se révélera très bon. La critique ou l'engueulade, en revanche, entraîne un changement de comportement, mais toujours dans le mauvais sens, parfois de manière surprenante, imprévisible... Quand un serveur sait qu'il est mal vu de son manager ou de son directeur, à court terme, il ne cherchera pas à bien faire. Au mieux, il apprendra à éviter l'engueulade, ce qui, comme je l'ai dit plus haut, était mon cas à l'école. La reconnaissance tire les gens vers le haut et la critique, vers le bas. C'est aussi simple que cela !

Un souvenir me vient à l'esprit à ce sujet. Dès les premiers jours de l'ouverture du premier restaurant, j'avais repéré un jeune serveur. Je voyais qu'il était très intimidé et qu'il voulait bien faire. Certains de ses gestes pouvaient parfois être maladroits, mais ce n'était pas grave du tout. Combien de jus de carotte a-t-il renversés ou écrasés en appuyant trop fortement sur le couvercle en plastique pour les refermer ? Je voyais cela sans le voir. Ce qui me marquait surtout, c'était qu'il voulait bien faire. Mon rôle était de l'aider à prendre confiance en lui. C'était mon seul objectif le concernant et j'y veillais quotidiennement. Avec les années, il a acquis, sans forcément d'ailleurs s'en rendre compte, confiance en lui. Depuis, il a rejoint le siège où il a pris la direction de plusieurs départements.

Il y a toujours eu une atmosphère particulière dans l'entreprise, une sorte de bienveillance générale à tous les niveaux. Que ce soit au niveau de la personne qui faisait la plonge ou d'un directeur de département au siège, l'esprit était le même. Avec recul, le fait d'avoir gommé la hiérarchie ou, plus exactement, que celle-ci soit très respectueuse, le fait d'être présent pour aider et non pour faire le gendarme, le fait que tous travaillent avec la même vision, faisait que le résultat au quotidien était unique. Quand, du siège, nous arrivions à midi dans un restaurant, c'était pour donner un coup de main, pour aider, pour soutenir. Nous étions davantage perçus comme des collègues venant aider que comme des superviseurs qui débarquent pour surveiller. Au fil du temps, il s'était créé une sorte d'égrégore. L'entreprise était devenue une vraie famille. Ce sentiment de bienveillance était partout, à chaque instant, dès que l'on allumait les lumières des restaurants ou du bureau le matin jusqu'au moment où on les éteignait en fin de journée. Et même après d'ailleurs... Les équipes passaient beaucoup de temps entre elles le soir, les week-ends et partaient souvent en vacances ensemble également.

Durant toutes ces années, je n'ai jamais entendu un manager mal parler à un serveur et inversement, ou deux serveurs ou deux managers « s'engueuler ». Je n'ai jamais entendu quelqu'un hausser le ton ou avoir un mot de travers envers un employé dans les restaurants. Je n'ai évidemment jamais engueulé quelqu'un et je n'ai jamais non plus entendu un manager ou un directeur le faire. Autant je ne crois pas du tout aux vertus de l'engueulade, autant je crois plus que tout à la gentillesse. Au bout de toutes ces années, je finis par m'apercevoir que le respect, la bienveillance et la gentillesse sont contagieux, dans le bon sens du terme... Il y avait bien sûr des règles, et des règles très précises, mais elles étaient toujours respectées sans que personne n'ait jamais eu besoin d'élever la voix. Pourtant, dans le domaine de la restauration, on observe, hélas, l'inverse.

Mon objectif quotidien a été de veiller à ce que tous les salariés soient heureux de venir travailler, à ce qu'ils soient le plus épanouis possible dans leur job. C'était ma priorité de tous les jours, de chaque instant. Et elle est devenue celle de mes collaborateurs, de mes compagnons au quotidien. J'ai fait le service, que l'on appelait « le rush », quasiment tous les midis avec eux pendant presque deux décennies. C'était mon moment préféré de la journée. Je ne demandais jamais le chiffre du midi en quittant le restaurant après le service, ou alors de manière très exceptionnelle, quand je voyais que le directeur s'était battu pour faire un bon chiffre et qu'il en était fier. Dans ce cas-là, je le demandais, mais ce chiffre ne m'importait pas vraiment. Je regardais peu les chiffres. Mon baromètre était ailleurs.

Au siège, l'ambiance était également formidable. J'y allais toujours avec beaucoup de plaisir. Les gens étaient à la fois très sympas, sérieux et bosseurs. Simples et humbles également. C'était un bonheur quotidien. Il y avait beaucoup de discussions, les gens n'avaient pas du tout peur de s'exprimer, ils étaient libres. Les décisions étaient collégiales, il n'y avait pas ou quasiment pas de sujets que l'on traitait en tout petit groupe, comme cela peut être le cas, par exemple, dans ce que l'on appelle des « comités exécutifs ». L'esprit de la maison le permettait, la taille de l'entreprise également. Comme dans les restaurants, il n'y avait pas au siège une autorité qui décide de tout et qui distribue ensuite les tâches aux uns et aux autres en fonction des décisions qu'elle avait prises. Les décisions, nous les prenions ensemble. Ensuite, chacun connaissait et programmait son travail. Nous n'avons jamais connu de rivalité ou de tensions, nous étions au contraire tous soudés, il n'y avait pas de clans. Nous étions une vraie famille et nous tous avions aussi un point commun : nous aimions nous amuser. Nous travaillions dur, mais quand c'était l'heure de la détente, tout le monde répondait présent. Il y a eu des soirées formidables, incroyables. Il y avait une très bonne ambiance, unique même, comme je n'en connaîtrai sans doute plus jamais dans ma vie.

Un soir, un cadre du siège m'a dit très gentiment et un peu ému : « Tu sais Alain, si un jour je pars de l'entreprise, je ne pourrai plus jamais être salarié ailleurs... Après avoir vécu ce que j'ai vécu ici, ce serait totalement impossible. Si un jour je pars, ce sera pour me lancer. » Quelques années plus tard, ce garçon est parti (après une fête mémorable) et a créé son enseigne. Je suis allé lui rendre visite et j'étais heureux de m'apercevoir qu'il avait apporté avec lui le même esprit qu'il avait connu chez nous.

Le turnover au siège était quasi nul. Les directeurs de restaurants se faisaient très souvent draguer par des chasseurs de têtes missionnés par des concurrents, mais très peu se laissaient convaincre par ces professionnels de la séduction. Je me souviens de deux d'entre eux. J'étais attristé de les perdre mais bien plus, incomparablement bien plus, parce que je savais à l'avance que l'organisation des grosses boîtes qui leur faisaient les yeux doux en promettant évolutions, bonus et le train-train habituel, allait les abîmer.

Le premier d'entre eux s'était laissé séduire par un traiteur parisien réputé qui lui proposait un poste plus élevé que celui qu'il occupait chez nous et surtout un salaire bien plus haut. Lors de l'entretien, j'ai essayé de le convaincre de ne pas partir, non pas parce qu'il était indispensable à notre fonctionnement, mais parce que je savais qu'il allait mettre un pied dans une organisation très dure, à l'opposé de la nôtre. J'étais sincèrement malheureux pour lui. Comme il avait pris sa décision, on a terminé assez vite la discussion et nos verres en parlant d'autre chose. Ce gars a énormément souffert dans son nouveau poste, qu'il a quitté amaigri, désillusionné, quelques mois plus tard. Il m'a raconté plusieurs anecdotes de son quotidien. Je ne me souviens que d'une seule. C'était juste un détail mais cela en disant long: « Tu sais Alain, le soir quand c'était l'heure de fermer le magasin, je demandais à un salarié de bien vouloir aller fermer la porte. Celui-ci me répondait: "Ce n'est pas dans ma fiche de poste, vous n'avez qu'à le faire vous-même!" » Chez nous, il n'y avait pas besoin de le demander, les gens étaient tellement autonomes que n'importe qui faisait cette petite tâche sans même qu'un manager le lui demande ou si celui-ci le demandait, c'était fait gentiment avec le sourire en écoutant leur musique préférée.

Il est revenu me voir quelques mois plus tard, souhaitant se faire réembaucher et j'étais d'accord. On peut faire des conneries, se laisser appâter quand on est jeune, d'autant plus qu'il s'agissait d'un premier emploi chez nous, mais il voulait revenir avec une promotion et cela, par principe, vis-à-vis de ses camarades en interne, ce n'était pas possible. Il a refusé de revenir au même poste de directeur de restaurant, mais on est bien sûr restés copains.

Il y avait un autre gamin, un petit gars gentil comme tout, une gueule d'ange. Lui, c'était pire. Il s'était également fait draguer pour être le directeur des opérations de toute la restauration d'un « grand magasin » qui allait ouvrir sur les Champs-Élysées. Poste assez prestigieux pour un gamin de son âge, mais je savais qu'il allait se faire « massacrer ». Lui aussi, j'ai essayé de le retenir pendant un entretien et, je l'avoue, avec insistance. Je m'étais déplacé à son restaurant pour lui parler. Il était souriant, heureux, flatté qu'on lui ait proposé une promotion incroyable et peut-être également flatté que j'essaye de le récupérer. J'avais mis le paquet pour le convaincre, mais son sourire m'a tout de suite fait comprendre que je perdais mon temps. Lui non plus n'occupait pas un poste stratégique chez nous et nous savions qu'il y avait des prétendants pour reprendre du jour au lendemain son poste de directeur de restaurant. Comme pour son collègue, j'étais malheureux pour lui. Il était heureux, épanoui chez nous. Il était le premier à le dire, mais l'offre qui lui avait été faite était pour lui difficile à refuser. Il allait prendre la direction d'un pôle de restauration, donc la direction de plusieurs marques. C'était du lourd et, à mes yeux, beaucoup trop pour lui qui était à la direction d'un restaurant assez « facile », ouvrant simplement du lundi au vendredi de 8 heures à 16 heures et donc, libre comme l'air tous les soirs et les week-ends. Il allait entrer dans l'univers des « grands magasins », dans une machine gigantesque, ouverte sept jours sur sept jusqu'à minuit. Ça encore, ça se gère, mais faire face au quotidien d'un côté, à la direction du grand magasin obsédée par ses objectifs financiers et la pression infernale qui va avec et que l'on imagine aisément et, de l'autre, les patrons de chaînes de restaurants qui ne sont pas forcément des tendres, c'était aller direct au casse-pipe. Accessoirement, il était trop jeune pour ce poste. Je l'avais prévenu qu'il mettait le pied dans un monde très dur. Moins de six mois plus tard, il m'a appelé pour me prévenir de son départ. « *T'avais raison* », m'a-t-il juste dit au téléphone. J'en voulais profondément au chasseur de têtes qui savait à l'avance que le challenge était beaucoup trop dur pour ce gamin.

Pendant toutes ces années aussi, jamais nous ne faisions de concession sur la qualité. Les fournisseurs nous respectaient beaucoup pour cela. Je me souviens notamment d'un fournisseur de sauces. Il était en fin de carrière. Un jour, après que Fred et moi avons passé du temps à faire des tests de dégustations avec lui, il nous a dit une petite phrase qui m'a fait plaisir : « Vous savez, depuis de nombreuses années, je vois beaucoup de clients... J'adore venir chez vous. Vous êtes les seuls qui ne me demandez pas quels sont les trois premiers prix d'une gamme de produits que je vous présente. Vous prenez le temps de goûter à tout et au bout d'un moment, vous choisissez définitivement le produit sans même avoir demandé son prix. Ce n'est qu'après que je rencontre l'acheteur pour la tarification. Dans votre secteur, vous êtes les seuls à fonctionner comme cela. » C'était un compliment et, en même temps, il nous aurait été totalement impossible de travailler autrement. Fred avait le don de dénicher les meilleurs ingrédients et produits qui soient, mais en effet, leur prix d'achat ne l'intéressait guère. Ce n'était pas son sujet. Ce qui le motivait, c'était de référencer le meilleur produit possible. Il choisissait tel produit et pas tel autre et personne sur Terre n'aurait pu le faire changer d'avis. Si le directeur des achats lui proposait un produit « presque » aussi qualitatif, mais un peu moins cher, c'était peine perdue puisqu'il ne voyait que par son prisme : la qualité. Ce dernier, ayant rapidement compris que cela ne servait à rien d'insister, se contentait de négocier le prix du produit choisi et il le faisait très bien. Il avait également compris que c'était ce souci de qualité qui faisait en grande partie notre force.

Au fur et à mesure que l'enseigne se développait, les volumes devenaient plus importants et même très importants. Nous sommes passés de deux cents clients par jour à plus de vingt mille, mais les méthodes restaient les mêmes, nous nous étions simplement bien organisés. Nous faisions tout pour que l'accroissement des volumes n'affecte pas la qualité. Elle était notre obsession quotidienne et nous y travaillions beaucoup. Nous faisions notre job comme de bons artisans. Les salades, par exemple, étaient préparées en plusieurs fois au cours de la journée, au lieu d'une seule. Cela prenait plus de temps, mais ne dénaturait pas le produit et conservait sa fraîcheur. Pour la « salade thaï » notamment, nous savions que si le bac était trop grand, les ingrédients allaient être écrasés et la sauce allait stagner dans le fond, donc nous la fabriquions en petites séries. Un raisonnement économique nous aurait dicté de procéder autrement, ce qu'aurait fait n'importe quel sous-traitant, avec une seule préparation dans une grande cuve. Mais l'opérationnalité a toujours été au service de la qualité et non l'inverse. Lorsque nous élaborions une recette, celle-ci était décortiquée par le service qualité et vérifiée ensuite avec les équipes opérationnelles afin qu'elle reste réalisable en termes de fabrication. Si le service qualité ne validait pas la recette, sa réalisation était décalée. Nous ne passions jamais en force.

Notre modèle était en perpétuelle évolution. Pas une journée ne passait sans que l'on améliore quelque chose pour le lendemain. Les années se sont ainsi enchaînées, dans un perpétuel travail de peaufinage. Nous étions extrêmement attentifs à la qualité des ingrédients, à leur préparation et aux recettes, Fred y veillant à chaque instant. Il travaillait main dans la main avec Juliette, la directrice qualité et Angèle, la directrice marketing. Ces deux filles étaient exceptionnelles, de vraies perles. Avec ce trio-là, rien ne pouvait arriver à la constance de la qualité et à la pertinence de l'offre. Fred était également très présent sur le terrain. Nous étions tous très rigoureux, mais Fred était davantage que cela. On peut même dire qu'il était intransigeant. Il avait un souci permanent du détail. Avec lui, on ne pouvait pas passer à côté d'une framboise un peu fatiguée.

Les équipes, très attentionnées et à l'écoute, étaient elles-mêmes très sensibles à la qualité des produits. Ce sont elles qui faisaient remonter les remarques des clients. Le travail était quotidien et collectif.

Les clients avaient bien compris notre démarche, la manière dont nous fonctionnions, ils savaient qu'ils pouvaient se régaler en se faisant du bien, que les recettes avaient été pensées avant d'arriver dans leur assiette. Ils savaient que nos produits étaient déjà passés par une grille de sélection qui garantissait qu'ils n'étaient ni trop gras ni trop sucrés, que les ingrédients étaient bien sourcés et les recettes bien faites.

Un jour, une bonne cliente a dit à Fred, devant moi: « Vous n'avez pas besoin de communiquer. Moi, quand je viens chez vous, je ne me pose pas de questions, je sais que c'est bon et que vous avez bien fait votre travail ! »

Les clients aimaient nos produits, mais ils aimaient aussi ce qu'il y avait autour, une façon de voir les choses, une atmosphère, une sensibilité particulière, une fraîcheur, un état d'esprit certainement différent de celui qui existe d'une manière générale en restauration. Ils l'ont saisi très vite. Ils percevaient de la sincérité, une certaine philosophie de vie. Ils s'apercevaient que l'on se donnait beaucoup de mal pour que tout soit parfait, et également que nous étions respectueux de nos salariés. Nos valeurs étaient là. Les clients savaient pourquoi ils venaient chez nous, pourquoi ils nous étaient fidèles. Le bouche-à-oreille a fait le reste.

Fred et moi avons sympathisé avec beaucoup d'entre eux. Régulièrement, des clientes venaient voir Fred après le service pour parler de produits, échanger des recettes, discuter. C'était presque comme un club. Lors de l'un de

Fred, Bobby et moi au restaurant Cojean de Miromesnil

ces échanges, nous avons fait la connaissance de Patrick, un de nos premiers clients. Nous lui avons proposé de nous rejoindre, ce qu'il a fait. Il a créé des outils d'étude, encore utilisés dans l'entreprise aujourd'hui.

Fred était autant doué en com qu'il l'était pour les produits. Nous gérions donc ce sujet en interne sans jamais avoir recours à une agence de communication et encore moins à un attaché de presse. Cette communication, quand il y en avait, était discrète, un peu décalée, sur un ton assez familier. Fred avait sa façon à lui de tourner les phrases. Un exemple me vient à l'esprit. J'avais un jour mis une petite affiche de recrutement sur la vitrine d'un restaurant: « Nous recrutons des serveurs. » Fred l'avait remplacée par « Nous recrutons tous les garçons et les filles de ton âge. » Cela parlait aux clients qui étaient des gens de notre génération, avec des références un peu drôles, des clins d'œil. On parlait le même langage. Il y avait un côté un peu fun. On faisait ce qui nous ressemblait. Ce n'était pas juste une bonne cantine, elle était incarnée.

LA PARABOLE DU PETIT-DÉJEUNER

Un jour, un actionnaire du fonds d'investissement, également administrateur de l'entreprise, me proposa de prendre un petit-déjeuner afin de faire davantage connaissance. Le rendez-vous fut pris au Café Charlot, rue de Bretagne. Je rencontrai alors une personne assez difficile à décrire. La soixantaine, un look plutôt cool, jean, vieux pull, veste en velours et les groles qui vont avec le tout... Au premier abord, on aurait pu dire qu'il était plus cool que ses confrères actionnaires. Au premier abord.

Il commença par m'avouer : « Moi, je suis un paysan. » Le dire revenait en réalité à révéler qu'il ne l'était pas. Je dois tout de même reconnaître qu'il faisait des efforts pour que la rencontre soit décontractée et même sympa. Il parlait plus que je ne parlais. La conversation était parsemée de : « Tu connais la parabole des deux fils ? Tu connais la parabole de la brebis égarée ? Tu connais la parabole des talents ? Et celle du trésor caché ? » À chaque fois, je répondais par la négative. Je me disais : « Il va vraiment me prendre pour un nul, je ne connais aucune de ses références. » Sous ces petites histoires, se cachait en filigrane un enseignement moral, voire religieux. Son discours était truffé de références aux Évangiles, à l'Ancien ou Nouveau Testament. C'était un peu original, pour ne pas dire très spécial, mais la discussion était néanmoins sympathique. À un moment, il me dit : « Moi, je crée une boîte par an. » Je ne le crus pas. Je ne pense pas en effet qu'il soit possible de le faire, à moins de s'appuyer totalement sur des équipes et donc, dans la réalité, ce sont celles-ci qui créent la boîte. Ce n'est pas en effet parce que l'on met un ticket dans une boîte, que l'on rencontre les fondateurs et que l'on va à quelques réunions clés, quelques petits-déj', quelques dîners que l'on crée une boîte. Je trouvais assez curieux qu'il me raconte cela d'emblée, d'autant qu'il savait que je m'investissais comme un dingue dans mon unique entreprise. Mais ce n'était vraiment pas grave, contrairement à ce qu'il m'a dit par la suite : « Tu sais... Dans toutes mes boîtes, j'ai un principe. Quand je lance un business, au bout d'un moment, je vire les personnes qui étaient avec moi au début de l'aventure ! » Quelle horreur ! Je lui répondis aussitôt : « Eh bien, toi et moi, on ne va pas être copains ! »

et la discussion s'est arrêtée là. Il venait de dire un truc affreux, un propos que je ne pouvais pas oublier et encore moins pardonner. Il existe sûrement une parabole sur le pardon, mais il m'en a fait grâce.

LES ALÉAS DU DÉVELOPPEMENT

Avant même l'ouverture du premier restaurant, le développement avait évidemment été un sujet de discussion avec le patron du fonds d'investissement ; le rythme des ouvertures de nouveaux restaurants avait donc été abordé. Je lui avais dit que j'avais l'intention d'ouvrir trois restaurants en deux ans. À mes yeux, c'était déjà ambitieux, puisque nous partions de zéro. On a tenu l'engagement. Mais à un moment donné, pour continuer à ouvrir de nouvelles adresses, il a fallu, pour les financer, faire une « augmentation de capital ». Je n'étais pas rodé à ces mécanismes. Je ne savais même pas vraiment comment cela fonctionnait. En avançant sur le sujet, j'ai compris que cette opération allait me rendre minoritaire. Je faisais une fixette sur le fait de rester majoritaire. Je voulais rester libre. Je ne voulais pas rester majoritaire pour gagner plus d'argent, je me payais d'ailleurs très peu (au départ comme un serveur, puis et pendant longtemps, comme un simple manager de restaurant). La majorité avait pour moi une importance cruciale, j'y tenais comme à la prunelle de mes yeux, car je ne voulais simplement pas que les choses me soient dictées, je voulais « garder la main » sur l'entreprise que j'avais fondée.

Au fil du temps, comprenant que cette opération allait me faire basculer dans la minorité, j'ai immédiatement décidé de vendre mon logement. C'était drôle, car après mes années McDo, j'avais réussi à acheter un lieu que j'adorais. Il s'agissait d'une vieille imprimerie. Quand je l'avais acquise, il y avait encore toutes les grosses machines à l'intérieur, des outils, des palettes de papier, des casiers de vestiaires, etc. J'aimais cet endroit et je m'étais dit que tant que je serais à Paris, je n'en bougerais jamais. J'y rentrais à moto et je la garais à côté de mon canapé. Je m'y plaisais beaucoup, mais moins de deux ans après y avoir emménagé, je le mettais en vente. La passion que j'avais pour l'entreprise gommait totalement la tristesse de me séparer de ce lieu si particulier. Sa vente me permettait de continuer l'aventure en restant majoritaire, je n'ai donc pas hésité une seconde. Ce n'était même pas un sujet. J'ai réussi à faire la transaction très peu de temps avant la date de l'augmentation de capital et j'y ai donc souscrit à temps en y mettant l'intégralité du montant de la vente.

J'étais tellement obsédé par le fait de rester majoritaire que je n'ai pas réfléchi à trouver un nouveau toit. J'ai mis l'intégralité de mes affaires dans un box en location, j'ai gardé un ou deux jeans, quelques tee-shirts, les quelques livres précieux qui m'ont accompagné toute ma vie et mon pacte d'actionnaires, puis j'ai cherché la chambre d'hôtel la moins chère possible car je n'avais plus du tout d'argent. Après quelques hôtels plus miteux les uns que les autres, j'ai atterri dans un hôtel près de Stalingrad, pas vraiment plus clean mais tout près du métro. Je n'étais pas du tout malheureux d'être là. La proximité, voire la promiscuité avec la « zone », à la fois du quartier et de l'hôtel ne me dérangeait nullement. J'étais majoritaire et donc libre de continuer à mener l'aventure à ma guise avec mes proches.

C'était cela l'essentiel, le reste m'importait peu. Toutes mes affaires tenaient dans un sac qui m'accompagnait partout.

J'aimais chercher de nouveaux locaux pour ouvrir de nouveaux restaurants. C'était tellement important pour l'entreprise. Il fallait trouver de beaux lieux et les acheter dans de bonnes conditions. Acheter, c'est facile, mais acheter dans de bonnes conditions, c'est autre chose. Je me donnais beaucoup pour cette tâche.

J'ai fait de nombreuses rencontres dans le domaine de l'immobilier. La nature humaine s'y retrouvait. Il y avait des bailleurs gentils, bienveillants, qui ne pensaient qu'à faciliter les choses. C'était le cas, par exemple, pour le site de la rue Washington où le propriétaire des murs, voyant que pendant la visite des lieux je m'inquiétais du manque de superficie, s'était débrouillé pour me trouver des places de parking pour les intégrer à la surface louée afin que je puisse avoir la place qu'il me manquait pour ranger mes stocks. Je me souviens aussi du site de la rue des Mathurins où les bailleresses étaient également arrangeantes. Après la signature, à la remise des clés, celles-ci m'avaient offert un cadeau dans un grand sac plastique. J'étais avec Fred. J'ai ouvert le sac devant lui. Très curieux, il y a plongé la tête afin de voir ce qu'il contenait. Comme s'il s'était pris une décharge électrique, il s'est redressé d'un coup sec en poussant un grand cri ! J'ai regardé à mon tour... Deux faisans morts.

Au tout début de l'aventure, alors que nous n'avions qu'un seul restaurant, celui de Madeleine, le directeur général de la Samaritaine m'a invité à déjeuner. Au cours de ce repas, il me proposa d'ouvrir notre deuxième restaurant dans son grand magasin en face de la Seine. J'avais bien sûr accepté. L'ouverture s'était très bien passée et deux ans plus tard, nous avions décidé ensemble d'agrandir le restaurant. Une quinzaine de jours après l'inauguration du restaurant agrandi, je reçus un coup de fil de ce dirigeant. « Je suis désolé, la Samaritaine fermera définitivement ses portes lundi prochain. » Je n'étais que moyennement étonné car des rumeurs de fermeture circulaient depuis longtemps à cause de problèmes de conformité du bâtiment et, peu de temps avant, j'avais vu ce dirigeant au journal télévisé, terriblement stressé, parler de ces problèmes. « OK, bon courage pour cette période difficile », lui ai-je répondu. Le mercredi suivant, j'étais là quand le magasin fermait ses portes et que tous les salariés de ce grand magasin s'étaient réunis le long des rambardes du grand escalier carré de chaque étage pour applaudir.

Au bureau, Jean-Phi, mon bras droit, suggérait de « les attaquer ». « As-tu vu la tête du DG aux infos l'autre jour ? Il était blanc comme un linge ! » lui ai-je rétorqué. Les jours suivants, on a déménagé les équipements du nouveau restaurant qui sentait encore la peinture neuve par endroits. Trois ans plus tard, je reçus un coup de fil de l'ancien patron de la Samaritaine. J'étais ravi de l'entendre, car j'en avais malgré tout gardé un bon souvenir. « Il y a trois ans, je ne l'ai pas oublié, vous avez été le seul à ne pas me poursuivre... Je viens d'être nommé directeur général du Bon Marché et c'est avec plaisir que je vous y accueillerai pour que vous ouvriez un restaurant », m'annonça-t-il.

Cependant, parmi les bailleurs, il y avait non seulement des durs, mais aussi des gens pas très honnêtes. C'était le cas du site de Madeleine, où le bailleur, trépignant de recevoir chaque trimestre un loyer qu'il jugeait trop faible, m'avait attaqué plus de dix ans après la signature du bail en raison de travaux d'escalier menant au sous-sol qui n'avaient pas été réalisés exactement à l'endroit des plans. Il avait trouvé ce minable artifice pour nous attaquer et nous avait envoyé un huissier au bureau un 24 décembre à midi pour demander la résiliation du bail pour faute grave. Il ne voulait pas nous mettre dehors, mais obtenir ce qui l'obsédait tant depuis des années : augmenter son loyer. J'ai dû alors accepter un compromis. Cela a encore été pire sur notre site du Louvre où le propriétaire des murs était carrément malhonnête. À notre arrivée dans les lieux, il souhaitait quadrupler le loyer, certes pas élevé, mais ce qu'il n'avait pas le droit de faire. Il passait une énergie dingue à nous embêter et nous a fait plusieurs procès rocambolesques, qu'il perdait à chaque fois, mais qui causaient du stress et du temps d'avocat.

Chez les vendeurs de fonds de commerce, c'était la même chose que chez les bailleurs, il y avait parmi eux des gens bien, et d'autres qui l'étaient moins. Généralement, ils étaient sympas. Je négociais le plus possible, c'était le jeu, c'était mon rôle mais à l'issue de longs pourparlers, les clauses discutées, la transaction se faisait et généralement, après la signature on prenait un verre, parfois on déjeunait ou on dînait ensemble. C'était sympa. Mais parfois, ce n'était pas le cas.

Je me souviens notamment de la vendeuse d'un restaurant que nous avons acheté dans le VIIIe arrondissement, une grande dame très chic, ou plutôt très snob. Elle vendait son restaurant dans lequel on voyait qu'elle avait fait des efforts de déco. C'était son argument de vente. Elle était désagréable, mais on s'est mis tout de même d'accord au bout d'un moment. Évidemment, pas de verre après la signature. Quelques jours plus tard, je suis allé sur les lieux faire un repérage. J'ai ouvert la porte, allumé la lumière : pas de courant ou plutôt, plus d'ampoule (pas de petites économies). Elle avait entièrement déshabillé les lieux, enlevé toute sa déco, les tapisseries en velours et les miroirs collés aux murs : elle avait tout retiré. Elle avait même démonté les toilettes ! Ce n'était pas grave, je ne comptais pas garder sa déco rococo et encore moins ses toilettes, mais je me suis dit qu'il y a deux sortes de personnes.

Dans cette période de recherche immobilière, j'ai rencontré des agents immobiliers et là encore, il y avait deux types de personnes. Certains agents étaient de bonnes personnes qui, s'ils réfléchissaient naturellement à leurs honoraires, pensaient d'abord à la bonne acquisition pour le client. C'était notamment le cas de Vianney, un vrai pro, fiable et droit. Il m'a aidé pour l'acquisition d'un site à Paris que je lorgnais depuis longtemps avenue Delcassé, près de Miromesnil. Je le trouvais magnifique et je voulais vraiment l'avoir. Même si le bailleur (une grande banque française) aimait bien notre enseigne, il ne voulait pas de restauration dans l'immeuble ; la porte était fermée. J'ai continué d'essayer jusqu'au moment où ce bailleur m'a envoyé, ainsi qu'à Vianney, un courrier officiel mettant définitivement un terme à toute discussion concernant le site. À la réception de la lettre, Vianney m'appela, très attristé : « Je suis désolé, c'est mort ! » me dit-il. Je lui expliquai que ce courrier n'était pas grave, que ce n'était qu'une étape, qu'il ne fallait pas abandonner à cause de cette lettre et qu'il fallait absolument continuer à essayer de décrocher ce site. « Tu n'as pas lu la lettre de la banque ? Elle a dit non ! » Je lui répondis qu'il fallait simplement que le « non » devienne « oui ». Je ne pensais qu'au « oui », le « non » n'existait même pas dans mon esprit. J'entendis un petit rire au téléphone, le rire amical d'un gars pas du tout convaincu par mes propos, mais nous sommes repartis en bataille. Quelques mois et quelques rendez-vous plus tard, nous signâmes pour ce très beau site. Vianney et moi sommes devenus amis depuis cet épisode.

Hélas, tous les agents n'étaient pas comme Vianney ! Combien de fois en ai-je croisé qui me proposaient des endroits dont ils savaient pertinemment qu'ils ne convenaient pas à notre enseigne, mais essayaient tout de même de me les refiler. Généralement, après avoir fait l'article du site, ils me disaient : « Faites vite, il y a tel concurrent sur le site et il est à deux doigts de signer ! » Quand j'entendais cela, ma réponse était immuable : « Formidable, signez tout de suite avec lui ! »

Un jour, j'ai réussi à décrocher un bel emplacement d'angle dans le nouveau centre commercial de Beaugrenelle. C'était l'emplacement phare, un *flagship* comme on dit dans le jargon. Je n'étais pas du tout fan d'ouvrir des restaurants dans des centres commerciaux, mais celui-là était différent. Il était en pleine ville et, surtout, il donnait sur la rue, comme un restaurant classique ; en plus, il jouxtait un complexe de cinémas. Entre le premier contact et la signature, il s'est passé près d'un an de négociations et de discussions de toute sorte. Vint le moment où on était d'accord sur les conditions financières et donc tout près d'une signature. Un élément a failli faire tout capoter : « Il faut rester ouvert jusqu'à minuit », me dit le représentant du bailleur. C'était impossible pour moi, je ne voulais pas que les salariés travaillent tard le soir. Minuit, c'était beaucoup trop tard, car après la fermeture, il faut tout ranger, tout laver, etc. J'explique que cette dernière condition ne me convient pas, qu'elle est bloquante pour moi. Au bout de longues discussions, le bailleur reste sur ses positions. « On ne peut pas y déroger, cette règle s'applique à tous les locataires du centre, elle fait partie du règlement intérieur. » Alors que cela faisait un an que je travaillais sur l'obtention de ce site assez exceptionnel, à la surprise générale, j'ai décliné l'offre. Je ne pouvais pas accepter que les équipes travaillent jusqu'à une heure du matin ou plus... Ma décision était ferme, je préférais perdre le site. Gros moments de tension, mais quelques jours plus tard, mon interlocuteur m'a rappelé pour m'accorder une dérogation exceptionnelle : fermeture à 22 heures, correspondant à la deuxième séance de cinéma le soir. C'était encore tard pour moi, mais j'ai accepté.

Après ces négociations et ces signatures, venait l'étape des travaux et ensuite, le moment le plus important, celui de l'ouverture ! Elle se passait toujours très bien. C'était tellement rodé. Au lieu d'être des moments de stress, il s'agissait de moments de joie. Les équipes, bien formées, étaient heureuses. Je me souviens particulièrement de l'ouverture de la rue Clément-Marot. Comme d'habitude, tout était prêt, l'ambiance était formidable, les premiers clients arrivaient... C'était magnifique. Seul petit grain de sable ce matin-là: nous avions oublié de commander les louches pour les soupes! Nous nous en sommes aperçus un peu avant midi. Je suis alors monté sur ma moto et j'ai foncé vers un autre resto chercher ce petit équipement manquant. J'étais pressé car j'avais peur qu'en mon absence, un client demande une soupe. J'ai alors fait ce qu'il ne fallait pas faire: foncer. Vers le bas des Champs-Élysées, j'ai vu tout à coup bondir sur la route un policier qui m'a fait de grands signes pour que je m'arrête. « Merde! un flic! » Délit de grande vitesse, plus de 50 km au-dessus de la limite. Comment lui expliquer cette histoire de louches... J'ai quand même essayé, en vain. Je suis reparti à pied avec une série de PV dans la main, tout en ayant remarqué qu'un courant était passé entre le policier et moi. Il avait compris que j'étais de bonne foi, mais j'avais tout de même commis un délit.

Une fois muni de mes louches, je suis reparti en taxi au restaurant de la rue Clément-Marot. Je suis resté faire le service sur place. Vers 13 heures, j'ai vu une voiture de police se garer au milieu de la rue devant le restaurant et j'ai aperçu le policier qui m'avait verbalisé entrer dans le restaurant. Gros coup de stress! Je me suis avancé à sa rencontre et il m'a dit: « Monsieur Cojean, avez-vous les PV que je vous ai donnés tout à l'heure? » Après avoir acquiescé, je suis allé les chercher au bureau et les lui ai rapportés. Il les a pris, les a déchirés devant moi et les quelques curieux qui regardaient la scène, et a lancé: « Bonne ouverture, Monsieur Cojean! »

UNE ERREUR DE PARCOURS

En cours de route, j'ai fait une erreur. Sans doute pas la seule, mais certainement la plus importante: celle de m'associer, pour notre développement, à ce que l'on appelle un ancien « grand patron ». Celui-ci m'avait sollicité pour intégrer l'entreprise le jour même de sa révocation du groupe qu'il présidait jusqu'alors. Un gars très sympathique, très agréable, souriant, intelligent mais d'un égocentrisme rare, et convaincu d'une sorte de supériorité intellectuelle l'autorisant désormais à travailler le moins possible, pour ne pas dire ne plus travailler. Son côté cool, décontracté, n'était qu'apparence. Un de ses anciens patrons qui savait que j'allais me rapprocher de lui m'avait prévenu avec énormément d'insistance que cela risquait de tourner à mon désavantage, que j'allais me faire avoir, ce que je ne voulais pas croire, pensant être bordé juridiquement. Et pourtant... il m'a eu! Pas juridiquement, pas financièrement, mais par son manque de travail.

Je me souviens encore des quatre mots qu'il avait l'habitude de prononcer à l'issue des réunions que nous organisions et auxquelles nous le convions: « Je vous laisse faire. » Il avait trop pris l'habitude de ne pas travailler...

Il se plaisait à dire à la télévision qu'il était un « bâtisseur ». Nous connaissons ou avons tous entendu parler de bâtisseurs, mais les vrais bâtisseurs sont les derniers à se définir comme tels.

Quand il parlait de son parcours professionnel, il disait souvent: « Dans ma carrière, j'ai toujours été la bonne personne, au bon endroit, au bon moment. » Il voyait cela comme un point positif, comme une qualité. J'y voyais l'inverse.

Cet épisode m'a bien fait comprendre qu'il peut vraiment y avoir une grande différence entre chef d'entreprise et entrepreneur. Un entrepreneur est forcément chef d'entreprise. Un chef d'entreprise n'est pas forcément un entrepreneur. Bref... J'ai beaucoup regretté de ne pas avoir écouté les conseils bienveillants de mon ami. Cette personne a tout de même été suffisamment correcte pour partir gentiment, sans causer de soucis, deux ans après son arrivée. Mais c'était deux ans de trop.

Dans un autre registre, j'ai toujours eu l'impression que l'on confond souvent diplômes et intelligence. Je connais beaucoup de gens intelligents, malins, fonceurs, débrouillards, qui savent décider vite et bien. Je les repère rapidement et généralement, on devient copains. Parfois, quand à l'occasion je prends un verre avec eux, au bout d'un moment, je leur demande : « Tiens, au fait, qu'est-ce que tu as fait comme études ? », la réponse est presque à tous les coups celle qu'inconsciemment, sans doute, j'attends : « Je n'en ai pas fait ! » ou « Je n'ai pas mon bac ! » C'est bête, mais ça me fait toujours plaisir. Je ne sais pas si cela me rassure mais en tout cas, cela me donne une sorte de petit plaisir... J'esquisse un sourire. En tout cas, intérieurement. J'ai parfois rencontré des gens diplômés incapables de prendre une décision ou coupant les cheveux en quatre avant de commencer à en prendre une. Et quand ils la prenaient, soit c'était trop tard, soit ce n'était pas la bonne.

Je suis simplement sûr que les diplômes n'ont rien à voir avec l'intelligence. Et ce constat m'arrange, évidemment.

CHAPITRE 6

« nourrir aimer donner »

Je n'aurais jamais créé l'entreprise si elle n'avait pas vocation à être « autre chose ». C'est pour cette raison que nous avons créé un mécanisme de redistribution des bénéfices. Les deux étaient liés dans mon esprit. Je n'aurais pas pu faire autrement. Le profit n'était pas notre moteur.

Avant même de fonder l'entreprise, j'avais créé une petite holding qui détenait 51 % du capital de l'entreprise et je l'avais appelée « Harpan », ce qui en breton signifie « aider, donner, secourir ». Depuis le départ, j'avais en tête l'idée que si nous allions gagner de l'argent, nous en réserverions une partie pour des projets d'aide à autrui.

Pendant les premières années, il n'y avait pas de structure pour accueillir ou financer les projets. Comment justifier alors l'achat d'une pompe à eau au Niger, par exemple ? On le faisait quand même...

Pour les dix ans de l'entreprise – c'était un évènement –, nous avons créé notre fondation, la fondation « nourrir aimer donner », sous l'égide de la Fondation de France. J'avais obtenu l'accord de mes actionnaires financiers pour verser à la fondation 250 000 euros sur cinq ans, ce qui était la règle pour être abritée par la Fondation de France. Même si le sujet est resté particulièrement sensible, j'ai par la suite reversé chaque année 10 % du résultat de l'entreprise à notre fondation.

Une petite parenthèse pour parler de ce qui me vient à l'esprit : l'origine du nom de la fondation « nourrir aimer donner ». Je revenais d'un voyage intense au Sri Lanka où j'étais parti avec un ami médecin quelques jours après l'effroyable tsunami du 26 décembre 2004. Parmi nos employés, nous avions des Tamouls sri-lankais. Le lendemain du tsunami, j'étais parti voir le patriarche de ces Tamouls. Je lui ai demandé : « Anton, qu'est-ce qu'on peut faire ? » Il m'a alors répondu en dodelinant de la tête, comme le font fréquemment les Indiens quand ils ne savent pas vraiment quoi répondre. Au bout d'un moment, il m'a expliqué : « Alain, nous sommes tamouls, le gouvernement est singhalais. Si tu envoies de l'argent, il sera tout de suite volé. » Anton était réfugié politique, c'est pour cela que je l'avais embauché à l'époque. Ses quelques amis l'étaient également, ils ne pouvaient donc pas retourner chez eux. Je me suis dit sur-le-champ « OK, j'y vais ». Quelques jours plus tard, mon ami médecin et moi avons pris l'avion pour Colombo, et là-bas nous attendait un très long périple pour atteindre la région concernée. L'aventure sur place pourrait faire l'objet d'un livre tellement elle était à la fois dure et belle. Au final, quand nous sommes repartis, nous avions réhabilité l'école d'un village fortement détruit par le tsunami. Nous sommes rentrés le jour de l'inauguration de l'école ; tous les élèves étaient en tenue et leurs parents (survivants) étaient présents. Ce jour-là était à la fois triste et merveilleux. Triste parce que nous avions lié des liens très forts en peu de temps avec des gens qui avaient le cœur sur la main mais que nous allions quitter ; merveilleux parce que notre objectif était atteint. Dans l'avion de retour, j'étais heureux, profondément heureux. Une sorte de sentiment de travail accompli, même si ce projet était moins qu'une toute petite goutte d'eau par rapport à la catastrophe survenue quelques semaines plus tôt.

J'avais fondu et perdu une dizaine de kilos (ce qui ne me faisait pas de mal). Sur place, il faisait une chaleur écrasante, nous buvions des quantités d'eau tout au long de la journée et mangions assez peu. Quasiment que du riz, pour ne pas tomber malade. Dans l'avion de retour, l'hôtesse m'a proposé une petite bouteille de vin. Quel bien fou ce premier verre de vin m'a fait ! Il me détendait tellement… J'étais heureux, tellement bien que j'ai sorti mon petit carnet et je me suis posé la question : « Mais c'est quoi notre entreprise ? Des restaurants, oui mais c'est bien plus que ça ! Comment définir en quelques mots ce que nous sommes, ce que nous faisons, ce à quoi nous aspirons ? » Tout d'un coup, je note « Just love ». J'étais très satisfait de cette trouvaille. Je me disais que cela ferait une *base line* pour l'entreprise. Une *base line* idéale, simple et courte. La satisfaction était sans doute en partie liée aux verres de merlot. Bref, quelques jours après mon arrivée à Paris, j'ai parlé de cela à Fred et lui ai cité mon slogan, « Just love ». Cash, comme à son habitude, il m'a répondu : « C'est nul ». J'étais un peu estomaqué. Le lendemain, je le vois au bureau et il m'annonce qu'il a trouvé ce qui convient pour définir l'entreprise : « nourrir aimer donner ». Effectivement, rien à voir ! C'était parfait : ces trois mots réunis résumaient qui nous étions et ce que nous faisions au quotidien. Ils ont servi de *base line* pendant un moment, mais je les trouvais tellement beaux que nous avons décidé de les utiliser pour la fondation. « Just love » avait perdu de son panache à mes yeux et, comme me l'a dit plus tard mon ami Éric, « Ça sonne trop Lennon ! » C'est vrai !

Sur les camions de livraison, était inscrit sous le nom de la marque : « nourrir aimer donner » sans préciser qu'il s'agissait du nom de la fondation. C'est drôle, car peu de temps après, un de nos principaux concurrents écrivait à son tour trois mots sur ses camions : « servir animer réussir ». Trois mots également, mais avec un tout autre sens.

La plupart des projets de la fondation « nourrir aimer donner » provenaient du « hasard » des rencontres. J'ai eu la chance de croiser des gens tellement bien. Il y avait un lien entre l'ambiance au siège et dans les restaurants et celle de la fondation. C'était en quelque sorte la même chose, la même recherche, le même objectif, le même plaisir aussi. Pour moi, l'entreprise et la fondation ne formaient qu'un. Il s'agissait d'un seul et même projet, d'un même esprit. Quand je travaillais sur certains projets, j'étais immensément heureux. La fatigue, le décalage horaire, la chaleur, les obstacles, etc., n'existaient pas. Le matin, je me levais heureux et je m'en rendais compte. J'avais la sensation de « bien utiliser mon temps de vie ». J'étais à ma place.

Hélas, je ne pouvais pas consacrer à ces projets suffisamment de temps à mes yeux, car j'étais extrêmement pris par l'entreprise. Je ne prenais peu ou pas de vacances et donc quand je partais quelque part, c'était la plupart du temps pour la fondation. Et le rythme était semblable à celui de l'entreprise : à fond.

Shuktara Cakes est un projet qui m'a marqué plus qu'un autre, né du « hasard » d'une rencontre en Inde. Une ONG m'a également impressionné, Friendship, tout autant que sa fondatrice, Runa Khan.

SHUKTARA CAKES

En 2010, je me suis décidé à faire un petit break d'une dizaine de jours et j'ai eu l'idée de partir à Calcutta, ville que je ne connaissais pas. J'étais loin, très loin d'imaginer la place que ce petit voyage allait, par la suite, prendre dans ma vie, pour le reste de ma vie...

Les premiers jours, Somnath, un jeune homme d'une vingtaine d'années rencontré sur place, m'a servi de guide dans les immenses et interminables bidonvilles que l'on appelle là-bas les *slums*. Dès que je l'ai croisé, je l'ai tout de suite trouvé sérieux, très sérieux, calme, gentil, la tête bien faite, un garçon vraiment formidable. Pendant plusieurs jours, nous avons fait des kilomètres à pied.

J'ai également rencontré sur place un Anglais, David, installé à Calcutta depuis de nombreuses années. En parallèle de son business de saris, il avait créé une sorte d'orphelinat ou, plus exactement, une famille. Il avait, à l'époque, recueilli une quinzaine de jeunes enfants abandonnés, livrés à eux-mêmes dans la rue, tous avec une particularité : le handicap. Pour certains, la différence est physique, pour d'autres, elle est mentale. Ils sont également sourds-muets, sauf un des jeunes : Raju.

J'ai passé beaucoup de temps dans cette maison particulière où régnait une forte impression d'amour. Ces gamins, devenus grands avec les années, la vingtaine environ, passaient leur journée dans la maison, assis ou allongés par terre. Ils y mangeaient, regardaient la télé, y dormaient. Ils étaient accueillants, très attachants, mais n'avaient aucune activité.

Le dernier soir avant mon retour à Paris, j'ai invité David à dîner au restaurant. Pour cela, il fallait faire plusieurs kilomètres en voiture. Au cours du dîner, je l'ai félicité pour son travail et il m'a aussitôt répondu : « Oui, c'est une belle histoire, mais tu sais, il y a truc qui m'embête... Que deviendraient tous ces gamins si je n'étais plus là ? Ils ne sont jamais allés à l'école, n'ont donc aucune formation, ils sont handicapés, la plupart sont sourds-muets. » Du tac au tac, je lui ai dit : « Ne t'inquiète pas, je vais réfléchir et vais revenir bientôt. » Le lendemain matin, je suis passé à Shuktara pour dire au revoir aux gamins. Je me suis assis sur le sol avec eux, en rond, et on s'est « parlé ». L'usage de la parole n'est pas obligatoire pour se comprendre. On buvait tous un thé au lait en se regardant et en se faisant des signes de temps à autre. Pour parler de Paris, par exemple, ils faisaient avec leurs deux mains un geste rapide représentant la forme de la tour Eiffel. C'était souvent des signes symboliques comme cela qui étaient utilisés.

Au milieu du cercle que nous formions ainsi, une dame indienne est venue déposer une boîte de biscuits dans laquelle les gamins allèrent tout de suite piocher. Dans la seconde où j'ai aperçu cette boîte de biscuits, je me suis dit : « Ça y est ! C'est bon ! L'idée est là ! Je vais lancer une biscuiterie ! »

Tintin aurait dit : « eurêka ! » J'ai pensé : « Ils arriveront tous à faire ce geste simple de tourner la pâte dans un cul-de-poule. Ils arriveront à faire les gestes précis, mais relativement simples nécessaires à la fabrication de biscuits. » Tout était immédiatement clair dans ma tête. La création d'un atelier de pâtisserie s'était imposée en quelques secondes.

Trois heures après, j'étais dans l'avion et je commençais à prendre des notes sur ce que j'appelais déjà « Shuktara Cakes ». Je ne me posais pas de questions, je notais simplement ce qui me venait à l'esprit.

Arrivé à Paris, je reprends le travail à fond, mais avec ce projet en tête. J'en parle à Florence, avec qui je travaille sur les projets de la fondation. Les semaines passent et le projet avance... Nous décidons de nous rendre tous les deux sur place afin de faire un gros repérage et une sorte d'étude de marché, puis de discuter avec David, le fondateur de l'ONG et de passer également du temps avec les gamins du foyer.

Si, à notre retour à Paris, le projet est déjà lancé dans notre tête, il reste un gros travail pour que celui-ci voie le jour. J'en parle à Hervé, notre fidèle archi, qui commence à dessiner les premiers plans du futur labo de pâtisserie. Puis je me dis qu'il commence à être temps de trouver un vrai pro de la pâtisserie. Je voulais en effet proposer des produits français de qualité. Je pense tout d'un coup à un copain que je n'ai pas vu depuis longtemps, et qui travaillait dans le milieu de la pâtisserie... J'avais encore son numéro de portable. Je l'appelle, prends de ses nouvelles et lui demande ce qu'il fait. « Tu n'es pas au courant ? Je suis devenu le chef pâtissier de Fauchon ! » me répond-il.

Je ne pouvais pas rêver mieux ! Je lui explique qu'il faut que je lui parle rapidement, car j'ai un projet. « Quand peux-tu te libérer ? » « Maintenant si tu veux, j'allais partir de mon labo. » Je l'appelais de mon premier restaurant de Madeleine, à cent mètres de chez Fauchon.

Un quart d'heure plus tard, je vois Fabien arriver au resto. On s'embrasse et on s'installe pour discuter. Je lui raconte toute l'histoire et il me dit mot pour mot : « Je t'accompagne quand tu veux ! Quand pars-tu ? » Je lui réponds : « Ben... Dans deux semaines... », « C'est bon, m'assure-t-il. J'ai bloqué quelques jours de congé à cette période et je n'ai rien de prévu, je comptais rester à Paris. » On s'est tapés dans la main ! *Done deal.*

Entre-temps, tout en étant en contact permanent par téléphone et par mail avec l'équipe de Shuktara, Florence et moi finissions de préparer la première étape du projet : la finalisation des plans du labo, la liste de l'équipement nécessaire, l'achat du four, la définition des produits, les premiers tests, l'identité de marque, le packaging, la créa marketing, les shootings produits, le business plan, les règles d'hygiène à mettre en place, les règles de toutes sortes, etc. Cette première étape terminée, nous avons pris l'avion tous les trois.

Une fois sur place, il nous fallut trouver un lieu de fabrication dans cette grande ville qui, avec son agglomération, compte plus de dix-huit millions d'habitants. Une vraie fourmilière, la plus grande ville du pays après Delhi et Bombay, la quatorzième au monde. Pas simple, d'autant plus qu'il fallait trouver un local à maximum quelques centaines de mètres du foyer Shuktara afin que les gamins puissent venir à pied ou en *rickshaw*.

J'ai fait quelques visites sur place jusqu'au moment où nous sommes tombés sur un local qui paraissait avoir toutes les qualités : la bonne taille, la bonne configuration, pas loin du foyer et... les murs peints de la couleur de nos restaurants parisiens, ce qui m'amusait. Après quelques négos avec le propriétaire des murs, dans lesquels il ne fallait surtout pas que j'apparaisse (celui-ci aurait rajouté un zéro au loyer mensuel), un projet de bail voit le jour (en bengali, mais cela n'a pas empêché nos amis avocats parisiens d'y travailler). Après la signature – pas simple car le propriétaire des lieux était à la fois pénible et grippe-sous –, vint le moment des travaux, ce qui n'était pas forcément simple non plus. Si un artisan dit qu'il accepte de venir faire la peinture ou de la plomberie, par exemple, il peut venir le lendemain ou dans un mois. C'est difficile d'avoir leur engagement sur des délais. Ce n'est pas leur mode de fonctionnement. Mais nous y sommes arrivés quand même.

Le labo se montait petit à petit... pour finir par être presque aussi beau que celui de nos restaurants. Vint le moment où je me suis dit : « Bon, ça roule à peu près... On va y arriver bientôt... Il est temps de commencer à travailler sur la partie commerciale. Les gâteaux, je n'ai pas de doute, on va réussir à les fabriquer mais... où va-t-on les vendre ? Pas dans le coin où nous sommes, qui est trop pauvre. Où les proposer ? À qui les proposer ? Comment faire ? »

J'avais depuis le début en tête de les proposer dans les grands hôtels. Mais entrer en contact avec eux n'était pas forcément simple... Appeler un 4 étoiles, tomber sur la bonne personne et lui dire « Bonjour, nous vous proposons des madeleines et des financiers » en racontant plus ou moins l'histoire, cela n'allait pas de soi. On l'a fait quand même. Mais il fallait un petit coup de pouce. Une après-midi, j'ai eu l'idée de téléphoner au consul de France. Avec un peu de chance, il serait peut-être sympa. J'appelle le consulat et, au bout de quelques minutes, on me passe le consul. Je me présente et lui explique que je viens ici créer un atelier de pâtisserie pour de jeunes orphelins handicapés. Au bout du fil, un silence. De temps en temps, je disais : « Allo ? » et il me répondait : « Oui, oui, je vous écoute, continuez ! » Sur ma lancée, je poursuis tant bien que mal, me demandant à plusieurs reprises s'il est toujours en ligne, car il n'a pas dit un mot jusqu'au moment où je l'entends dire : « Qu'est-ce que tu fais ce soir ? » Je réponds : « Rien, je suis libre. » « Alors, viens boire un verre à la maison ! » Surpris, je remercie et j'accepte. Le temps de me doucher et de me changer, je fonce dans un taxi.

Son épouse m'ouvre la porte. Charmante, très accueillante. Puis je vois apparaître le consul qui confirme le tutoiement commencé au téléphone. Il est 22 heures et je présente des excuses pour mon grand retard, mais il le comprend, bien sûr. Pour passer du quartier populaire, pour ne pas dire très pauvre de Behala au quartier du consulat et des ministères, il faut compter une bonne heure et demie en taxi.

Le consul me propose un Ricard. Je n'en ai pas bu depuis de nombreuses années. Après cette grosse journée et sous cette chaleur qui reste encore écrasante, ce verre est plus que bienvenu. Le courant passe immédiatement et je comprends qu'ils sont contents de passer une soirée à discuter et prendre un verre avec un Français. Ils sont tous les deux très sympathiques, très accueillants, très généreux.

Le contact passe formidablement bien. Je vais un peu plus loin dans l'explication du projet que j'avais baptisé « Shuktara Cakes ». Je vois qu'ils sont emballés. Le consul nous sert de nouveaux verres et démarre une bonne soirée où je parle librement du projet, de ma recherche de clients, etc. À un moment, le consul me dit : « Voilà ce qu'on va faire : un dimanche, je te laisse le consulat. Tu vas inviter les grands hôteliers de la ville et leur faire goûter tes gâteaux ! » Coup de pouce extraordinaire !

Je repars de cette soirée heureux, très heureux. Ce couple est adorable. Je monte dans un taxi pour retraverser Calcutta dans l'autre sens. Il est près d'une heure du matin, la chaleur est toujours très présente, la fenêtre est ouverte. Sur la banquette, je mets la tête en arrière, elle tourne un peu à cause des verres servis par le consul, mais je me sens heureux. Je sens que rien ne peut empêcher le projet de voir le jour.

Le lendemain matin, je pars très tôt à l'atelier. Florence y est déjà, occupée à tout mettre en place. C'est une sacrée bosseuse. Elle est extrêmement bien organisée et d'une rigueur incroyable. Après quelques réglages, nous passons ensuite la journée entière à chercher du matériel. Il faut bien prévoir son coup, faire des listes précises, car si après les courses on s'aperçoit qu'il manque un ustensile, il faut une demi-journée pour aller chercher le petit équipement manquant. L'intérêt des check-lists...

Après bien des péripéties, le four venant de France est arrivé en Inde, mais est resté bloqué à la douane. Cela aurait été trop simple. Après des discussions à n'en plus finir, des dizaines de coups de fil avec des services administratifs, nous avons réussi à le récupérer et cela a été un très beau moment quand on l'a fait entrer dans le labo. De gros bambous ont fait office de transpalette pour le descendre du camion. On s'y est tous mis pour le faire entrer.

En fait, nous montons un vrai labo professionnel. Sans jeu de mots, « ce n'est pas de la tarte ». Mais on arrive à trouver tout l'équipement qu'il nous faut sauf... une balance, indispensable en pâtisserie. On en cherche dans tout Calcutta. Hormis des petites balances ménagères qui ne font pas l'affaire, absolument impossible d'en trouver une. Et pourtant, on a cherché partout, vraiment partout. Je ne sais plus qui nous indique où nous pouvons en trouver une. Et nous voici partis, Florence et moi, avec cette personne... Après de nombreux kilomètres en voiture, on arrive dans le coin le plus paumé que j'aie vu de ma vie, une espèce de tout petit village où on ne croise que quelques poules et des chiens ; les quelques maisons sont plutôt des abris aussi insalubres les uns que les autres, et les petits chemins boueux succèdent à d'autres petits chemins encore plus boueux. Le coin le plus perdu de la Terre... La nuit commence à tomber. Évidemment, aucun lampadaire extérieur. Au bout d'un moment, on n'y voit plus rien et on commence sérieusement à se dire : « Dans quel truc on est tombés comme des bleus ? » On passe d'abri en abri, absolument perdus dans ces chemins de terre difficilement descriptibles : absolument impossible de retrouver son chemin. Je me dis : « Bon, on est un peu mal, on va sans doute être obligés d'essayer de se trouver un petit coin en attendant que le jour se lève. Mais comment ai-je pu être assez con pour accepter de suivre ce type dans la pampa pour acheter une balance électronique ? » La personne qui nous a mis sur ce coup continue

L'arrivée du four en pleine nuit

Le petit atelier de balances

à chercher son hypothétique marchand de balance. Je me dis que nous nous sommes fait avoir par ce gars qui, pourtant, avait l'air honnête. Au bout d'un moment, en pleine nuit, largués au milieu de nulle part, on arrive à une espèce de tout petit atelier d'un autre temps. On y entre et on découvre quelques personnes fabriquant les balances recherchées. Incroyable ! Totalement surréaliste ! Il s'agit bien de balances professionnelles, celles que nous utilisons à Paris. Situation totalement invraisemblable. On discute, on deale et on repart avec nos deux balances. Soulagés, même si je continue à douter que la personne qui nous accompagne arrive à retrouver son chemin en pleine nuit, puis l'endroit où la voiture nous attend. Au bout d'un moment, nous y sommes arrivés, mais je pense que Florence et moi, nous ne sommes pas près d'oublier cet épisode.

Le lendemain, nous avons installé nos balances sur les tables inox du labo. C'était la seule chose qu'il manquait et les tests peuvent commencer.

C'est alors que Fabien est entré en scène pour former la petite équipe en tee-shirt bleu. Par chance, Raju, un des gamins, n'est pas sourd-muet, ce qui permet à Fabien de lui parler et de le former en anglais. Raju traduit ensuite les consignes en langage des signes.

À peine la formation dispensée et les tests nécessaires effectués, nous avons préparé la grande soirée du consulat. C'est la course contre la montre. Nous étions minutés. Il s'agissait d'une véritable garden-party. Nous avons passé la journée en production et vers les 16 heures, nous sommes partis au consulat pour l'installation. De grandes tables, de belles nappes blanches, une play-list de chansons fran-

Garden-party au consulat

L'équipe au complet

Somnath en formation

Ashock et sa première fournée de madeleines

Raju et Ashock: inséparables

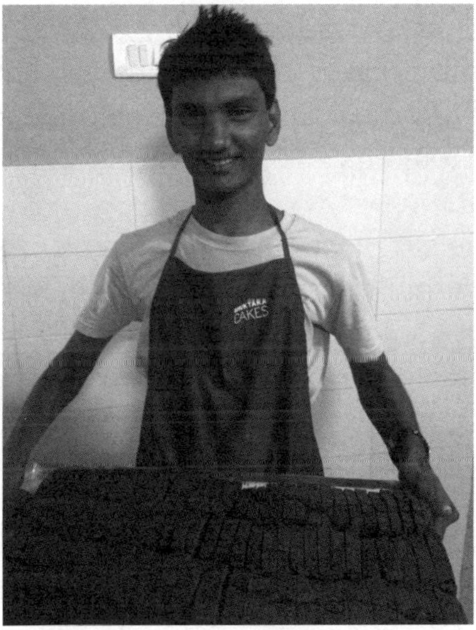

Pinku, expert en cakes au chocolat

çaises que nous a préparée une personne du bureau, du champagne que nous avons réussi à dénicher. À peine, avons-nous terminé de tout installer que les premiers invités arrivent dans leur beau sari et leur tenue de soirée.

Nos gamins derrière leur stand sont impeccables. Impeccables et heureux. Ils sont magnifiques. De leur foyer à Behala aux jardins du consulat, c'est le grand écart. La soirée a été formidable, réussie à 100 %. Chaque invité est reparti avec sa boîte de madeleines de toutes les couleurs (les Indiens adorent les couleurs). Le dernier invité parti, nous avons ouvert les quelques bouteilles de champagne qu'il restait. Soulagés, heureux : mission accomplie. Ainsi a commencé l'histoire de Shuktara Cakes.

Ces jeunes, qui n'avaient jamais fait de pâtisseries de leur vie, ni d'ailleurs cuisiné ni même travaillé, sont devenus petit à petit des experts dans la fabrication de madeleines, de financiers et de cakes. Huit ans plus tard, Shuktara fonctionne très bien et est financièrement indépendant. Les gamins sont toujours aussi fiers de leur nouveau métier, de leur statut.

Je retourne sur place tous les ans et ils sont devenus comme une famille pour moi. Somnath, mon guide des premiers jours, si gentil et dévoué, est devenu le patron de Shuktara Cakes et en a fait un vrai succès, régulièrement salué par la presse. Bravo Somnath !

Nous trouvions ce projet tellement beau que nous avons eu envie de le dupliquer. Nous l'avons fait au Cambodge pour l'association de Vincent, un ami français. Il ne s'agissait pas ici de garçons handicapés, mais de jeunes filles issues de milieux très défavorisés. Nous avons lancé le projet, acheté le matériel, monté le labo et formé les premières étudiantes, puis Vincent en a fait une école et s'y investit beaucoup. Chaque année, plus d'une vingtaine de jeunes y sont formées gratuitement en pâtisserie. Elles bénéficient ensuite de quatre mois de stage dans les grands hôtels de Siem Reap. À la sortie de leur formation, la totalité des élèves trouve un emploi dans les six mois et, pour beaucoup d'entre elles, continuent au sein de l'entreprise dans laquelle elles ont effectué leur stage.

RUNA KHAN

Nathalie, une amie, me dit un jour : « Il faut que je te présente quelqu'un, je suis sûre que vous allez super bien vous entendre ! » Elle me parlait de Runa Khan, la fondatrice de l'ONG Friendship. Je suis évidemment d'accord pour la rencontrer, loin de me douter de l'importance qu'allait prendre cette personne dans ma vie. Nathalie organise un rendez-vous à Paris et, effectivement, le courant passe immédiatement. Runa me parle de son extraordinaire fondation et m'invite à venir lui rendre visite dans son pays, le Bangladesh.

Quelques mois plus tard, je profite de ma présence en Inde pour lui rendre visite. Calcutta et Dahka ne sont qu'à quarante-cinq minutes d'avion, le Bangladesh est littéralement enclavé à l'intérieur de l'Inde, son pays voisin.

Le Bangladesh est l'un des pays les plus vulnérables au monde. Littéralement coincé entre l'Himalaya et ses glaciers qui fondent, avec ses six cents cours d'eau, il a le deuxième plus grand delta du monde. Cela en fait la région la plus exposée à la montée des eaux. Près d'un tiers du pays est en effet soumis au risque des marées et chaque année, pendant la période des fortes moussons, les inondations touchent 70 % du territoire (les 2/3 du pays se trouvent à moins de 5 mètres au-dessus de la mer). Cette situation affecte fortement les écosystèmes et l'exploitation des ressources naturelles déjà limitées. Il s'agit aussi de l'un des pays les plus pauvres au monde qui, avec sa population de cent soixante-cinq millions d'habitants, est également le plus densément peuplé (la taille du pays correspond à un quart du territoire de la France, avec une population multipliée par trois). La question de la résilience des communautés est donc cruciale. Selon les informations émanant du gouvernement du Bangladesh, vingt millions de personnes sont susceptibles d'être déplacées d'ici à 2050 en raison du changement climatique. Pour beaucoup d'entre elles, c'est déjà le cas : cinq cent mille migrants arrivent chaque année à Dhaka, la capitale déjà surpeuplée, qui abrite plus de dix-huit millions d'habitants.

Il y a une vingtaine d'années, Runa a créé dans son pays Friendship, une ONG véritablement extraordinaire pour venir en aide aux populations du pays les plus isolées, parfois difficiles à atteindre, et les plus vulnérables également. Friendship a débuté son intervention avec le concept novateur d'un bateau hôpital sillonnant le fleuve Brahmapoutre afin d'assurer un accès à des soins de santé pour des communautés d'une pauvreté extrême, qui en étaient précédemment privées. Deux autres hôpitaux flottants y ont été créés ensuite, dont un sur l'ancien *Rainbow Warrior* de Greenpeace. À partir de 2005, un système de cliniques satellites mobiles a été mis en place, animées par des agents de santé servant les communautés au niveau local. Chaque mois, plus de deux cent cinquante mille personnes y sont soignées.

Parce que s'occuper des questions de santé ne permet pas d'améliorer durablement les conditions de vie, Friendship a étendu son intervention en créant un modèle de développement intégré qui comprend, outre la santé, un programme d'éducation, de développement économique durable, de préparation et d'adaptation aux catastrophes naturelles et de préservation culturelle. Ces programmes interagissent entre eux pour former un modèle de développement innovant qui engage les communautés, renforce leur résilience et leur dignité.

Friendship est en effet une organisation fortement enracinée au niveau des communautés locales ; elle travaille en étroite collaboration avec celles-ci pour comprendre et répondre aux besoins de leurs membres, dont elle suit l'évolution. Elle peut ainsi élaborer une approche de développement intégré. Cette démarche a pour but d'encourager l'adhésion de la communauté locale aux initiatives de Friendship et de rendre plus efficace la collaboration dans le cadre de la fourniture de services. Elle assure une bonne utilisation des ressources et la viabilité à long terme. Runa est très attentive à ce que la dignité des personnes aidées soit préservée. Aussi, elle et ses équipes s'assurent que l'aide nécessaire soit fournie au moment opportun et de manière adaptée, et que celle-ci réponde à un besoin réel du destinataire. Cela contraste avec l'approche « axée sur les donateurs » selon laquelle les activités sont menées en fonction de l'ordre du jour des donateurs disponibles et conformément à l'utilisation des fonds définis par ces derniers, ce qui donne lieu à un mouvement négatif des flux d'argent entrant et sortant, sans parvenir à exercer un impact durable et considérable.

J'ai visité un des navires-hôpitaux où des médecins de toutes les spécialités reçoivent du matin au soir les villageois extrêmement pauvres qui habitent sur les « *chars* » (petites îles fluviales formées de limon, éloignées et difficilement atteignables), et viennent recevoir des soins gratuits qu'ils n'auraient jamais pu recevoir ailleurs. De nombreuses maladies y étaient soignées et certaines opérations (dont celle de la cataracte) effectuées régulièrement sur place. L'accueil, la gentillesse et le professionnalisme de tous ces médecins et soignants si dévoués étaient impressionnants.

Sur ce territoire exigu qu'est le Bangladesh, coincé entre les montagnes de l'Himalaya et le golfe du Bengale, se trouve le plus grand camp de réfugiés au monde, celui des Rohingyas, où sont entassées plus d'un million de personnes. Friendship a fait partie des premières ONG à intervenir dans ces camps pour assurer la construction d'infrastructures d'urgence, la distribution de nourriture, de kits d'hygiène et la mise en place de cliniques, de maternités et de centre d'accueil et de soutien pour femmes et enfants. J'ai visité l'une de ces cliniques. J'y constatais la même organisation, le même professionnalisme que sur le navire-hôpital. Dans ces camps impressionnants qui s'étendent à perte de vue, Runa passait d'un lieu à un autre, d'un projet à un autre, d'une petite réunion à une autre... Elle avait ce mélange de gentillesse, de bienveillance permanente et d'efficacité réellement hors du commun. D'endurance aussi. Je remarquais également qu'aucun détail ne lui échappait. Quel que soit le projet,

Runa Khan devant le navire-hôpital de Friendship

elle captait tout. À un moment, par exemple, je la regardais discuter avec quelques personnes du projet de construction d'un petit refuge dans les camps. Ses interlocuteurs, des professionnels de l'aide, lui montraient l'emplacement, détaillaient les grands plans qu'ils tenaient en main, etc. Je voyais qu'elle écoutait, mais qu'un petit truc la gênait… Et d'un ton ferme, elle dit : « Non, ce n'est pas le bon endroit ! » Elle avait été la seule à repérer que, non loin de nous, il y avait un terrain en hauteur qui, en cas de déluge (fréquent dans ces zones), risquait de s'effondrer et d'emporter le futur abri.

Sur place, je me posais cette question que je me pose toujours – cette éternelle question : « Qu'est-ce que je peux faire à mon niveau ? Qu'est-ce que je peux faire ? » et j'ai fini par poser la question à Runa… La réponse a été aussi rapide que claire : « Une clinique ! » C'est ainsi que la fondation « nourrir aimer donner » a financé la construction d'une petite clinique au milieu des camps.

J'ai également visité quelques écoles de Friendship et j'ai été frappé par le professionnalisme des enseignants, la tenue des cours, la propreté des lieux alors que nous étions sur ces fameux *chars*. Je suis entré dans une classe où les gamins devaient avoir à peine une dizaine d'années et ceux-ci me posaient quelques questions avec un très bon anglais, bien meilleur que le mien en tout cas. C'était sidérant. Plus de cinq mille enfants, qui seraient normalement privés d'accès aux écoles à cause de l'éloignement, pouvaient en effet se rendre dans les écoles primaires de Friendship. J'ai appris par la suite que lorsque ces gamins passaient les examens nationaux, ils obtenaient des résultats au-dessus de la moyenne.

Friendship a également lancé son système d'enseignement secondaire sur cinq *chars*. La grande majorité des enfants qui fréquentent les écoles Friendship et qui ont passé avec succès les examens nationaux du niveau primaire ne sont pas en mesure de suivre les cours de l'enseignement secondaire à l'extérieur de leur communauté. Aussi, à l'aide des leçons préenregistrées par les enseignants de très bonnes écoles privées, des panneaux solaires et des ordinateurs, Friendship a mis en place un concept d'enseignement secondaire à distance permettant d'inclure les élèves migrants évoluant en dehors du système d'éducation conventionnel. En outre, mille cinq cents adolescents et adultes suivent des cours d'alphabétisation fonctionnelle dans soixante-quinze écoles et centres d'éducation mis en place par l'ONG.

Au niveau de l'éducation également, Runa et ses équipes font un travail tout à fait exceptionnel.

L'action de Friendship s'étend aussi à un programme très efficace de gestion des catastrophes naturelles. Le Bangladesh est l'un des pays les plus exposés au changement climatique tout en étant l'un des moins armés pour y faire face. Chaque année en effet, de nombreux habitants perdent leurs maisons, leurs terres, leurs moyens de subsistance et parfois leur vie. Suite au réchauffement climatique, les inondations qui arrivaient il y a quelques années tous les dix ans se produisent à présent deux ou trois fois par an. Le programme mis en place par Friendship aide considérablement à anticiper et à limiter ces catastrophes.

Runa m'a marqué à vie par son dynamisme, sa force de travail hors du commun et sa bienveillance à toute épreuve. Elle touche à de très nombreux domaines dans l'aide aux communautés les plus démunies, avec le même professionnalisme et le même succès à chaque fois. C'est réellement impressionnant. Elle ne s'arrête jamais.

Lors de mon premier voyage, nous avions passé une journée très intense. Nous nous étions levés très tôt, avions pris un petit avion et surtout avions fait beaucoup de route. Nous avions passé la journée dans les camps des Rohingyas et sommes revenus en toute fin de journée au *lodge* où nous allions passer la nuit. À l'arrivée, tout le monde était crevé, regagnait sa chambre pour prendre une bonne douche et se reposer un peu avant d'aller dîner tous ensemble dans une petite cantine en plein air. Quand j'arrivai à l'endroit du dîner, je découvris Runa, qui s'était changée rapidement, épanouie, tout sourire, devant son ordinateur, comme si la journée ne faisait que commencer. Nous dînions tous ensemble et quand nous regagnions nos chambres, Runa se remettait à travailler, éclairée à la fois par l'écran de son ordinateur portable et le ciel noir puissamment étoilé. Cette image me reste en tête...

Je me souviens également de mon deuxième voyage où la journée avait été bien chargée. Dans le petit hydravion qui nous ramenait d'un *char*, tout le monde, crevé par la journée, dormait à poings fermés malgré le bruit très fort du moteur à proximité de nous. Je regardais Runa, concentrée, qui n'arrêtait pas de travailler sur son ordinateur. Je l'ai vue l'éteindre quelques instants avant d'atterrir. Du petit-déjeuner de travail jusqu'au dîner et même après, Runa travaillait, toujours, sans relâche, avec une efficacité incroyable et toujours avec le sourire. Un OVNI. Je suis certain qu'il n'existe pas deux personnes comme elle sur Terre. Elle est certainement « portée ». Son ONG est à son image : un vrai modèle. Unique.

CHAPITRE 7

Maman devient invisible

Ce fut le pire moment de ma vie. L'horreur totale, indescriptible. Bien pire que si on m'arrachait les entrailles, le cœur. L'atrocité absolue.

Le 5 août 2013, je suis arrivé en catastrophe à l'hôpital de Morlaix, et là, j'ai vu ce spectacle aussi horrible qu'irréaliste : ma très chère mère, allongée, qui respirait encore, mais qui ne me répondait pas. Je l'appelais « Maman ! Maman ! Maman ! » mais aucune réponse. C'était la première fois qu'elle ne me répondait pas ! Cela peut paraître bête, mais j'espérais qu'elle me réponde en entendant ma voix. Le médecin derrière moi me dit, très sèchement, sans prendre de gants : « Cela ne sert à rien, elle ne vous entend plus ! » Pendant quelques courts instants, j'étais partagé entre le fait de me retourner et de lui dire « connard » et le fait de rester concentré à guetter un signe de ma mère. J'ai, bien sûr, choisi la seconde option.

Je savais, mais a priori pas ce médecin, que même s'il n'y a plus d'activité cérébrale, même si le cerveau ne fonctionne plus du tout, une personne dans le coma peut voir sans ses yeux, peut entendre sans ses oreilles, peut tout ressentir. Les personnes dans le coma perçoivent les choses, sont conscientes de ce qui se passe autour d'elles. Je le savais...

Comme ma mère ne me répondait pas, je lui ai pris la main et tout en l'appelant de nouveau, je la lui ai serrée très fort, vraiment très fort... J'espérais encore une réaction. Je n'avais plus que cela. Mais elle n'a pas réagi. Deux heures plus tard, j'ai assisté à ce que l'on appelle « le dernier souffle ». Le moment le plus dur, le plus épouvantable de ma vie.

« Ma mère est morte. » Ces quatre mots me paraissaient aussi impossibles qu'insupportables.

Je regardais son corps. C'était elle et ce n'était pas elle. Elle, si dynamique jusqu'à son dernier jour, si débrouillarde, si présente, si active, si souriante, si positive, n'était plus là. Il y avait juste un corps froid qui lui ressemblait et qui ne répondait plus.

Je n'arrivais pas à accepter l'idée qu'elle avait complètement disparu. L'amour que j'avais pour elle était trop fort pour que ce soit le cas, pour que cela s'arrête là. Comme ça. J'avais beau regarder son corps sans vie, cela me paraissait impossible qu'elle ait à jamais disparu.

J'ai alors pensé à Alain Joseph Bellet, un grand médium habitant dans le Finistère.

Le lendemain de l'enterrement, je l'ai appelé et lui ai demandé un rendez-vous en urgence. « Pas avant dix-huit mois ! » m'a-t-il répondu. « Mais c'est urgent ! » ai-je dit. À cela, il a rétorqué : « Mais pour tous les gens qui m'appellent, c'est urgent ! » J'ai tout de même un petit peu insisté jusqu'au moment où j'ai compris que si j'insistais encore, je n'allais pas avoir de rendez-vous du tout. Bon... Je me suis incliné. Nous avons calé une date de rendez-vous lointaine.

Même si je ne discutais pas spécialement avec ma mère des questions que je me posais ou des situations que je vivais, elle était ma guide. Même si je ne lui racontais forcément pas tout de ma vie, elle était mon amie. Même si j'étais autonome, très indépendant, elle était mon socle, mon lien à la vie. Ma vie était liée à la sienne. Ma mère partie, ma vie ne valait pas grand-chose. Le même jour, je suis allé voir le notaire de la famille... J'ai sérieusement pensé à m'en aller à mon tour. Mais avant cela, je voulais mettre en ordre mes papiers.

J'ai appris par la suite, définitivement appris, que partir volontairement est, spirituellement, la dernière chose à faire et même bien plus que cela : la chose à ne pas faire.

CHAPITRE 8

Drôles de condoléances...

Mon retour à Paris après l'enterrement de ma mère se fit dans de très mauvaises conditions. Le jour même de mon arrivée, je déjeunai avec mon actionnaire financier et une crise très violente éclata. Depuis quelques mois, celui-ci voulait faire ce que l'on appelle un LBO, un montage juridique et financier, en fait assez courant dans le monde de l'entreprise mais, dans le cas présent, il s'agissait d'un LBO dit de *cash out*, permettant en quelque sorte une distribution d'importants dividendes à l'avance. Pratique bien évidemment tout à fait légale, mais dont je ne voulais pas.

Je n'adhérais pas du tout à l'idée. Cela supposait de faire un emprunt important. Ce n'était pas cela qui m'effrayait car j'empruntais régulièrement pour l'entreprise. Mais si emprunt il y avait, je voulais que celui-ci se fît uniquement dans l'intérêt de l'entreprise et non dans un intérêt personnel. Je n'arrivais pas à me faire à cette idée-là. Impossible, totalement impossible.

De plus, cette opération aurait diminué très fortement la capacité d'emprunt de l'entreprise alors que nous venions de décider de démarrer notre aventure à l'international. Enfin, je me disais que si un jour, pour une raison ou une autre, cela marchait moins bien, une crise économique, par exemple, nous risquerions de ne pas arriver à rembourser cet emprunt et, du coup, les financiers nous aideraient sûrement à nous en sortir mais prendraient naturellement le contrôle de l'entreprise en devenant majoritaires. Cela, je ne le voulais pas.

La discussion ce jour-là a été très violente. Le lendemain, au téléphone, elle l'a été encore bien davantage. Il ne s'agissait pas d'une simple engueulade, mais d'une engueulade totalement effroyable. J'étais abasourdi par son attitude. Comment pouvait-il s'énerver si violemment sur un sujet financier, alors que l'entreprise était et avait toujours été en bonne santé, que tout allait bien et que, rappelons-le, j'étais actionnaire majoritaire et, accessoirement, le patron ? Cela me paraissait impensable, d'autant plus que je rentrais tout juste de Bretagne où je venais d'enterrer ma mère quelques jours plus tôt, après avoir enterré mon père deux mois auparavant... Je n'en revenais pas.

Quelques jours plus tard, au cours d'une discussion ou plutôt d'une engueulade au téléphone, François me dit avant de raccrocher : « Continue à jouer au héros, tu seras malheureux dans dix ans ! » J'avais l'habitude des mots durs, mais c'était tout de même douloureux pour moi d'entendre ce genre de choses. Je me faisais engueuler comme à l'école, mais là, sans raison ! Je faisais bien mon job et je me donnais beaucoup. Simplement, je ne voulais pas faire le LBO qu'il souhaitait.

Ces tensions sont devenues au fil du temps de plus en plus fortes et elles ont duré deux bonnes années. Elles m'ont fait énormément de mal, nerveusement, moralement, physiquement. En interne, je me devais de garder la pêche. Je suis costaud, j'ai tenu le coup. Je m'en sortais aussi parce que j'aimais tellement l'entreprise, les gens qui y travaillaient et tout simplement aussi parce que ce que l'on y faisait me passionnait.

Une leçon à retenir tout de même de cet épisode difficile ? Oui. Depuis plus de dix ans, je ne distribuais pas de dividendes ou en tout cas, le strict minimum, juste de quoi rembourser les emprunts de ma holding Harpan qui m'avaient permis de maintenir le pourcentage de 51 % dans l'entreprise. Par ricochet, je distribuais aux financiers le montant correspondant à leur pourcentage, sur la base du montant que je réservais au remboursement des emprunts de ma holding détenant cette fameuse majorité. Je me disais qu'il n'était pas utile de distribuer davantage de dividendes, notamment à des gens qui avaient déjà beaucoup d'argent, et qu'il était surtout plus intelligent de garder cet argent pour le développement de l'entreprise. C'était une évidence pour moi. Je ne me posais même pas la question. En fait, quand on a des actionnaires financiers, il faut tout de même distribuer un peu, c'est le jeu et il faut comprendre, admettre que ceux-ci n'ont pas forcément la même passion qu'un fondateur pour son entreprise. Si j'avais distribué régulièrement des dividendes, même de manière raisonnable, la demande de LBO de *cash out* de mon actionnaire financier n'aurait très probablement pas eu lieu. C'était donc une erreur de ma part de ne pas distribuer de dividendes, ou trop peu.

Mon avocat, pour lequel j'avais une très grande estime, m'avait conseillé, au fil de ces interminables et difficiles discussions, d'accepter de faire tout de même un petit LBO, quasiment symbolique, dans l'optique de ne pas me fâcher avec mon actionnaire financier. Je n'en avais pas envie, mais au bout d'un moment j'ai tout de même écouté ses sages conseils et ai accepté de faire cette opération, mais très réduite au niveau du montant.

Or, pour que ce LBO réduit puisse se faire, mon actionnaire financier souhaitait auparavant que l'on modifie le pacte d'actionnaires signé lors de la création de l'entreprise. Et là, les tensions ont repris de plus belle. C'était des discussions très dures, des négociations interminables de clauses diverses, des affrontements terribles. En plus, discuter de tous ces sujets, ce n'était pas mon métier de base. Tout cela s'additionnait à mon boulot qui, au quotidien, me demandait beaucoup d'énergie.

Le projet du nouveau pacte d'actionnaires m'était désavantageux. Il était tout simplement plus dur que le pacte d'origine, qui lui-même l'était déjà. Cela a donné naissance à de nouvelles très grosses tensions, des mois de bagarres et d'engueulades.

Nous avons tenté de trouver un accord, mais il y avait certaines choses que je ne voulais pas accepter. Je me disais qu'au bout de douze ans de bons et plus que loyaux services, je n'allais tout de même pas accepter de signer un nouveau pacte qui m'était moins avantageux que celui du départ. C'était d'ailleurs mon droit de refuser. Alors j'ai refusé. Et cela a été la rupture. Après avoir acté mon refus de signer ce nouveau document, mon actionnaire financier s'est un jour fâché et a lâché : « C'est fini, on vend ! » Il parlait de la vente de ses parts, mais cette action a en fait conduit, trois ans plus tard, à l'impensable, l'inimaginable pour moi : la vente des miennes.

CHAPITRE 9

Invisible, mais présente

Dix-huit mois sont passés depuis le départ de ma mère... Je me rends à Quimper en TGV. J'arrive chez Alain Joseph Bellet pour ce rendez-vous pris au lendemain de son enterrement. Je sonne à sa porte et, quelques minutes plus tard, je me retrouve assis en face de lui à son bureau. On sent que c'est très important pour lui de prendre le temps d'expliquer en préambule comment se passe une séance. Effectivement, elle est plus riche quand on a connaissance de ces quelques éléments de base. Il explique donc que la séance peut prendre plusieurs formes : celle de la clairvoyance ou de la clairaudience, souvent d'ailleurs les deux... Également de la médiumnité, et parfois les trois au cours de la même séance.

« Par clairvoyance ou clairaudience, je peux recevoir de mes guides spirituels des informations au moyen de perceptions visuelles, auditives ou mentales. Par la médiumnité, je peux entrer en contact avec des esprits en les voyant et/ou en les entendant. Parfois aussi, je ressens l'énergie des esprits dans mon corps... Si, par exemple, quelqu'un est parti d'une crise cardiaque, je risque d'avoir mal au cœur et de me toucher la poitrine ; s'il s'agit d'une tumeur au cerveau, je risque de me tenir la tête entre les mains et d'avoir très mal ; s'il s'agit d'un cancer du poumon, je risque d'avoir des difficultés à respirer, etc. Parfois, je peux aussi sentir l'eau de toilette, le parfum de la personne disparue ou le tabac que celle-ci fumait habituellement, ou encore d'autres signes de reconnaissance. »

Avant de démarrer, il me précise assez fermement de ne lui donner aucun détail, de ne surtout pas l'interrompre pendant qu'il parle et, même, de ne pas lui parler... Au moins, c'est clair.

La séance commence. Après quelques instants de silence, Alain Joseph me dit : « Marie-Gé est là derrière toi, derrière ton épaule ! » en me la décrivant parfaitement. Inutile de préciser qu'il ne savait absolument pas que je venais pour ma mère, qu'elle s'appelait Marie-Germaine et encore moins que ses proches l'appelaient Marie-Gé.

Il enchaîne ensuite par une succession de mots, qui, au bout d'un moment, deviennent des phrases... Ces mots et ces phrases, il les écrit sur des feuilles qu'il remet à la fin de la séance. « Le 4, le 5, le 4, le 5, le 4, le 5... » Ma mère a eu son AVC le 4 au soir et elle est partie le 5 vers midi. Il a ensuite dit : « 82, 83, 82, 83, 82, 83 ». Elle avait 82 ans et allait en avoir 83 la semaine suivant son départ.

Commencer par « 4/5, 4/5, 4/5 » suivi de « 82/83, 82/83, 82/83 » n'est évidemment pas dû au hasard. Ce sont des sortes de signes de reconnaissance qui ne peuvent que me parler.

« Morlaix, Morlaix, tu es arrivé en courant à l'hôpital de Morlaix ! » Premier contact médiumnique ! Alain Joseph ne connaissait pas mon nom, ne savait pas si j'étais breton ou alsacien, ne savait pas où j'habitais, ne savait pas si j'étais restaurateur à Paris, pêcheur au Guilvinec, coursier à Paris ou chauffeur de taxi à Lyon. Il savait encore moins qu'effectivement, j'étais arrivé en courant à l'hôpital de Morlaix lorsque j'ai appris que ma mère venait d'y être admise. Il ne savait rien de moi. Absolument rien.

Il ne « balançait » pas au hasard quelques pistes en me demandant aussitôt confirmation de celles-ci afin de développer par la suite, comme cela peut se faire dans le cas du mentalisme. Non, au contraire, il ne demandait pas d'approuver ses dires, il ne voulait même pas que je dise un mot. Il ne me regardait pas, ne regardait pas s'il faisait mouche ou non. Non pas 99 % mais 100 % de ce qu'il disait était juste. Parfaitement juste.

Peu de temps après que j'ai reçu la précision sur son âge puis la date de son départ, l'esprit de ma mère intervient en disant : « Oh Alain ! Tu m'as serré la main si fort, si fort, tu m'as écrasé la main mais tu sais, j'étais partie avant mon corps ! »

Puis, en me regardant, Alain Joseph a commencé à prononcer le mot « taule ». Il l'a prononcé à la suite au moins dix fois, puis « taulc » est devenu « Taulé » ! Cela change tout... C'est le nom de mon village, dans lequel j'ai passé mes vingt premières années. Ensuite, il a prononcé le mot « plaisir », puis a commencé à faire des phrases et j'ai entendu : « Alain, fais-moi plaisir ! Retourne dans la maison de Taulé. Je sais que tu ne veux plus y retourner... Reviens dans la maison, Alain. On y a été heureux. On y a passé de bons moments. Reviens dans la maison de Taulé. J'y serai quand tu y reviendras. » Qui au monde savait que je ne voulais plus retourner dans la maison de Taulé ? Mon frère, ma sœur, Fred. C'était tout.

Effectivement, j'avais décidé de ne plus jamais remettre les pieds dans cette maison. Cela aurait été trop dur. À peine y serais-je entré que j'aurais déjà été en pleurs... Voir les meubles, les napperons, les petites affaires que ma mère disposait avec précaution, voir la cuisine, les casseroles, les objets du quotidien, m'aurait été insupportable. J'avais décidé de ne jamais remettre un pied dans la maison, ou même d'entrer dans le jardin.

Après l'épisode sur la maison de Taulé, Alain Joseph m'indique que l'esprit de ma mère me dit : « Ta sœur travaille sur un nouveau livre en ce moment. Elle est dans un pays en guerre, je ne suis pas tranquille. » À ce moment-là, ma sœur enquêtait en Libye et travaillait sur l'écriture d'un livre sur Mouammar Kadhafi, qui est sorti quelques mois plus tard *(Les Proies)*.

Ensuite, via Alain Joseph, l'esprit de ma mère indique trois fois de suite le prénom de Jeannine : « Jeannine, Jeannine, Jeannine », puis « Ma bonne amie Jeannine... Je vais la voir parfois... » Jeannine, du même âge que ma mère, était sa meilleure amie. Bien qu'elles aient habité à quelques centaines de kilomètres l'une de l'autre et qu'elles ne se voyaient donc pas souvent, elles étaient restées extrêmement proches, deux sœurs d'âmes. De l'au-delà, ma mère n'oubliait pas sa très bonne amie qui a 92 ans aujourd'hui et dont je suis à mon tour devenu très proche.

L'esprit de ma mère termine par ce qu'elle me disait toujours de son vivant : « Ménage-toi Alain, ménage-toi ! Je n'arrêtais pas de te le dire mais tu ne m'écoutais pas...

Ménage-toi, s'il te plaît. » C'est dingue, car mère me disait cela tous les jours. Elle savait que je ne me ménageais pas, que je ne me reposais jamais. Elle connaissait bien son fils et savait mieux que quiconque, y compris moi-même, quand il était fatigué.

Après un court silence, ce sont les mots : « Hortensias... Carantec... Litige... Pas grave... Laissez tomber... » Quelle n'a pas été ma surprise d'entendre ma mère, via Alain Joseph, prononcer cette phrase ! Profitant du fait qu'il n'y ait plus personne dans la maison de mes parents, un très indélicat entrepreneur en bâtiment, travaillant sur le chantier de la construction d'une maison voisine, était entré quelques jours à peine après le départ de ma mère avec son bulldozer dans la propriété d'été de mes parents et avait non seulement défoncé la clôture, mais également arraché de magnifiques hortensias qui étaient là depuis des décennies, afin de se créer un passage pour aller dans la propriété voisine retirer les gravats de son chantier. C'était plus simple pour lui de passer par notre jardin. Je crois même me rappeler que ce gros goujat avait fait cela le jour de l'enterrement de ma mère. Ma mère voyait que nous étions très remontés contre cet entrepreneur en bâtiment et nous recommandait ainsi de ne pas intenter une action contre lui.

Pour terminer, ma mère (son esprit) me dit mot pour mot : « Prends ta part. Ne refuse pas la succession. À quoi ça sert qu'il y ait un notaire ? » C'était à l'époque où je comptais en effet refuser de recevoir quoi que ce soit. Je voulais juste récupérer le couteau à pain, un simple couteau à pain de la cuisine, sans valeur, mais d'une valeur incommensurable pour moi. Qui savait que je ne voulais rien recevoir de la succession, et donc la refuser ? Personne à part le notaire et... ma mère.

Je suis ressorti de la séance totalement bluffé et avec aussi un mélange de joie, de joie profonde et de soulagement. J'avais la preuve de la survivance de l'esprit de ma mère et ce n'était que le début !

J'avais aussi la preuve que sa conscience avait continué « à vivre » pendant les quelques heures de son profond coma, comme l'illustre parfaitement le fait qu'elle m'ait « vu » arriver en courant à l'hôpital de Morlaix et qu'elle ait « senti » que je lui avais serré la main très fort. L'hémorragie cérébrale consécutive à l'AVC qui l'avait plongée dans le coma quelques heures avant de mourir avait fait que son cerveau ne fonctionnait plus, comme me l'avait assez brusquement indiqué le médecin, mais ce n'était pas le cas de sa conscience. Celle-ci avait continué à vivre.

C'était encore le cas bien des années après sa « mort » : lors de futurs contacts, elle ne se contentait pas de me dire « tout va bien, une vie continue ici » (ce qu'elle m'a effectivement dit), elle m'apportait de nombreux faits précis du passé (de mon passé, de son passé, de notre passé commun), d'autres faits, tout aussi précis, qui existaient dans le temps présent et d'autres enfin, extrêmement précis également, qui ont existé bien après ses « dires », preuve que l'espace-temps est différent de « l'autre côté » ou plus exactement, qu'il n'existe pas.

Le lendemain de cette rencontre, je loue une voiture et prends la direction de Taulé... Sur la route, je préviens Patricia, la femme de ménage que ma mère aimait beaucoup, qui a les clés de la maison et avec qui je m'entends très bien également.

J'arrive devant la maison. J'ose ouvrir le portail. Je ne l'avais pas fait depuis un an et demi. J'entends ce bruit familier de mes pas sur les gravillons. Je marche tellement lentement que j'ai l'impression d'entendre chaque gravillon s'écraser sous mes pieds. J'aperçois tout de suite Patricia qui m'attend devant la porte de la maison grande ouverte. Je l'embrasse sans dire un mot et entre, doucement mais sans vraie difficulté. Je retrouve cette maison que j'ai tant aimée. Rien, absolument rien n'a bougé. Visuellement, on pourrait croire que ma mère est partie chercher une baguette de pain et qu'elle va revenir dans quelques minutes. J'ai tellement en tête ma mère revenir des courses, les mains chargées de provisions.

Je passe de pièce en pièce. C'est un moment particulier mais je suis plus « fort » que ce que j'aurais imaginé avant mon expérience de la veille. Je ne pleure pas. Patricia a eu la bonne idée de préparer un bon café.

Je suis juste frappé par une chose qui m'attriste. L'odeur. Cela sent le moisi. La maison n'a (bêtement) pas été chauffée depuis son départ. La bonne odeur qui y régnait toujours a été remplacée par celle de moisi qui, depuis, ne s'est jamais complètement dissipée. Cette bonne odeur de maison et de ma mère aimante avait totalement et définitivement disparu.

CHAPITRE 10

Tant de belles choses

Des signes et synchronicités qui se succèdent

Pendant cette période, je vivais régulièrement de drôles de coïncidences. Elles étaient souvent curieuses. Parfois même, il s'agissait de ce que l'on appelle des « synchronicités ». J'ai appris que c'est un psychiatre, Carl Gustav Jung, qui a été le premier à parler de cela en les définissant de cette manière : « L'occurrence simultanée d'au moins deux évènements qui ne présentent pas de lien de causalité mais dont l'association prend un sens pour la personne qui les perçoit. » Les éléments ne seraient donc pas liés par un lien de « causalité », mais par un lien de « sens ».

Comment interpréter cette simultanéité de deux évènements qui n'ont, a priori, rien à voir mais qui ont un sens pour celui qui les perçoit ? Certains diront qu'il s'agit d'une simple coïncidence. La probabilité que cette concordance de deux situations soit une coïncidence est infime, pour ne pas dire inexistante.

Est-ce alors un signe de l'au-delà ? Ou un signe extérieur à l'espace-temps dans lequel nous vivons pendant que nous sommes incarnés ? Est-ce aussi, comme le disent certains, le pouvoir de notre état d'esprit, de nos intentions, conscientes ou inconscientes, qui causent des effets dans le futur devenant ensuite des effets dans le présent ? Avant d'essayer d'y voir plus clair, quelques exemples de coïncidences ou de synchronicités vécues après le départ de ma mère.

L'ÉPISODE DU CADRE

J'étais parti déjeuner à Caen chez mon oncle Joseph et son épouse Danielle, que j'aime beaucoup. Germain, mon deuxième oncle, était également convié. Joseph et Germain, comme je l'ai dit plus haut, étaient les cousins de ma mère mais dans la réalité, ils étaient plus frères et sœurs que cousins. Ils s'aimaient beaucoup et avaient été très proches toute leur vie. Pendant tout le déjeuner, on parla d'elle. Le plat principal était une de ses recettes et Germain était venu avec un far breton dont la recette venait également de ma mère. Malgré l'absence (physique) de ma mère, le repas était joyeux. L'amour régnait pendant ce déjeuner.

À l'issue du repas, Germain me ramena à la gare. Nous n'étions pas encore arrivés que mon téléphone sonna et je vis le nom de Danielle s'afficher sur l'écran de mon téléphone. « Tiens, me dis-je, j'ai dû oublier un truc. » Au bout du fil, Danièle me raconta : « Alain, il s'est passé un truc extraordinaire ! Après le déjeuner, avant même de débarrasser la table, j'ai voulu me reposer quelques instants. Je suis montée dans ma chambre et là, qu'est-ce que je découvre ? Le cadre avec la photo de ta maman tombé par terre ! Ce cadre est là depuis toujours, le crochet est toujours là, mais le cadre est tombé par terre. La photo n'est pas abîmée, mais le verre est cassé. »

Le cadre de ma mère, pourtant solidement accroché au mur depuis de nombreuses années, était tombé pendant que nous parlions d'elle avec amour.

« DONNEUR »

Un samedi matin, je sors du TGV qui m'amène de Paris à Morlaix et vais directement dans le centre-ville. C'est le jour du marché. Je file tout de suite vers la librairie et, une fois à l'intérieur, me dirige sur la droite du magasin, vers le rayon des dictionnaires. En y allant, j'aperçois un écrivain assis devant une petite table où sont déposés les quelques livres qu'il peut dédicacer. Plutôt âgé, les cheveux blancs et longs, il est seul devant ses livres, totalement immobile, ce qui m'a surpris quand j'ai croisé son regard. J'arrive au niveau des dictionnaires et, derrière un rayon, je m'assois par terre en tailleur, un peu comme à la Fnac. Dans un dictionnaire Français/Breton, je recherche un nom pour une future société (regroupant les futurs donataires de mes actions). Après avoir choisi pour ma première société le nom breton « Harpan » (« aider »), je recherche de nouveau un nom dans ce style : « partager » ou « donner ». Je commence par chercher la traduction du mot « don ». À partir de là, mon doigt glisse doucement vers le bas de la page, vers les autres mots et à chaque fois, je regarde la traduction en breton. Je lis les mots « don », suivi de « donation », « donner » puis celui de « donneur ». Lorsque mon doigt touche l'impression de l'encre du mot

« donneur », exactement au même instant, au millième de seconde près, j'entends l'écrivain quelques rayons plus loin et qui n'a pas bronché depuis la dizaine de minutes où je m'étais assis par terre, dire tout fort, pour ne pas dire très fort : « DONNEUR » !

Je me lève totalement ébahi. Je fais les quelques mètres de rayons qui me séparent de lui. Je le regarde. Il est toujours seul à sa table. Immobile, il regarde droit devant lui.

LES MORTS NOUS PARLENT

Le 5 août 2014, soit un an jour pour jour après le départ de ma mère, ma sœur m'appelle vers 23 heures. Elle parle de notre chère mère pendant près d'une heure. Elle ne s'arrête pas un instant. Je lui parle de la survie de la conscience, du fait que la mort n'est que physique. Je lui donne doucement les quelques éléments clés que je crois comprendre et je finis par lui conseiller un livre incontournable, *Les Morts nous parlent*, de François Brune. C'est le livre le plus complet, le plus intense, le plus documenté sur le sujet de l'au-delà. Ma sœur me répond : « François Brune ? Je n'ai jamais entendu parler de lui ! » « Peut-être, lui dis-je, mais tu devrais vraiment le lire. » La conversation s'est arrêtée sur ce livre et on s'est dit au revoir.

Cinq minutes après, mon portable sonne de nouveau et je vois le prénom de ma sœur sur l'écran. Il était plus de minuit. Je décroche et je l'entends me raconter : « Écoute Alain... Tous les matins, j'ouvre ma boîte aux lettres, je prends mon courrier et je file à mon bureau. Aujourd'hui, je suis restée travailler chez moi... En raccrochant avec toi, je suis allée prendre mon courrier. Devine ce que j'y ai trouvé ? » « Je ne

Avec le Père François Brune

sais pas », je lui ai répondu. « Le livre de François Brune, *Les Morts nous parlent.* C'est toi qui me l'as déposé ? » me demande-t-elle ? La réponse fuse : « Non, bien sûr, je te l'aurais dit. » « Quel hasard incroyable ! » s'exclame-t-elle. « Le hasard n'existe pas », lui ai-je alors rétorqué.

J'ai raconté par la suite cette « anecdote » à François Brune et cela l'avait bien fait marrer.

EN CONTACT AVEC L'INVISIBLE

Un samedi après-midi, je vais faire un petit tour à la FNAC Montparnasse. Comme d'habitude, je me dirige à l'étage des livres. J'arrive à mon rayon préféré et regarde les titres sur la tranche des livres. Je prends en mains un livre et le mets de côté avant de descendre le payer à la caisse. Puis je cherche le livre de Henry Vignaud, *En contact avec l'invisible.* J'ai pourtant ce livre chez moi, que j'ai lu et relu. Je l'aperçois tout au haut des étagères. Je lève le bras gauche pour l'attraper au-dessus de la tranche avec un doigt. Au moment précis où mon doigt touche le livre, au millième de seconde près, j'entends un SMS arriver sur mon portable. Machinalement, avec la main droite, je le sors de la poche de mon blouson tout en gardant un doigt de l'autre main sur le livre. Je regarde qui m'écrit : Henry Vignaud !

À l'époque, on ne s'était jamais ni appelé ni envoyé de SMS. Tellement surpris, je l'appelle aussitôt et lui raconte le moment qui vient de se passer. Il éclate de rire et me dit : « Alain, c'est ce que l'on appelle la SYNCHRONICITÉ ! » Le titre du livre que je viens de mettre de côté pour l'acheter est *Synchronicité*.

LES SMS

Pendant cette période, de curieuses « coïncidences » se produisaient régulièrement. Généralement, cela se déroulait chez moi le soir lorsque, installé dans mon canapé, j'envoyais des SMS. J'écrivais un mot et pile au même moment, j'entendais ce mot à la télévision qui était allumée, que ce soit aux informations ou dans une émission. Il s'agissait de mots précis, parfois originaux, même quelquefois improbables, mais aussi des prénoms, des noms ou des chiffres, des nombres précis. Il arrivait également que ce soit des petites phrases courtes et les mots de celles-ci étaient restitués dans le bon ordre. Quand cela arrivait, je le notais à chaque fois. Pour les mots, c'est arrivé plus de cinquante fois, et les petites phrases, une dizaine de fois environ.

Certains appelleraient cela le hasard, mais c'était tellement systématique que je n'y crois pas. Je vois plutôt cela comme un petit clin d'œil de l'invisible, une sorte de petit rendez-vous entre le visible et l'invisible.

LES MOTS BLEUS

Un samedi, arrivé dans mon village en Bretagne, je me gare en voiture juste devant l'église. Je me demande quelle heure il est et me penche en avant vers le pare-brise pour essayer d'apercevoir l'heure sur le clocher. À la seconde où je regarde l'heure sur l'horloge de ce vieux clocher, le nez presque collé au pare-brise, j'entends ces quelques mots de la chanson *Les Mots bleus* de Christophe à la radio : *« il est 6 heures au clocher de l'église »* et exactement au même moment, j'entends les six coups de la cloche.

NOUVEAU CLIN D'ŒIL À LA FNAC

Environ un an après l'anecdote amusante au sujet du livre de Henry Vignaud, je retourne acheter des livres. Je me dirige vers mon rayon habituel. J'en choisis quelques-uns. Je cherche de nouveau le bouquin de Henry et cette fois-ci, il se trouve tout en bas. Je m'assois en tailleur face à la dernière étagère. Très bêtement, je tente une nouvelle fois l'expérience : j'effleure la tranche de son livre, mais rien ne se passe. Je repars du rayon en direction des caisses avec de nouveaux livres sous le bras et m'aperçois que je viens tout juste de recevoir un message. Je l'écoute tout en descendant l'escalator : « Bonjour... Voilà... Euh... on ne se connaît pas... Je suis un peu gênée de vous déranger... Je m'appelle Amélie, je vous appelle de la part de Henry Vignaud qui m'a donné vos coordonnées. Je serais très heureuse de pouvoir vous rencontrer... » Amélie, une fille charmante, intelligente, passionnée comme Fred et moi par les animaux et, par ricochet, par le véganisme, m'avait envoyé ce message quelques secondes après ou peut-être encore à l'instant même où j'ai effleuré le livre de Henry !

L'AMOUR EN HÉRITAGE

Un jour, chez moi à Paris, je me concentrais pour essayer de me souvenir d'une chanson que ma mère aimait particulièrement. Je ne retrouvais ni le titre ni l'air. Je me souvenais simplement que ma mère adorait cette chanson qui lui correspondait tellement bien. Dans un silence complet, j'étais assis sur mon canapé et les yeux fermés, je me tenais le front de la main gauche, me concentrant au maximum pour essayer de m'en souvenir, mais je n'y arrivais pas. Tout d'un coup, j'entendis sur le programme « radio » de ma télé, qui était pourtant éteinte, simplement en veille, *J'ai reçu... l'amour en héritage...* de Nana Mouskouri.

Sidéré, et en même temps pas complètement, je suis resté assis, dans la même position, sans bouger et j'ai écouté tranquillement jusqu'au bout les paroles de la chanson que je recherchais. Si j'ai hérité de quelque chose de ma mère, c'est bien de l'amour qu'elle avait en elle...

L'HORLOGE DE MON GRAND-PÈRE

En écrivant ces lignes sur le sujet des signes, je me souviens qu'il y a très longtemps, lorsque j'avais 18 ans, à l'époque du départ de mon grand-père maternel que nous aimions tant, ma mère m'avait dit que sa mère lui avait raconté que la grande pendule bretonne, qui était depuis toujours dans sa salle à manger, s'était arrêtée pile au moment de sa mort. Cela me revient maintenant.

Du vivant de ma mère, je n'ai jamais échangé avec elle sur ce que l'on appelle l'au-delà. Je sais qu'elle était croyante et qu'elle priait, mais nous n'avons jamais vraiment échangé sur le sujet. Elle avait de toute façon tout compris. Toute sa vie n'avait été qu'amour et bienveillance. Elle sait certainement maintenant ce que je ressens et ce que j'entrevois sur le sujet.

LA PETITE VESTE ROSE DE MA MÈRE

Je suis allé il y a quelque temps à une conférence à Nantes sur la survie de la conscience, où intervenait Florence

Hubert, une médium que je n'avais encore jamais rencontrée. Celle-ci a fait quelques contacts médiumniques dans une salle d'environ deux cents personnes et, à un moment, elle s'est tournée vers moi, sans hésitation et j'ai reçu plusieurs messages dont celui-ci :

« Vous êtes entouré de rose, complètement enveloppé dans du rose, un rose d'une tendresse inouïe, d'un amour infini... comme un gros malabar qui vous entoure, une grosse barbe à papa. Le rose est aussi la couleur de la veste que vous avez choisie pour votre mère avant de déposer son corps dans son cercueil. » Cela ne s'invente pas. Mon frère et ma sœur avaient effectivement choisi cette petite veste rose. C'est dans cette jolie petite veste que j'ai vu son corps pour la dernière fois.

Quelques indications ensuite :

« Marie... Marie J... Marie G... » Il s'agit en effet, comme je l'ai dit plus haut, du diminutif du nom de ma mère qui s'appelait Marie-Germaine.

« Elle est là, elle t'aime. Elle a un rôle de protection. »

Puis l'esprit de ma mère est intervenu : « Je suis auprès de toi. Je viens toujours t'embrasser pour te dire bonsoir » ; « Je t'aime de tout mon cœur. Prends soin de toi ! Ressource-toi ! Écoute-toi, n'écoute pas les autres. Plus de pression dans le plexus solaire. Ne te torture pas la tête. »

L'esprit de mon père est intervenu à son tour, en disant : « Alain, Alain, Alain, j'ai une nouvelle compréhension des choses. J'aurais dû être plus proche de toi que je ne l'ai été. Je le regrette. »

Ce petit moment s'est terminé par « Nous sommes fiers de toi », mais je ne sais pas si c'est l'esprit de ma mère ou de mon père qui a dit cela.

Je sors de la conférence à 18h30 précises, heure d'arrivée de mon taxi. Je monte dans la voiture et reçois un SMS, très exactement au même moment. C'est ma sœur qui m'a écrit quelques lignes accompagnées d'une photo. Sur celle-ci, on voit un petit bouquet de fleurs placé à côté d'une grande photo de ma mère. Voici le contenu du SMS : « Regarde ! Les infirmières qui venaient toujours à la maison étaient là hier soir et avaient apporté un petit bouquet de leur jardin. » Ma sœur avait participé la veille à une conférence en Bretagne, non loin de l'endroit où nous avons vécu, et les infirmières qui s'étaient occupées de mon père et qui aimaient beaucoup ma mère s'étaient déplacées pour y assister. Ma sœur ne les avait pas vues depuis le départ de ma mère, plus de sept ans auparavant. Ma mère aimait beaucoup ces infirmières si gentilles et dévouées. Sur la photo, ma mère porte... la petite veste rose en question. Quand médiumnité et synchronicité se rencontrent...

LE LIVRE DE THÉRÈSE

De retour à Paris et peu de temps après cette conférence, je suis allé me promener avec Fred et Bobby dans les jardins du Louvre. Nous sommes ressortis par la fameuse Cour carrée donnant sur l'église Saint-Germain-l'Auxerrois. Pendant que Fred prenait un appel sur son portable, je me suis dit que j'allais en profiter pour faire un petit tour rapide à l'église et allumer une bougie. J'entre et me dirige à droite, attiré par un monticule de bougies allumées. À l'arrière de celles-ci, une grande photo de sainte Thérèse de Lisieux était accrochée au mur. Je reste quelques instants à regarder son visage en me disant qu'il fallait que je connaisse son histoire. Non pas parce qu'elle est une sainte de l'Église catholique, mais parce que je crois savoir que c'était un personnage hors du commun qui n'était fait que de bonté.

Quand je sors de l'église, Fred me dit qu'il va rentrer directement chez lui, je décide alors de poursuivre ma balade en passant à la Fnac acheter un livre sur la vie de sainte Thérèse. Comme j'allais passer l'après-midi chez moi, j'allais pouvoir lire ce livre tranquillement.

J'entre dans la Fnac pour acheter le livre en question et un autre, *Les Marques positives,* sorti quelques jours plus tôt et écrit par une amie, Élisabeth Laville. En entrant dans le magasin, je choisis de chercher d'abord le livre de mon amie et me renseigne auprès d'un vendeur afin de savoir où se trouve le rayon économie/entreprises, où je n'avais jamais mis les pieds, puis je me dirige tout au fond du magasin vers cet espace. Je repère assez vite la pile du livre de mon amie et je découvre, posé sur celle-ci, un livre de poche, *L'Histoire d'une âme,* le livre que je souhaitais acheter sur la vie de sainte Thérèse de Lisieux !

Toutes ces situations m'ont bien sûr interrogé. Je n'avais aucune connaissance, aucune culture, aucune base sur ces sujets-là. Quand j'entendais notamment parler d'espace-temps, je ne savais même pas vraiment ce que l'on entendait par là... J'ai appris depuis que d'une manière générale, les physiciens suivent la théorie d'Einstein considérant l'espace-temps comme un bloc figé, c'est-à-dire un espace-temps où le passé est encore là et où le futur existe déjà, donc lui aussi de manière figée. « La distinction entre

Le livre qui m'attendait

le passé, le présent, le futur n'est qu'illusion, aussi tenace soit-elle », disait-il. Tous les physiciens l'admettent, je crois.

J'ai lu récemment les travaux d'un physicien contemporain, Philippe Guillemant. Il croit également, comme ses confrères, que l'écoulement du temps est une illusion et que le vrai temps est l'éternel présent. Mais pour lui, le futur peut changer, il n'est pas figé, il est flexible et évolue en permanence. Selon lui, les synchronicités sont des manifestations de futurs potentialisés, le futur crée le présent que l'on perçoit grâce aux synchronicités qui en sont la manifestation. Le futur crée notre présent par un système de boucle temporelle et de rétro-causalité. Toujours selon ce passionnant physicien, nos intentions – pour peu qu'elles émergent réellement d'un dialogue intérieur, qu'elles soient authentiques, profondes et vertueuses – sont capables de provoquer des effets dans notre futur, qui deviennent à leur tour les causes d'effets dans notre présent, lesquels se présentent sous la forme de coïncidences porteuses d'un sens qui a pour vertu de nous orienter sur notre chemin de vie, d'où les synchronicités. En d'autres termes, ce physicien propose une théorie qui fait intervenir l'influence du futur sur le présent, stipulant que le futur est déjà réalisé mais peut changer par le biais de nos intentions, parce que ce sont elles qui apportent les informations dont le futur a besoin. Selon lui, ce futur dépend totalement de nos intentions, et les synchronicités incarnent l'effet de nos pensées sur la réalité.

Ce physicien croit donc plus que tout au pouvoir de l'intention. Si celle-ci est saine, vertueuse, l'univers en est informé. L'univers détermine la structure de notre futur et nous la changeons par nos changements d'intention. Lorsque nous avons une intention profonde, celle-ci influence notre futur en y semant des graines. Même si quelque chose nous en détourne, leur influence peut remonter le temps pour agir sur notre présent afin de renforcer le chemin de vie que nous avons privilégié. C'est passionnant...

En résumé, la théorie de ce brillant physicien repose sur une hypothèse non causale, le libre arbitre et sur l'idée que notre futur serait déjà réalisé et en continuelle transformation, sous l'influence de nos intentions et de nos observations. En termes plus simples, nos intentions créent des effets dans le futur qui se répercutent dans le présent.

Je parlerai plus tard de la pensée et de la prière, qui ont un lien avec tout ceci.

CHAPITRE 11

Le calme avant la tempête

« JE N'AI PAS DE TEMPS À PERDRE »

J'ai été profondément malheureux d'entendre cette phrase ou plus exactement que Fred l'entende. François, mon actionnaire financier, venait ce jour-là à notre bureau, ce qui était extrêmement rare. En le voyant arriver, il avait sa tête des mauvais jours, des très mauvais jours...

Avant que l'on commence la réunion, avant même de s'asseoir, Fred lui demande : « François, as-tu vu *Envoyé Spécial* hier soir ? » François n'était pas sans savoir que la veille au soir passait cette émission d'investigation à la télé sur le thème de la restauration rapide. Les journalistes avaient « descendu » les principales chaînes de restauration rapide tout au long de l'émission sauf la nôtre, qu'ils avaient vraiment encensée. J'oserais dire « à juste titre ». Ce que nous faisions était bien, nous ne faisions aucun compromis sur quoi que ce soit. De l'origine des ingrédients à la fabrication des recettes jusqu'au service à midi, nous faisions plus que de notre mieux. Le journaliste avait bien bossé. Il avait beaucoup enquêté, nous avait interrogés et interrogé également nos partenaires, nos fournisseurs et même notre banquier, je crois... J'ai compris ce jour-là ce que voulait dire « magazine d'investigation ». Le patron, ce n'était pas moi, mais le journaliste qui avait tout pouvoir. On a ouvert les portes : il allait où il voulait, quand il voulait, le temps qu'il voulait. Une vraie enquête. Bref. Le résultat a été super, le reportage a été magnifique pour nous. Il n'y avait aucune ombre au tableau. Nous étions heureux.

Quand Fred a demandé à François s'il avait vu cette émission et que celui-ci lui a répondu : « Non, je n'ai pas de temps à perdre ! » j'ai été malheureux, très malheureux, de voir la tête de Fred, heureux et fier à juste titre du résultat de l'émission, devenir triste en l'espace d'une seconde. Il avait posé cette question naturellement, avec beaucoup de simplicité et de joie à la fois, il méritait vraiment d'être félicité pour son travail et non d'être rembarré de la sorte. La réunion qui a suivi fut sur le même ton : nous étions des bons à rien. Le thème de la réunion était le développement international, et François était très énervé parce que j'avais indiqué que notre souhait était d'ouvrir à San Francisco. Il n'imaginait tout de même pas que nous allions être motivés pour ouvrir au Qatar ou en Arabie Saoudite ?

C'est sûrement idiot, mais onze ans après cette anecdote, l'écrire me rend encore triste, car je me remémore le visage peiné de Fred.

La journée avait donc très mal commencé. Mais je ne savais pas qu'elle n'allait pas bien se terminer non plus. Quand mon actionnaire financier est parti avant midi, j'ai également quitté le bureau pour faire le service dans un restaurant. Cela m'apportait toujours beaucoup de joie et d'énergie positive. Rentré au bureau ensuite, je n'en suis parti qu'assez tard dans la soirée pour dîner avec Stéphanie, une bonne copine que je n'avais pas vue depuis longtemps. Je suis arrivé au dîner crevé, sur les genoux. Elle aussi. C'était une fille très sympa et très bosseuse. Elle travaillait dans l'immobilier, domaine dans lequel elle excellait. Elle était intelligente, fonceuse, très maligne et très honnête. J'avais travaillé avec elle sur quelques dossiers et à chaque fois, j'avais admiré sa force, son audace, sa pugnacité, son efficacité et sa loyauté. Ce soir-là, en arrivant dans le resto, aussi crevés l'un que l'autre, on a bu quelques coupes de champagne, sans doute une ou deux de trop, et nous avons dîné légèrement.

Quand je suis rentré très prudemment chez moi en scooter, à quelques dizaines de mètres de mon appartement, juste à l'angle de la rue Réaumur et de la rue du Temple, je suis tombé sur une patrouille de police. « Merde, des flics ! » Ceux-ci m'arrêtent. Ils étaient nombreux, au moins huit, peut-être dix. Contrôle des papiers ; je les avais bien sûr sur moi. Je me gare sur le bas-côté et j'attends patiemment que le policier à qui j'ai remis mes papiers me les rende, en priant pour que celui-ci ne me fasse pas souffler dans le ballon. Juste à côté de moi se tenait un de ses collègues qui ne me quittait pas du regard, pensant peut-être que je serais tenté de partir brusquement. Le contrôle s'éternise. J'étais pourtant leur seul « client »... À un moment, j'ai fait une énorme bêtise, dont je ne suis pas fier. Je me demande même comment j'ai pu être aussi bête. Tout se passait bien – il fallait juste que je patiente de manière la plus détendue qui soit, même si je serrais les fesses – mais comme le policier posté près de moi me regardait sans cesse et fixement, je lui ai dit: « Il faudrait peut-être appeler du renfort. » J'ai tout de suite compris que je venais de faire une grosse connerie. Il avait un visage très rond, de gros yeux et une grosse moustache noire, une sorte de sergent Garcia sans son air gentil. Il a continué à me regarder dans les yeux sans bouger pendant au moins cinq secondes, puis je l'ai vu tourner les talons et se diriger vers la camionnette. Je me suis tout de suite dit: « Mais qu'est-ce que je suis con ! » Quelques secondes après, je l'ai vu s'approcher de moi avec un éthylotest. Je me suis dit: « Ce coup-ci, je suis cuit. »

J'ai tout de suite eu le réflexe de penser: « Qu'est-ce que j'ai comme rendez-vous demain matin ? » Il y avait en effet de fortes chances que je me fasse embarquer et que je passe la nuit dans une cellule. J'ai dû souffler dans son appareil. Il n'y avait pas une chance sur mille que l'appareil ne vire pas du jaune au vert et pourtant... il n'a pas viré. Totalement incompréhensible. Quelle chance, mais que cela me serve de leçon, me suis-je dit.

DEUX MONDES DIFFÉRENTS

Tout mon temps était consacré à l'entreprise. Je n'arrêtais pas une minute, mais j'étais heureux comme ça. Mon métier me passionnait, notre façon de l'appréhender également et j'étais très admiratif des équipes. Elles étaient devenues ma famille.

L'entreprise était gérée comme un business, mais pour moi, ça n'en était pas un. Elle avait à mes yeux bien davantage une vocation sociale que financière, elle était un moyen d'expression, le véhicule de mes idées... ce qui ne nous empêchait pas de faire notre métier extrêmement sérieusement. Au quotidien, la qualité de ce que l'on proposait et le service au client étaient, avec le bien-être des équipes, notre moteur. La finance, c'est ce que je regardais en dernier. Nous n'avions d'ailleurs pas de directeur financier. Nous avions bien sûr des garde-fous et un suivi très rigoureux par Sylvestre, notre comptable. Mais le profit était loin d'être mon objectif premier.

Jamais nous n'avons rêvé de « faire de l'argent ». Mes actionnaires financiers qui liraient ce livre ne seraient pas surpris. Ce n'était pas mon truc. L'entreprise était gérée avec beaucoup de sérieux, mais elle n'était pas tournée vers le profit maximal. Loin de là. Du profit, il en faut, sinon l'histoire s'arrête très rapidement, mais nous ne courions pas après. Nous voulions que les résultats soient corrects, que l'entreprise soit saine et pérenne. Pas plus. Nous étions les premiers à savoir comment gagner davantage d'argent, mais nous ne voulions pas faire certains compromis ou serrer certains postes, comme celui des frais de personnel ou du *sourcing* produits.

Généralement, en grandissant, les entreprises prennent des décisions liées à l'amélioration des coûts. Chez nous, les décisions prises tendaient toujours vers plus de qualité. Par exemple, les jus de fruits et de légumes que nous proposions depuis le premier jour « cartonnaient ». Nous en vendions des milliers. La logique aurait été de choisir des fruits moins chers afin d'augmenter les marges. Nous avons fait l'inverse. Nous avons proposé les mêmes recettes, mais avec des ingrédients bios. Le prix d'achat étant donc bien plus élevé, il eût été normal que nous augmentions les prix en conséquence, mais nous ne l'avons volontairement pas fait. Nous avons été récompensés différemment, par l'accroissement des ventes. Ce n'est qu'un exemple, mais il est révélateur. Quand nous prenions la décision de remplacer un ingrédient par un autre dans une salade, ce n'était jamais pour le substituer par un autre moins cher qu'un acheteur aurait déniché, mais pour le remplacer par un autre de plus grande qualité encore. Tout était vertueux.

J'ai toujours voulu maîtriser la taille de l'entreprise et cela passait par le rythme des ouvertures de restaurants. Celui qui me semblait le bon était de deux ouvertures de restaurants par an. À mes yeux, ce n'était déjà pas si mal. Il fallait trouver les lieux, y faire des travaux très importants à chaque fois, prendre le temps de bien former les gens, etc.

Mon actionnaire financier me reprochait souvent ce rythme, beaucoup trop lent à ses yeux. Ce n'était pas impossible d'ouvrir beaucoup plus de restaurants, mais pour cela il aurait fallu faire des compromis sur l'origine ou le choix des ingrédients et aussi la manière de les travailler. En effet, au niveau de la cuisine centrale, si on veut tripler le nombre d'ouvertures de restaurants, il ne suffit pas de tripler sa taille et le nombre d'équipements. Cela peut surprendre, mais cela ne marche pas comme ça. Je savais aussi qu'accélérer fortement le rythme demanderait à faire des compromis sur la formation, sur l'encadrement des équipes et aurait des conséquences sur l'ambiance et sur l'esprit qui régnait dans l'entreprise et auquel je tenais tant. Je voulais préserver cet esprit unique pour moi, c'était le plus important de tout. C'était précisément à cela que je veillais le plus. Deux ouvertures par an me paraissaient donc être le rythme idéal.

Contrairement à la majorité de mes confrères, je ne voulais pas non plus ouvrir en franchise. Tout au long de ces années, nous avons reçu des centaines de demandes en ce sens mais à chaque fois, je répondais gentiment que nous n'étions pas intéressés. Se développer sous forme de franchise est, pour une marque, la meilleure méthode pour se développer rapidement et en plus sans dépenser de capitaux ; au contraire, c'est le franchisé qui verse une redevance sur le chiffre d'affaires, sans compter le droit d'entrée qui lui est demandé. Donc, cela peut paraître séduisant. Mais j'étais tout de même farouchement opposé à cette technique de développement, car comment être sûr qu'un franchisé ne pense pas d'abord à ses revenus avant de penser à ses équipes et à la qualité des produits ? Comment s'assurer qu'un franchisé soit gentil avec ses équipes, qu'il veille à leur bien-être, à leur évolution avant de penser à ses dividendes de fin d'année ? Comment être sûr qu'un candidat franchisé, aimable et prévenant pendant les entretiens de partenariat et les quelques mois de formation, le restera quelques années, voire quelques mois plus tard ? Comment verrouiller cela ? Dans la pratique, ce n'est pas possible. Il est impossible d'être assuré de ce point. Du coup, j'ai toujours refusé cette possibilité de développement.

Pour l'anniversaire des dix-sept ans de l'entreprise, nous avons ouvert deux restaurants le même jour, l'un à Paris et l'autre à Londres. J'étais content, car j'avais fait le service du matin avec les équipes de Londres et celui du midi avec les équipes de Paris. Le décalage horaire qui est d'une heure entre Londres et Paris était dans le bon sens et m'avait permis de le faire. Il s'agissait des trente-troisième et trente-quatrième restaurants. Le principe des deux restaurants par an était donc on ne peut plus respecté !

Je travaillais beaucoup, mais j'étais heureux. Le climat harmonieux qui régnait entre les équipes m'apportait de la joie, le plaisir de voir que, comme je l'avais pressenti durant mes années d'école, il est toujours préférable pour tous de parier sur les qualités des gens et les encourager à se développer. J'avais réellement de l'admiration pour ceux qui travaillaient avec nous. Même si j'avais fondé cette entreprise, je les trouvais bien plus forts, bien plus vifs, bien plus pertinents que je ne l'étais à leur âge. Et j'avais deux fois leur âge...

Les années se sont succédé dans cette ambiance unique. Les équipes étaient épanouies dans leur travail. Il y avait une sorte de fraîcheur dans l'air et une impression très forte de liberté. C'était d'ailleurs plus qu'une impression, nous travaillions tous beaucoup, mais je dirais en toute liberté. L'entreprise était devenue une vraie famille, avec en filigrane, un esprit particulier, une façon de voir la vie que nous avons fait naturellement partager à nos clients, sans vraiment chercher à le faire. Les seuls moments de tensions que je connaissais dans mon travail, c'était avec mon actionnaire financier, qui était rarement content.

Un soir tard, peu de temps après l'ouverture de ces deux derniers restaurants le même jour, François m'appelle au téléphone. Au son de sa voix, j'ai tout de suite senti qu'il n'était pas dans ses bons jours. Dans la conversation, il me dit qu'il faut que j'ouvre au moins quatre restaurants dans l'année. Je lui réponds que je n'en ai prévu que deux, ce qui, encore une fois, me paraissait le bon rythme. Il s'est immédiatement énervé et m'a dit: « Si tu ne peux pas en ouvrir quatre, cela veut dire que tu n'es plus la bonne personne ! » C'était très dur à entendre et cela me fit immédiatement mal au ventre. L'entreprise était belle et fonctionnait très bien, les gens qui y travaillaient étaient heureux, il y avait une ambiance hors du commun, l'offre des produits était belle et équilibrée, les recettes que nous proposions étaient tops, je me donnais corps et âme, il était même difficile de se donner davantage mais... « je n'étais plus la bonne personne ».

Nous n'avions pas le même objectif: il voulait développer davantage que moi, car son objectif final était de faire en sorte que l'entreprise vale à terme le plus cher possible. Ce n'était pas le mien. Je voulais que l'entreprise soit la plus harmonieuse possible, et pour cela je savais qu'il ne fallait pas ouvrir trop de restaurants et surtout, pas trop vite.

Mon actionnaire financier m'a également reproché la communication, qu'il jugeait trop faible. Nous n'étions pas très branchés « réseaux sociaux » en effet, nous y étions volontairement discrets. Et disons-le, notre énergie, nous la mettions sur la qualité des produits et du service, ce qui explique que nous passions la majorité de notre temps sur le terrain. La communication, bien que discrète était suffisante à mes yeux. Je trouvais même que c'était plus beau ainsi. L'importance donnée aux réseaux sociaux m'agaçait un peu. Les actionnaires financiers avaient tendance à penser que c'était une des clés du succès. Hélas, en effet, le principe des réseaux sociaux est devenu incontournable, mais j'ai toujours trouvé idiote cette communication permanente à base de « posts », cette obsession du nombre de *followers*, vrais ou faux d'ailleurs. Prendre en photo ce que l'on a dans son assiette, la poster en y ajoutant un commentaire, j'avoue avoir du mal avec cela. Ce n'était pas mon truc et cela ne le sera jamais.

Évidemment, les équipes n'étaient pas au courant de l'attitude envers moi, trop souvent violente, du patron du fonds. Dans l'atmosphère profondément bienveillante, aimante, aidante, de l'entreprise, que ce soit au siège ou dans les restos, qui pouvait imaginer que son fondateur, son patron, son actionnaire majoritaire (de peu, certes mais majoritaire tout de même), devait supporter les engueulades de son actionnaire financier ? Personne, et heureusement. Je gardais cela pour moi. J'étais son unique interlocuteur. Je tenais le coup pour l'entreprise et, plus que tout, pour les gens qui y travaillaient, mais sincèrement, j'ai beaucoup souffert de ces rapports au fil de ces années... François n'explosait pas souvent, mais quand il le faisait, il allait trop loin, il ne se maîtrisait pas. Il pouvait être très méchant dans ses propos. C'était d'autant plus déroutant que quelques instants auparavant, il paraissait très calme. Quelques jours ou quelques semaines après un pétage de plombs, il m'invitait au restaurant et le dîner se déroulait bien, comme si rien ne s'était passé. C'était même souvent agréable et nous arrivions à parler d'autre chose que du travail. À chaque fois, je me disais : « Bon, ça va, il s'est calmé ! C'est de l'histoire ancienne. » Cela me faisait donc un nouveau choc quand, quelque temps plus tard, il s'emportait de nouveau si quelque chose ne lui convenait pas. Bien sûr, il faut relativiser, il existe des patrons de fonds incomparablement plus durs, mais ce n'était pas facile à vivre quand il s'énervait ainsi.

CHAPITRE 12

Nouveaux contacts médiumniques

ALAIN JOSEPH BELLET

Ce jour-là, en conduisant ma voiture sur les petites routes bretonnes, je me sentais un peu coupable d'avoir sollicité un nouveau rendez-vous avec Alain Joseph, car je me disais que je prenais la place de quelqu'un qui avait, lui, absolument besoin d'un contact, ce qui lui aurait permis d'être convaincu de la survivance d'un être aimé disparu et, par ricochet, de retrouver un certain bien-être. En effet, n'avais-je pas déjà suffisamment la preuve de la survie de ma mère ? Si, bien sûr ! Des preuves et de très belles preuves, j'en avais déjà eu. Mais l'envie avait pris le dessus sur ce sentiment de culpabilité. Culpabilité qui m'habite d'ailleurs trop souvent.

Je pensais aussi que ma mère n'était pas forcément « disponible » plus de six ans après son départ et que si par chance elle venait, cela lui demanderait un effort sûrement très important.

Je conduis avec toutes ces pensées en tête jusqu'au moment où j'aperçois la pancarte du tout petit village d'Alain Joseph à quelques kilomètres de Quimper. Sa maison ancienne est juste en face de l'église et du petit cimetière qui l'entoure. J'ai une demi-heure d'avance. En attendant l'heure convenue, j'entre dans l'église. Je me concentre, je parle à ma mère, j'écoute même sa voix sur des messages téléphoniques laissés sur le répondeur de mon téléphone. J'essaye de me mettre dans l'ambiance le plus possible. L'heure du rendez-vous arrive. Je sonne à la porte, Alain Joseph m'ouvre et je le suis vers son bureau, à l'étage.

La séance commence. À ma grande surprise, ce n'est non pas l'esprit de ma mère, mais celui de mon père qui vient s'exprimer. « Je sais que c'est à ta mère que tu veux parler. Je viens te dire : pardonne mon caractère, mes exigences. J'aurais dû employer d'autres mots. » Je comprends très bien ce qu'il veut dire. Et il n'y a pas matière à pardonner. Et s'il y avait matière à le faire, ce serait immédiatement fait.

« Je n'ai pas su t'accepter, je le regrette. » Je comprends très bien ici aussi ce qu'il me dit, même si je trouve sa phrase trop forte. Bien sûr, il aurait préféré que je sois différent, bon élève et suive une route toute tracée... Que je devienne notaire, idéalement.

« Je te laisse avec ta mère. » De son vivant, mon père me disait souvent cela quand j'appelais la maison : « Je te laisse avec ta mère » ou « je te passe ta mère ». Et effectivement, c'est l'esprit de ma mère qui intervient : « Train... Mercredi soir... Aller-retour... Aller-retour... Aller-retour... Merci d'avoir été là ! » Qui, à part mes parents, savait que je rentrais tous les mercredis soir leur rendre visite et dîner avec ma mère ? J'arrivais vers 19 ou 20 heures et repartais le lendemain matin vers 5 ou 6 heures, ce qui me permettait d'arriver à Montparnasse vers les 9 heures. Cela me faisait une petite dizaine d'heures de train, mais ça ne me dérangeait pas du tout et pendant tout le trajet, je travaillais sur mon ordi. Cela me permettait de voir mes parents très régulièrement et surtout, c'était l'occasion pour ma mère de faire un petit break. Tout son temps, toute son énergie étaient consacrés à s'occuper de mon père, dépendant les dernières années de sa vie. « Ces petites visites te donnaient un but, te sortaient de la tourmente, du travail, des affaires... » Ma mère était heureuse de me voir, de passer la soirée avec moi mais, sans me le dire, avait compris que cela me permettait également de couper quelques heures avec mon quotidien. Ce n'est pas comme cela que je voyais les choses alors mais au final, elle a raison, cela me sortait aussi de mon quotidien intense et souvent stressant.

« Prends soin de toi, Alain... Fais-moi plaisir, prends soin de toi ! » Cette phrase, je l'ai entendue des centaines de fois, plutôt des milliers de fois du vivant de ma mère. Elle trouvait, elle voyait, que je m'occupais mal de moi... Une mère voit tout. Elle était parfois malheureuse, car il arrivait que j'aie le visage fatigué. Cela lui faisait de la peine, car elle savait que je n'avais pas le déclic qui fait qu'un moment, je pense à aller me reposer. Elle savait que j'étais dépourvu de cette faculté. Elle s'évertuait donc à répéter tout le temps : « Prends soin de toi, Alain ! » Cela n'est pas étonnant qu'une fois « passée de l'autre côté », elle pense et exprime la même chose...

« Arrête de téléphoner en scooter ! Je t'ai même vu écrire un SMS en roulant ! Ce n'est pas bien. Ne refais plus ça ! »

J'étais scotché, car la veille de ma venue chez Alain Joseph, j'avais répondu en quelques mots à un SMS urgent en conduisant *« 15 mins late, sorry »*, rue de la Boétie. Je sais que c'est complètement idiot et très répréhensible, mais pris par l'urgence, le stress, je l'avais fait et ma mère l'avait vu. Je téléphone souvent en scooter car je considère, plus exactement, je considérais, un peu le scooter comme un bureau. Mes oreillettes me permettaient de téléphoner et donc d'avancer dans mon travail. Ce n'était pas bien, mais je pensais que c'est moins dangereux qu'en voiture où l'on est confortablement assis et sans la perception des bruits extérieurs. Le scooter fait que l'on est toujours sur le qui-vive. Mais qu'importe le véhicule, il ne faut évidemment pas le faire.

« Tu es seul Alain, tu penses à moi. » Je vois l'image qu'elle a en tête. « Je suis fier de toi, mon fils. » Ma mère était plutôt fière de moi car elle voyait que je me « débrouillais »... « Toutes ces roses pour mon dernier anniversaire ! Autant de roses que d'années ! » Pour son dernier anniversaire, j'avais acheté plusieurs bouquets de quatre-vingt-deux grandes roses. Elle s'en est souvenue. « Ton père est parti le premier. » C'est exact. « Je t'accompagne chaque jour. Je sais que tu penses à moi. » Je pense en effet à ma mère chaque jour et plusieurs fois par jour. Elle fait partie de ma vie. « J'espérais qu'Hélène et toi restiez ensemble. » Cela ne s'invente pas. J'ai vécu quelques années avec Hélène, que ma mère aimait beaucoup. Elle espérait que je fonde une famille avec elle, ce que nous pensions d'ailleurs faire... Hélène et moi sommes restés très proches, et même si chacun de nous a fait son chemin de son côté, on s'aime toujours.

PREMIÈRE RENCONTRE AVEC HENRY VIGNAUD

Les deux rendez-vous avec Alain Joseph m'avaient tellement apporté, tellement aidé, même « sauvé », que j'ai souhaité rencontrer un autre grand médium vivant à Paris et dont, entre-temps, j'avais lu le livre *En contact avec l'invisible*[3].

J'arrive donc chez Henry Vignaud. Il est très sympa et me reçoit très gentiment. Avant la séance, on papote quelques minutes, rigolons d'anecdotes et de petites histoires drôles dont il est friand. Puis, nous nous installons à son bureau, l'endroit où il « travaille ». Dans l'obscurité de la pièce, Henry prend la photo de ma mère et la pose sur son front. Il ne dit plus un mot. Je le vois se concentrer de longues minutes. Peut-être même un petit quart d'heure. Il tente une connexion... Il me dit plusieurs phrases, toutes entrecoupées d'un silence de plusieurs minutes :

« Tu as pris du temps pour elle alors que tu n'en avais pas. »

« Ta maman, très intelligente et pleine de bon sens, de vivacité, elle aimait apprendre et comprendre. » C'est tellement vrai !

« Tu la gâtais beaucoup... »

« Dans le petit village, je vois ta maman dire bonjour à un tel, bonjour à un tel... » C'est tellement elle.

« Maman, toujours le sens du devoir, dans le don de soi. » Encore une fois, c'est tellement elle.

« Maman continue de prier. »

---

3. Celui dont il est question plus haut.

« Très fière de toi, l'homme, la gentillesse... »

Puis (l'esprit de) ma mère intervient :

« Prends du temps pour toi, Alain ! Prends du temps ! »

« Tu cours, tu cours... Mais jusqu'où ? »

« Tu dois te ménager : c'est vital ! »

« Ménage-toi ! Tu es trop sur le fil ! Ton corps réclame du repos. »

« Je sais que tu faisais tout pour que je sois contente de toi, tout en menant ta vie. »

« Tu es devenu de plus en plus déterminé dans la vie, mon petit. »

« Toutes ces photos, tous ces souvenirs conservés et encadrés... Tu as bien fait de les garder. »

Effectivement, j'ai chez moi une pièce réservée aux photos encadrées de ma mère. J'en ai plusieurs centaines. Des photos d'elle, et des photos d'elle et moi, de ma naissance à quelques jours avant son départ. Une très jolie petite pièce douce comme une chapelle... J'aime énormément cette pièce.

Ensuite, Henry me dit ces quelques phrases : « La vieille moto dans ton salon, elle a servi à aider pendant la dernière guerre... Elle a servi pour aider des gens... Le gars qui la conduisait aidait des gens... Cette moto servait à cela... Aider ! »

Je restais ébahi même si je commençais à m'y faire... Comment pouvait-il, pouvait-elle, savoir que dans mon salon, j'ai une vieille moto, et précisément d'avant-guerre ? Une moto qui ressemble beaucoup à celle de Tintin dans *Le Sceptre d'Ottokar* et que j'ai achetée dans une brocante rue de Bretagne. À l'époque, Henry n'était jamais venu chez moi et je ne lui avais jamais parlé de

La vieille moto

cette vieille moto avec la plaque d'immatriculation sur le garde-boue avant.

« C'est drôle, ta maman me montre un escalier chez toi que tu montes et que tu descends en permanence. À peine remonté, parfois, tu redescends et inversement... »

C'est trop drôle en effet car mon nouvel appartement est un duplex – il ne le savait évidemment pas – et je n'arrête pas de monter et de descendre et cela m'énerve beaucoup. Quand je suis en bas et que je cherche mes oreillettes, celles-ci sont en haut. Quand je suis en haut et que mon portable sonne, celui-ci est en bas, quand en haut, je veux ranger mon ordi dans sa sacoche, elle est en bas, etc. Ça me rend dingue. Donc, à chaque fois, je râle...

« C'est marrant... Ta mère me montre deux petits oiseaux, mais pas des vrais oiseaux, des tout petits oiseaux en plastique. Elle me montre une petite boîte, une toute petite boîte. Ils sont dedans... Je ne comprends pas vraiment ce qu'elle essaye de me montrer. »

Je ne le voyais pas non plus. De retour chez moi, je ne pensais plus à cette anecdote. J'allume la lumière et au millième de seconde près, j'entends : « cui cui cui cui cui ! » Je localise l'endroit. Sur une étagère, dans tout mon fourbi (car j'étais encore en déménagement ou plutôt, en aménagement), je vois de tout petits oiseaux, minuscules, dans une jolie petite boîte bleue où est simplement inscrit le mot Bretagne. Petit cadeau que m'avait offert ma mère quelques années auparavant et que j'avais oublié... Grand cadeau de me le rappeler ce jour-là.

Double manifestation, en fait : à Henry dans un premier temps, puis à moi dans un second temps...

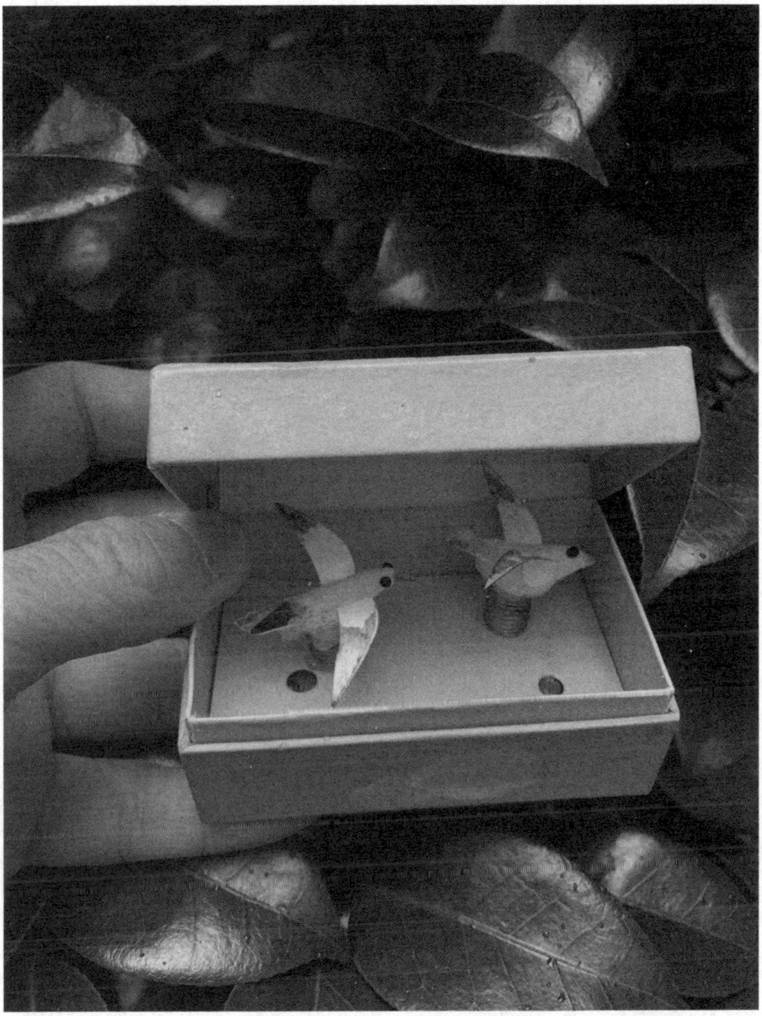

cui cui cui cui cui

Henry évoque ensuite mon père : « Papa, un côté strict, en costume tout le temps » ; « Papa, pas facile avec toi, dur avec toi » ; « Papa, pas démonstratif. Il le regrette... » Puis, à son tour, l'esprit de mon père intervient : « Alain, je le regrette. J'ai loupé ma relation avec toi. Je ne pensais pas que tu étais fort et réussirais tant de choses. Tu as déplacé des montagnes. Je ne t'en pensais pas capable. »

Après un long moment de silence, la main toujours posée sur le front, Henry prononce : « Ker... Ker... Ker... Ker... » puis le mot « Kerbanel » ! L'esprit de ma mère indique ensuite : « C'était le bon temps, Kerbanel... On courait, on s'amusait, on travaillait. J'ai souvent repensé à cela dans ma vie... »

Entendre le nom Kerbanel a été un choc, mais un choc formidable. Kerbanel est le nom, non pas d'un petit village, mais d'un tout petit hameau dans les Côtes-d'Armor, d'une trentaine de personnes tout au plus. Quand ma mère était toute petite, il y a de cela quatre-vingts ans environ, elle y passait ses vacances avec ses deux cousins, Joseph et Germain, dans la ferme de ses grands-parents, qu'elle adorait. Elle m'a souvent parlé des deux chevaux de la ferme qu'elle aimait beaucoup. Kerbanel a marqué ma mère, car elle y a eu une enfance particulièrement heureuse. Effectivement, elle devait courir partout, s'amuser avec ses deux cousins et travailler également. À l'époque en effet, tout le monde donnait un coup de main à la ferme, les enfants comme les « vieux ». Inutile de dire que je pensais à tout sauf à Kerbanel quand j'étais en face de Henry.

« Ma grand-mère, si gentille, faisait des piles de crêpes dans la cheminée. Celle-ci était si grande que l'on pouvait rentrer dedans! » J'ignorais cela. J'ai reçu ce message de l'esprit de ma mère, via Henry, environ deux ans après son départ.

Un an après avoir reçu ce message, soit trois ans après le départ de ma mère, je me rends dans le charmant tout petit village qu'est Kerbanel. J'y vais pour rencontrer Germain et Joseph, mes grands-oncles que j'aime tant et avec qui ma mère, lorsqu'elle était enfant, passait ses vacances. Je n'ose pas dire une sorte de « pèlerinage », mais une balade sur place avec le souvenir de ma mère qui nous accompagnait. Nous avons déjeuné dans l'unique restaurant du coin. Après manger, nous sommes allés faire une petite marche tous les trois. Nous avons marché sur le petit chemin de Kerbanel et nous nous sommes dirigés vers une vieille bâtisse en pierres de taille, totalement en ruine... C'était une sorte de grande longère avec trois entrées différentes. Mes arrière-grands-parents vivaient à l'époque dans cette bâtisse.

À gauche, m'expliquait Germain, vivaient les cochons; au milieu, c'était l'habitation de la famille et à droite, enfin, c'était pour les chevaux. Toutes ces âmes habitaient dans la même bâtisse dont le sol était en terre battue.

Germain et Joseph me racontaient que lorsqu'ils étaient enfants, ils y jouaient et s'amusaient beaucoup avec ma mère... Joseph me dit alors: « Notre grand-mère, au visage si doux, nous faisait des crêpes sous une très, très grande cheminée! Elle était habillée tout en noir, avec sa coiffe qu'elle ne quittait jamais. » Germain complète: « Elle avait très chaud à cause de la chaleur de la *billig* qui fonctionnait à l'aide de braises... Elle faisait des piles de crêpes... » Le message reçu par Henry un an plus tôt trouvait ainsi, grâce à Joseph et Germain, une totale confirmation. Quasiment mot pour mot.

Je n'ai pas pu m'empêcher d'entrer dans cette longère. L'entrée de l'habitation était fermée par une très vieille porte en bois à la fois pourrie et branlante avec un trou en bas permettant à peine à un enfant de s'y faufiler. J'ai tout de même voulu y jeter un œil... J'y ai mis le temps mais j'ai réussi à pénétrer à quatre pattes dans ce lieu devenu une véritable ruine. Mon regard a tout de suite été attiré sur la gauche par une immense et magnifique cheminée en granit. Effectivement, même adulte, on pouvait se tenir à l'intérieur... Je n'ose imaginer l'impression que cette cheminée faisait à des enfants.

NB : J'ai écrit les quelques lignes ci-dessus sur ma mère et sa grand-mère faisant des crêpes sous la très grande cheminée, un matin, juste avant de me rendre à l'invitation à déjeuner chez André, mon premier avocat, et son épouse Annie. En m'y rendant, je me disais : « Je n'ai pas de photo de mon arrière-grand-mère faisant des crêpes en costume breton sous la cheminée... Mais j'ai tellement cette image en tête que dans mon projet de livre, je mettrais bien à la place d'une photo un petit dessin pour représenter cette scène qui me touche. » J'arrive chez mes amis dans les Yvelines. Pendant qu'Annie finissait de préparer le repas, André me dit : « Viens, j'ai un cadeau pour toi ! » Nous montons ensemble à l'étage dans son atelier de peinture. Il me tend alors un très beau dessin encadré, celui d'une grand-mère, en costume breton, faisant des crêpes dans le recoin d'une cheminée. Je suis estomaqué. Ce dessin

Le dessin d'André

représentait très exactement, trait pour trait, la scène que j'avais en tête quand je visualisais une heure avant dans mon esprit mon arrière-grand-mère faisant des crêpes pour ma mère et ses deux cousins.

Double manifestation: « médiumnité » avec Henry, et « synchronicité » avec André.

UN RENDEZ-VOUS AVEC YONELLE DELLE

Grâce à Alain Joseph et à Henry, j'avais eu la chance extraordinaire de recevoir des messages de mes parents, principalement de ma mère. J'étais donc convaincu d'une forme de survie mais, de nouveau poussé par la curiosité, j'ai souhaité rencontrer Yonelle Delle, une troisième médium que j'avais vue à une émission de télévision et dont la prestation avait été bluffante.

Après avoir réussi à entrer en contact avec elle et obtenu un rendez-vous, je la rencontre quelque temps plus tard chez elle à Paris. Elle aussi me reçoit très gentiment. Lors de l'entretien, je ne lui donne absolument aucune information. Ni sur moi ni sur personne, et donc pas un mot sur le départ de ma mère.

Ses premiers mots ont été: « éclair - évanouissement - lumière ». Trois mots décrivant parfaitement l'AVC que ma mère avait eu. À l'écoute de ces mots, même si j'avais envie d'apporter une confirmation, je ne le faisais pas. Yonelle précise aussitôt après que ma mère a « une force d'adaptation exceptionnelle, qu'elle sourit à l'après-vie, qu'elle est extrêmement heureuse ». L'esprit de ma mère intervient avec les mots suivants: « Mon petit chéri, ne te fais aucun souci... Je vais bien... J'ai été très bien accueillie... Ils étaient tous là... Je m'aime ici, je suis légère... Mes traits se lissent... Je voyage... Je m'émerveille... J'ai vu du monde... Je n'ai pas encore tout appris... Je reste près de toi... Tu me parles souvent, je t'entends... »

Yonelle me dit ensuite cette phrase : « Elle s'excuse de ne pas avoir terminé tous ses papiers. » Ma mère, partie très brutalement, n'avait pas eu le temps de faire ce que l'on appelle un « partage », sujet qui lui tenait tant à cœur. Même si elle venait de dire qu'elle était heureuse dans son nouvel état, son nouvel univers, elle avait eu cette pensée « terrestre », si je puis dire. Puis ma mère me dit ensuite « Prends soin de toi, Alain, pense à toi... Tu travailles trop... Prends le temps de te reposer... » Elle termine par ces quelques mots : « Je t'envoie mon souffle... Tu aideras ailleurs bientôt... »

CHAPITRE 13

Message personnel

Comment peut-on tenter d'expliquer l'arrivée de ces informations et parfois de ces messages ? Comment cela « fonctionne »-t-il ? si je puis dire... Comment expliquer ce que beaucoup qualifieraient d'impossible ou, tout au moins, d'inexplicable ?

Comme nous l'avons vu plus haut, les informations reçues par les médiums proviennent de leurs guides spirituels et sont généralement reçues par « clairvoyance » (visions) ou par « clairaudience » (voix entendues) et aussi parfois par clairsentience (capacité de ressentir l'énergie et l'émotion). Il se peut aussi – et c'est autre chose – que ces informations arrivent par la médiumnité. Dans ce cas, le médium « voit » ou « entend » directement les esprits, et ce sont ces derniers qui donnent eux-mêmes les informations et les messages, et non pas le guide du médium. Dans le cas de la médiumnité, il se peut également, comme l'expliquait Alain Joseph, que le médium soit ponctuellement « habité » par l'esprit de la personne disparue avec qui il est en contact. C'est ce que l'on appelle, je crois, de « l'incorporation ». C'est souvent impressionnant, car le médium peut prendre la voix, les intonations, l'accent, les mimiques, la gestuelle, les expressions de la personne disparue.

Concernant la médiumnité précisément, je reprends ci-dessous un passage du livre *En contact avec l'invisible* de Henry Vignaud, car je trouve que ces quelques lignes aident à bien comprendre comment cela « fonctionne » :

« Le contact médiumnique implique un effort des deux côtés : de la part du médium bien sûr mais aussi de la part du défunt. Le défunt doit fournir l'effort nécessaire au changement de plan. Car il faut bien comprendre que l'âme des défunts continue d'exister mais dans un autre monde : celui de l'invisible. Or, la vibration qui caractérise ce monde-là n'est pas la même qu'ici, donc pour entrer en contact avec un défunt, le médium doit changer de taux de vibration. De son côté, le défunt doit lui aussi quitter sa vibration habituelle. La rencontre se fait donc à mi-chemin des deux mondes. »

« Ce sont les défunts qui essaient, par mon intermédiaire, de se faire connaître. Quand le contact est établi, ce sont les défunts eux-mêmes qui transmettent des messages aux survivants, qui leur donnent des preuves, qui les rassurent. Ce contact facilite le deuil des proches. Les signes que nous envoient les défunts visent à nous permettre de mieux accepter leur disparition… S'ils font un effort pour changer de plan, c'est-à-dire quitter le monde des morts pour revenir jusqu'aux vivants, c'est pour témoigner que, par-delà la mort du corps, il existe une survie de l'âme. »

« En tant qu'"instrument", j'entre donc en résonance avec la vibration de l'esprit qui s'impose à moi afin de capter les informations qu'il souhaite transmettre… »

Tout ceci peut paraître un peu farfelu pour les personnes n'ayant pas vécu personnellement ces expériences fabuleuses, ou ne s'étant jamais penché sur ces phénomènes.

J'aimerais évoquer rapidement ici en quoi la télépathie et le mentalisme sont différents de la médiumnité. En effet, la télépathie existe, ainsi que des techniques particulièrement impressionnantes de mentalisme qui peuvent faire croire à un consultant cherchant un contact avec une personne aimée disparue que l'esprit de celle-ci est présent au moment de la consultation.

Mais la télépathie ne peut pas expliquer un message provenant de quelqu'un auquel on ne pensait pas du tout au moment de la consultation, ni expliquer un message sur un évènement qui n'est pas encore arrivé ou sur un fait que seule la personne disparue connaissait. J'ai connu ces trois situations avec la médiumnité.

Dans le cas précis du mentalisme, la personne employant cette technique va généralement tendre quelques perches au consultant et en attendre le retour afin de « broder » autour et d'avancer ainsi. Le mentaliste va alors être très vif, extrêmement attentif au moindre geste, à la moindre émotion, au moindre mouvement de la bouche ou des yeux, à un sourcillement presque imperceptible, au moindre mot du consultant, afin d'avancer dans l'exercice en demandant régulièrement confirmation des divers éléments et le cas échéant, de rapidement « réajuster le tir » en adaptant son discours s'il est tombé à côté. Le fait d'aller vite et de rebondir immédiatement en cas d'erreur fait partie de la technique. Il s'agit d'observer les micro-détails physiques, de les interpréter, de faire des déductions, d'aller vite. C'est tout cela qui va faire que le mentaliste, avec son expérience et son talent, peut arriver à bluffer la personne consultante. C'est spectaculaire et c'est un art à part entière, mais quelque part, c'est le consultant qui, sans s'en rendre compte, donne des informations au mentaliste. C'est en quelque sorte des techniques d'illusionnisme, comme un tour de magie qui va très vite.

Rien à voir avec la clairvoyance et la clairaudience, où le médium reçoit de son guide spirituel des informations à l'aide de perceptions visuelles, auditives ou mentales. Rien à voir non plus avec la médiumnité, où cette fois le médium va laisser intervenir l'esprit de la personne disparue, laisser passer l'énergie de celle-ci. Dans les deux cas, le médium délivre les informations sans demander ou avoir besoin de demander confirmation au consultant afin de savoir s'il est sur « la bonne voie » ou non. Beaucoup de médiums peuvent d'ailleurs travailler à distance, parfois à des centaines ou des milliers de kilomètres du consultant, avec ou sans photo. Un océan entre le médium et le consultant ne nuit pas à l'arrivée de ces informations ou messages. Dans cette situation, un mentaliste serait bien embêté, du moins les techniques de son art ne pourraient pas s'appliquer.

J'ai précisément en tête Alain Joseph Bellet et l'autre médium, Yonelle Delle, qui, contrairement à ce que ferait un mentaliste, regardent ailleurs que dans la direction du consultant, généralement en l'air ou complètement dans le vague, sans guetter la moindre expression du visage de ce dernier. Quant à Henry Vignaud, il ferme carrément les yeux, baisse la tête et y appose en plus sa main au milieu de son visage, tout cela dans la pénombre de son petit bureau.

Je peux assurer qu'il ne voit absolument rien. Aucun de ces trois médiums ne guette la moindre expression ou réaction de leur consultant, ils ne demandent pas non plus de confirmation de ce qu'ils « entendent », « voient » ou « ressentent ». Ils ne sont pas du tout dans un mode « observation et déduction rapide » comme le serait un mentaliste afin de gravir des échelons dans le bluff. Au contraire, en prenant leur temps, ils laissent venir l'énergie qui peut se manifester de ces diverses manières.

Je me souviens même qu'Alain Joseph était en pétard si je lui donnais le moindre détail, le moindre élément, sur la personne dont je souhaitais recevoir un contact, ou si même, instinctivement, je confirmais ses dires en un ou quelques mots. Il demandait, d'ailleurs assez fermement, de ne pas intervenir, de ne pas dire un seul mot. Silence complet. Ces médiums n'ont pas besoin de savoir « qui est parti ». Pas besoin de savoir si c'est un père, une mère, un grand-père, une grand-mère, un enfant, un mari ou une femme, un ami, un petit ami. Ils n'ont pas besoin de le savoir pour entrer en contact.

Ce qui rajoute au crédit de la médiumnité est que plusieurs médiums m'ont délivré les mêmes messages, en utilisant quasiment les mêmes mots, les mêmes expressions, et parfois, les mêmes intonations que ceux utilisés par ma mère de son vivant. Ni Alain Joseph ni Henry ne savaient que je bossais dur, que j'étais toujours sur le fil et pourtant, me délivraient ce message commun : « Prends soin de toi, Alain ! Prends soin de toi ! Je te le disais tout le temps mais tu ne m'écoutais pas ! Écoute-moi maintenant ! »

Mon père, on l'a vu plus haut, est intervenu pour me faire passer le même message auprès de trois médiums différents :

Via Alain Joseph : « Je viens te dire : pardonne mon caractère, mes exigences. J'aurais dû employer d'autres mots. » « Je n'ai pas su t'accepter, je le regrette. »

Via Henry : « Alain, je le regrette. J'ai loupé ma relation avec toi. Je ne pensais pas que tu étais fort et réussirais tant de choses. Tu as déplacé des montagnes. Je ne t'en pensais pas capable. »

Via Florence : « J'ai une nouvelle compréhension des choses... J'aurais dû être plus proche de toi que je ne l'ai été. Je le regrette. »

Pour terminer sur le sujet de la médiumnité, j'aimerais évoquer un point que je n'avais pas repéré tout de suite. Ce n'est que bien plus tard, en relisant tranquillement un à un tous les messages reçus de mes parents par la médiumnité bien après leur mort physique, que je me suis aperçu qu'ils avaient, que leurs esprits, avaient gardé leur caractère, leur façon de voir les choses. Je reconnaissais parfaitement le côté ouvert et optimiste de ma mère, son souhait d'apprendre toujours quelque chose de nouveau, de comprendre... et celui de mon père, plus retenu, plus taiseux, davantage dans le regret... Leurs corps avaient disparu depuis quelques années, mais je prenais conscience par les quelques contacts établis avec eux, ou du moins leurs esprits, que leurs « pensées », leurs « réflexions », leurs façons de « voir la vie » si je puis dire, restaient proches de celles qu'ils avaient dans leur vie terrestre. Comme si leurs personnalités, leurs caractères subsistaient, survivaient, continuaient... Fabuleuse médiumnité.

CHAPITRE 14

Il jouait du piano debout

Pendant toutes ces années… En fait, quasiment toute ma vie, j'ai écouté Elton John. Plus de quarante ans après l'avoir découvert, je l'écoute encore avec autant de plaisir. Outre ses mélodies uniques, ses ballades, ses chansons plus rock, j'aime aussi chez l'homme ce curieux mélange d'excentricité et de gravité. D'endurance également.

Il y a quelques années, aidé par Google Traduction, je me décide à lui écrire une petite lettre… Je poste celle-ci espérant très secrètement qu'il me réponde, mais n'y croyant pas beaucoup tout de même. Je me remémore une photo de lui dans les années 1970, assis par terre au pied d'une véritable montagne de courrier touchant quasiment le plafond. Je n'ai rien écrit d'extraordinaire, simplement une gentille petite lettre.

Deux semaines plus tard, en ouvrant ma boîte aux lettres, je découvre au milieu des recommandés, des factures, des PV et des lettres de banque, une enveloppe où mon nom et mon adresse sont écrits à la main. Évidemment, la seule qui m'intéresse. Je laisse les autres où elles sont et je ne garde que celle-là en mains.

En l'ouvrant, je découvre une lettre également manuscrite, en anglais, d'une écriture que je ne connais pas. Je me dis : « Mais qu'est-ce que c'est que ce truc ? » Je ne comprends pas tout de suite qu'il s'agit de lui… Lorsque ça fait tilt, je saute de joie ! Un vrai moment de bonheur. Une adorable lettre de deux pages…

Deux ans plus tard, je profite d'être à Londres pour aller à une soirée organisée par sa fondation. Une grande soirée où le *dress code* est *black tie*. Je n'ai pas de costume et encore moins de cravate. Un AR rapide avec Fred chez Zara et le tour est joué. J'ai acheté en moins de quinze minutes : le costume, la chemise blanche, la cravate, la ceinture, un boxer et des chaussettes.

Arrivé à cette soirée où il y avait beaucoup de monde et où naturellement, je ne connaissais personne, j'enchaîne quelques coupes de Veuve Clicquot avant de passer à table. Je me sens tout de suite mieux.

À table, je papote avec un très gentil couple d'Espagnols, fans d'Elton également. Nous discutons, quand une jeune femme de l'organisation m'aborde discrètement. Elle me dit dans l'oreille que quelqu'un veut me parler. Je pense qu'elle se trompe et le lui dis, je ne connais personne ici ! Mais elle insiste. Je la suis. Nous traversons la salle en nous faufilant discrètement entre les tables. Elle me présente à une autre femme faisant partie de l'organisation, très gentille, qui m'indique à son tour que quelqu'un veut me rencontrer et me demande de patienter sur place. Je commence à comprendre. Ou plutôt, je commence à espérer que ce que je crois comprendre va

Un beau moment avec Elton John

s'avérer. Je regarde autour de moi. J'aperçois alors Elton à table en train d'écouter une assistante de la soirée lui parler à l'oreille. Tout d'un coup, je le vois se lever de table et se diriger vers moi pour venir gentiment me saluer et m'embrasser. Miraculeusement, mon anglais n'a pas été catastrophique ce soir-là (merci madame Clicquot !) et la conversation a été chaleureuse, adorable même. Elle s'est terminée par quelques photos dans une pièce attenante et une accolade très chaleureuse. Je repars à ma table, tellement heureux !

Je me suis dit : « Ce gars qui a eu une vie tellement, tellement chargée, qui a des millions et des millions de fans dans le monde entier depuis plus d'un demi-siècle, qui a tout connu, l'énormissime succès sur plusieurs générations, la drogue et ses contreparties si douloureuses, la perte de tellement de proches... prend le temps de répondre à ma petite lettre et de me recevoir si gentiment à une soirée de ce genre où tout est pourtant minuté. Chapeau l'artiste ! » J'étais vraiment heureux.

CHAPITRE 15

Partir quand même

Comme mon actionnaire financier a décidé de vendre ses parts dans l'entreprise, je me suis proposé de les lui racheter, même si je trouvais sincèrement regrettable de nous séparer, au bout de quinze ans, à cause d'un différend sur un montage financier – ce fameux LBO, que je ne souhaitais tout simplement pas et qui n'avait rien à voir avec mon métier de restaurateur qui, lui, fonctionnait bien.

Il a alors mandaté une banque d'affaires pour la vente de ses parts. La première fois que les responsables de cette banque sont venus au bureau, je ne savais pas comment faire pour leur montrer que nous n'étions pas des « béni-oui-oui » et que nous étions toujours décisionnaires. Je n'ai rien trouvé de mieux que de bêtement les recevoir pieds nus. Ainsi commencèrent le très gros travail d'audit et ces très nombreuses réunions de travail.

Afin de recueillir les fonds nécessaires au rachat des parts de mon financier désirant les céder, je suis allé rencontrer plusieurs banquiers, avec Jean-Phi, qui m'accompagnait dans toutes les démarches de ce genre. Dès que nous franchissions la porte des banques, nous étions toujours très bien reçus, l'entreprise était saine, les chiffres étaient bons, nous avions bonne réputation, etc. Tous les indicateurs étaient au vert, et les banquiers rencontrés nous disaient tous qu'ils allaient, bien sûr, nous aider. Mais dès qu'ils connaissaient le montant demandé par mon actionnaire financier, personne ne suivait. La valorisation de ses parts était beaucoup trop élevée.

Pendant toute cette période, Fred, Jean-Phi et moi avons passé beaucoup de temps à discuter. C'est à ce moment-là que l'idée de vendre la totalité des parts de l'entreprise nous est venue, c'est-à-dire nos parts et celles de l'actionnaire financier. En fait, cette idée n'est pas venue de nous trois, mais uniquement de Fred. Quand il l'a proposée, j'ai tout de suite évacué en disant : « Vendre l'entreprise ? Jamais ! » Fred insistait beaucoup... Jean-Phi commençait à trouver l'idée intéressante. De mon côté, cela restait totalement inenvisageable.

J'ai mis du temps à me résoudre à l'idée que nous n'allions pas trouver le financement bancaire en raison de la valorisation très élevée que mon actionnaire financier souhaitait pour la vente de ses parts, valorisation décourageant les banquiers que nous rencontrions. J'ai alors pensé que notre actionnaire historique allait sûrement vendre ses parts à un fonds d'investissement. À qui d'autre pourrait-il vendre sa part minoritaire ? Un industriel du secteur ? Je n'en voulais pas non plus.

Après un marathon de quinze ans, l'idée de repartir avec un nouveau fonds d'investissement ne m'attirait pas du tout. Je savais à l'avance que les interlocuteurs seraient très sympathiques pendant les pourparlers, moins sympathiques à la signature, et plus du tout sympathiques au bout d'un moment. C'était sûr, le fonds qui rachèterait nous ferait « chier », Il voudrait que l'on se développe plus vite, que ce soit plus rentable, etc. Le truc habituel... Or, « le » secret pour garder la qualité, ce que nous avons toujours fait, est précisément de ne pas aller vite, mais d'aller à notre rythme, qui était déjà pas mal, en tout cas bien plus intense qu'il n'y paraissait.

On en a discuté des soirées entières. Fred et Jean-Phi étaient partants pour la vente. De mon côté, je n'arrivais toujours pas à me faire à cette idée.

J'étais passionné par l'entreprise. Vendre était la chose la plus impensable pour moi. C'était scier la branche sur laquelle j'étais assis. Je travaillais beaucoup, je m'engueulais parfois durement avec mon actionnaire financier, mais j'étais tout de même heureux dans cette aventure.

Petit à petit, au fil des mois, l'idée de céder fit tout de même son chemin dans ma tête. Je finis par regarder les choses sous un autre angle. Arrêter maintenant me permettrait de consacrer à la fondation toute l'énergie que je mettais jusqu'à présent dans l'entreprise. Je serais libre pour agir, travailler sur tous ces projets pour lesquels le temps me manque terriblement. Mais je n'arrivais toujours pas à me faire à l'idée de quitter, d'abandonner mes amis, les salariés de l'entreprise.

Que de stress, de journées à penser à cela, que de soirées seul à réfléchir, que de nuits blanches, d'angoisses terribles, de journées « la boule au ventre », que de temps passé dans cet état avant de décider : OK, on arrête nous aussi !

La mission de la banque d'affaires devenait alors différente. Elle ne consistait plus simplement en la recherche d'un acquéreur pour les parts minoritaires du fonds d'investissement dirigé par François, mais d'un acquéreur pour la totalité des parts, c'est-à-dire de l'entreprise tout entière.

Moins d'un an après la fâcherie avec mon actionnaire financier, l'importante mécanique de la cession se met donc en branle… Banques, auditeurs, conseillers, experts, commissaires aux comptes, avocats, etc. Je n'en revenais pas. En permanence, des rendez-vous de toutes sortes. Quasiment deux ans de travail. Pendant toute cette période, presque tout mon temps était consacré à fournir les documents nécessaires à la signature de la cession. Un travail titanesque. C'est comme si on passait une IRM à l'entreprise. Tout était étudié à la loupe. Sans arrêt des questions auxquelles je ne savais pas toujours répondre. C'était une période affreuse.

Céder l'entreprise était pour moi la chose la plus improbable qui soit. Gagner de l'argent est la chose qui m'intéresse le moins sur Terre. L'entreprise était pour moi une sorte de façon de m'exprimer, en aucun cas du « business ». Je me payais peu dans l'entreprise, ce n'était pas du tout ce qui me faisait avancer. J'aimais ce que l'on faisait et comment on le faisait avec nos équipes. L'idée de partir et de les laisser, seules avec un nouveau patron qui verrait – forcément – les choses différemment de moi, me rendait malade.

Je ne voulais pas vendre à un fonds d'investissement et l'ai tout de suite indiqué au banquier d'affaires qui gérait le dossier de cession. Celui-ci m'avait aussitôt répondu : « Mais à qui vendras-tu alors si ce n'est pas à un fonds ? Il n'y a qu'un fonds qui peut racheter ton entreprise ! » « Eh bien alors, je ne vendrai pas ! » Voyant que je ne plaisantais pas, au bout d'un moment il me dit : « Bon... Accepte au moins de les rencontrer ! » Comme ce banquier était sympa, j'ai accepté en lui rappelant que je ne signerai jamais avec un fonds.

Nous avons tout de même discuté et approfondi le sujet avec un fonds anglais, dont le contact était particulièrement sympathique. Il avait une bonne tête, on s'est tutoyé très vite. J'étais un peu surpris par ce gars qui ne me paraissait pas du tout être un loup. Mais il représentait un fonds d'investissement, donc un mécanisme dont je ne voulais pas. Un jour, par curiosité, je vais sur le site internet du fonds en question. Je découvre les portraits de tous les responsables. Quelle horreur ! Que des têtes de *killers*, une vraie caricature de financiers anglais. Ça « puait » l'obsession du fric. Ils m'avaient envoyé le sympa de la bande ! Qu'importe l'activité de l'entreprise en vue, restauration ou autre, ce qu'ils souhaitent, c'est la développer afin qu'elle dégage une plus-value maximale lors de revente dans les cinq ans. On sait ce que cela veut dire au quotidien et on imagine ce qui peut se passer au bout de quatre ans... Le dernier élément qui a fait que j'ai stoppé net toute discussion avec mon contact chez ce fonds est que celui-ci s'opposait catégoriquement au fait que je donne des actions à tous les cadres, ce que j'avais prévu. Ils voulaient 100 % de l'entreprise et surtout pas de salariés actionnaires. Son refus catégorique sur ce sujet a fait que c'était fini. Le couperet était tombé. Malgré son insistance, je ne le reverrai plus, ni lui ni personne d'autre de son groupe. C'était sans appel. J'avais en effet une obsession absolue : récompenser mes équipes.

Dès le départ du projet de cession, je m'étais mis en tête que si cela allait jusqu'au bout, je donnerais la moitié de ce que je gagnerais à mes équipes et à la fondation. Entre les actions gratuites, les actions Dutreil et les dons en numéraire, j'ai donné un peu plus de la moitié de ce que j'ai touché. J'avais également prévu d'acheter une maison de week-end (dans le Perche) pour les cadres du siège et les managers et directeurs de restaurants, mais ce sont plusieurs amis du siège, pourtant futurs bénéficiaires, qui m'ont dissuadé de le faire... L'idée de cette maison a été abandonnée. La recherche était pourtant lancée.

Un article dans un journal économique a fait l'écho de ces donations. Certains, ne me connaissant pas, ont été surpris de la démarche. À mes yeux, c'était tellement normal. C'est l'inverse qui m'aurait semblé anormal. Couper la poire en deux m'a sans doute servi également de pansement.

Nous avons par la suite failli signer avec un industriel de légumes, une très grosse entreprise française à la fois familiale et cotée en Bourse. Je me disais qu'ils étaient concernés par la qualité des produits, qu'ils ne feraient pas n'importe quoi. Ils voulaient se diversifier, mais l'idée que l'entreprise soit cotée en Bourse me gênait. Et comme ils souhaitaient que l'on reste travailler dans l'entreprise, je me demandais vraiment comment nous allions pouvoir cohabiter avec ces gens alors que nous n'aurions plus aucun pouvoir. Je n'étais pas suffisamment à l'aise. Nous avons tout de même beaucoup avancé ensemble avant de nous retirer du projet de cession avec eux. Ce jour-là, j'étais précisément au siège de mon actionnaire financier, en ligne avec cet industriel extrêmement motivé pour nous racheter. Il ne discutait même pas du prix. Mais la conversation s'est terminée par un refus de ma part. Lors de la dernière discussion avec le président du groupe, celui-ci m'avait indiqué qu'il avait d'ores et déjà prévu de mettre des membres de sa famille aux différents postes clés de l'entreprise. J'avais répondu : « Et mes équipes alors ? »

Par hasard, ce jour-là, exactement au même moment et dans une autre pièce, mon actionnaire financier, avec qui je m'étais fâché trois ans auparavant à cause de mon refus de faire le LBO, était en plein conseil d'administration avec l'ensemble des actionnaires du fonds d'investissement qu'il dirigeait. Après avoir décliné l'offre de l'industriel de légumes, j'ai été invité à rejoindre leur réunion et nous avons échangé. François a alors eu l'idée de proposer à deux familles qu'il connaissait de reprendre mes parts, celles de Fred et de Jean-Phi.

Il s'agissait d'un vrai coup de théâtre car, au final, François et le fonds d'investissement qu'il représentait sont restés actionnaires et nous, nous en sommes sortis.

Je savais que ces deux nouveaux potentiels actionnaires étaient des gens très sérieux, discrets, des actionnaires long-termistes, et qu'il était difficile de trouver mieux qu'eux. Il s'agissait de deux « grandes familles » dans le secteur du luxe, qui savaient parfaitement ce que voulait dire une « marque », des gens qui n'attendent pas un retour sur investissement sur cinq ans comme la plupart des fonds, ni même sur dix ans. Un pacte, dans lequel il n'y a même pas de clause de sortie ou de mécanisme du calcul de prix de l'action, a été signé par la suite. De plus, ces deux nouveaux actionnaires acceptaient mon projet de donation d'actions permettant à tous les cadres de l'entreprise, y compris les directeurs de restaurants, de devenir actionnaires. Avec eux, je pouvais donner la moitié de ce que j'allais recevoir, et c'est la première chose que j'ai faite.

L'un des deux nouveaux actionnaires vivant aux États-Unis, je ne l'ai vu rapidement qu'une fois après la cession, lors d'un dîner de clôture avec l'ensemble des actionnaires. Je l'avais croisé quelques années auparavant et il m'a toujours fait bonne impression. Il était simple et sympathique. L'autre actionnaire vivant en France, je l'ai croisé plusieurs fois par la suite lors de comités notamment. J'ai eu aussi une très bonne impression de lui. Calme, très respectueux, intéressant, il a toujours montré de l'intérêt pour l'entreprise. Les questions posées étaient peu nombreuses, mais toujours justes et pertinentes. Ce n'était pas le genre d'actionnaires à poser des questions pièges ou des questions pour « faire le beau ». Non, c'était toujours sensé et réfléchi. Les échanges étaient constructifs et très courtois. L'élégance même. Oui, il s'agissait vraiment de bons actionnaires.

Quelque temps plus tard, François m'invitait dans un grand restaurant parisien en présence de l'ensemble des actionnaires du fonds d'investissement qu'il présidait. C'était élégant de sa part. Je suis arrivé à ce restaurant très chic dans un jardin près des Champs-Élysées, un petit quart d'heure avant l'heure convenue. J'étais un peu stressé, car j'avais un petit discours à faire et je me disais qu'une coupe de champagne juste avant de rencontrer tous ces gens et de passer à table me ferait le plus grand bien. Je voulais également prévenir le maître d'hôtel que j'étais végétarien afin de ne pas me faire remarquer lors de la prise de commande. Quand j'ai mis un pied dans le hall d'entrée du restaurant, je n'ai pas eu à demander à parler à celui-ci, il est tout de suite venu vers moi, je pourrais dire, s'est précipité vers moi, pensant – je l'ai vu à sa tête – que je m'étais trompé d'établissement. Quand j'ai annoncé le nom auquel la table était réservée (celui de mon actionnaire financier), il a changé de tête en une fraction de seconde et a immédiatement retrouvé un ton un peu ampoulé mais très professionnel, et m'a tout de suite conduit dans un petit salon attenant à un grand salon qui nous était réservé. En me rendant dans cette petite pièce, j'en profitais pour regarder les lieux et je me suis dit: « Mais c'est un restaurant de ministres, ici ! » Moins de deux secondes après, je croisais Jean-Pierre Raffarin qui entrait dans le salon voisin... Il me restait une dizaine de minutes pour répéter une dernière fois le discours que j'avais prévu pour l'occasion.

Ce déjeuner a été sympathique. Parmi les actionnaires du fonds d'investissement, que pour la plupart je n'avais jamais vus, sauf certains une, deux ou trois fois en vingt ans, il y en avait quelques-uns de très sympas et bienveillants avec moi pendant le déjeuner, notamment un nommé Jean-Michel. En revanche, juste à ma droite, se tenait un homme silencieux, très sombre, lugubre même. Franchement, il faisait presque peur. Je ne le connaissais pas, je savais juste qu'il faisait partie d'une des familles les plus riches de l'un de nos pays frontaliers. Chauve, dans un costume noir, le regard plus sombre que son costume, l'air extrêmement sévère et glacial. Il m'a tout de suite fait penser à un des personnages de Lucky Luke, celui qui, habillé tout en noir également, est toujours présent, de par son métier, quand un procès a lieu.

Il était mon voisin à table mais ne me disait pas un mot. Le maître d'hôtel, parfait, a servi mon plat discrètement commandé à l'avance en même temps que celui des autres convives et ce voisin a pour la première fois ouvert la bouche en me faisant une remarque sur mon assiette. J'ai alors indiqué que j'étais végétarien et il m'a fait la petite blague habituelle sur « le cri de la carotte ». Bon, pas grave du tout...

Vint le moment de mon discours. Il portait essentiellement sur la manière dont j'avais travaillé avec mes équipes au quotidien, mon souhait de les mettre le plus à l'aise possible, en confiance, de les tirer vers le haut, de les faire grandir. Je décrivais la manière dont j'avais travaillé avec eux, sans jamais avoir eu une seule fois à hausser le ton, je racontais l'ambiance unique et la bonne entente permanente durant toutes ces années. Bref, j'évoquais un encadrement extrêmement bienveillant, basé sur la confiance.

Quand j'ai terminé mon discours, ce voisin de table a aussitôt pris la parole pour la deuxième et dernière fois en disant avec un ton on ne peut plus grave mais qui lui allait bien : « Moi... j'ai régné par la terreur. » Cette phrase résumait parfaitement l'impression qu'il me faisait. C'était inscrit sur son visage. Il faisait froid dans le dos.

Nous avons signé la promesse de vente de nos parts l'avant-veille de Noël 2016. Le lendemain, Fred et moi sommes partis à la montagne passer la fin de l'année. Trois ans de vie bouffés par ces grandes tensions et ce très difficile projet de cession !

On dit souvent que le démarrage d'une entreprise est extrêmement prenant. C'est vrai. On ne pense qu'à cela, on y met toute son énergie, on dort peu, on ne fait que bosser. C'était vraiment le cas pour moi également. Mais je peux dire sans hésiter que la préparation de la cession de l'entreprise et de mon départ a été encore incomparablement plus prenante et stressante que son démarrage.

Les rapports avec François se sont calmés par la suite et sont devenus très cordiaux et même, quelque temps plus tard, j'oserais dire, presque amicaux. Je crois en effet qu'il avait développé, au fil du temps, une certaine amitié pour moi. Nous sommes deux natures différentes, je ne dis pas que je suis mieux bien sûr mais je pense que nous n'avons pas la même vision de la vie, de notre passage sur Terre. Une chose est sûre, je ne veux plus jamais connaître avec quiconque ces engueulades et ces épisodes de stress intense.

CHAPITRE 16

« Que se passe-t-il le 13 avril ? »

À mon retour de la montagne et avant de reprendre mes activités, je rends visite à Yonelle, que je n'avais pas vue depuis le départ de ma mère. Je ne lui parle ni du projet de cession de l'entreprise ni de mes inquiétudes, notamment par rapport aux équipes. Pourtant, sa première question a été : « Que se passe-t-il le 13 avril ? » Cela ne s'invente pas... Je ne le savais pas encore à ce moment-là, mais cette date allait être celle retenue pour la signature de la cession de l'entreprise, un peu plus de quatre mois après celle de la promesse de vente.

Lors de cette rencontre, je reçois quelques messages de ma mère : « Mon chéri, je suis heureux que tu arrêtes... Cela me soulage le cœur... Tu as fini ton chemin dans l'entreprise. Pense à toi maintenant ! »

Encore une fois, je n'avais pas évoqué la cession de l'entreprise avec Yonelle et encore moins le fait que ma mère, à l'époque, rêvait que j'arrête et que je cède l'entreprise car elle voyait que je m'y fatiguais terriblement. « Il est temps, urgent, que tu te reposes. Il est temps, c'est urgent ! Arrête-toi là ! » « C'est urgent ! C'est urgent ! » ont été ses derniers mots.

À cette époque particulière, je suis également revenu voir Henry, avec qui j'étais devenu ami entre-temps. À lui non plus, je ne parle pas du projet de cession, je ne lui en touche pas un seul mot ! Dans l'obscurité de son bureau où il me reçoit, il pose sa main droite sur son front et ses yeux et ne parle pas pendant de longues minutes, de très longues minutes... J'entends sa respiration et la mienne que j'essaye de faire la plus discrète possible. Au bout d'un moment, l'esprit de ma mère dit : « Alain, tu as fait une mission, une suite différente t'attend ! Tu vas continuer sous une autre forme que ce que tu fais déjà... C'est une autre forme de réalisation... Ceux qui auront été aidés pourront aider à leur tour... » puis : « Arrête de culpabiliser sur ton départ. De toute façon, ça serait arrivé un jour ou l'autre... »

Cette phrase m'a à la fois scotché et fait beaucoup de bien. Elle continue de m'en faire encore lorsque je la lis. Comme je l'ai dit plus haut, j'avais un terrible sentiment de culpabilité de céder l'entreprise. « Entendre » ma mère dire cette phrase m'a rassuré. C'est tellement clair : tôt ou tard, cela serait mécaniquement arrivé ! Il vaut mieux le faire quand tout va bien, quand on est en bonne santé.

« Maintenant, repose-toi, repose-toi, repose-toi. Alain, écoute-moi s'il te plaît : repose-toi ! C'est tellement important ! Repose-toi, repose-toi, repose-toi ! En agissant comme cela, tu sauveras ta peau ! »

« C'est important de te libérer, de retrouver un espace personnel propre à toi. Sois ferme, ne reçois pas la pression des autres. N'entre pas en culpabilité. Tu as tendance à souffrir jusqu'au bout, à avoir en permanence comme une sorte de devoir », a ajouté Henry.

L'esprit de ma mère intervient de nouveau : « Alain, je te le redis : Prends soin de toi ! Tu m'inquiètes parfois. Ça n'en finit plus... Préserve ta santé Alain, écoute-moi ! Ménage-toi, tu es trop sur le fil ! »

Henry me dit alors : « Je suis désolé de te dire cela mais effectivement, si tu ne changes pas, je te vois avec un gros problème... » « Le cœur ? » lui demandais-je, pas étonné. « Non, je vois plutôt un AVC », me répondit-il. Il faut savoir que les esprits des personnes disparues captent parfaitement notre état de santé.

CHAPITRE 17

Le temps qui court

J'aimais l'entreprise, j'y étais heureux, mais travailler sans relâche n'a évidemment pas été sans conséquences…

Dans la vie, j'ai croisé beaucoup de gens que j'ai aimés. Quand j'étais plus jeune, voire jeune, j'étais entouré de gens que j'aimais, avec qui j'étais sur la même longueur d'onde. Ce n'étaient pas forcément les meilleurs en classe, mais les plus libres, les plus intéressants à mes yeux. Plus tard, dans le monde du travail et bien avant que mon aventure entrepreneuriale ne démarre, j'ai également rencontré des gens très bien. Je les ai, pour la plupart, perdus de vue. Je n'ai pas eu l'intelligence, la sagesse, de prendre du temps pour les revoir. Faire l'effort de fermer mes mails et de rentrer pour une fois plus tôt et d'oser téléphoner ou envoyer un message pour reprendre contact…

Parfois, je pensais à telle personne et je me disais : « Je le ferai ce week-end. » ou « Je reprendrai contact cet été. » ou « Je profiterai des quelques jours passés en Bretagne à Noël pour revoir cette personne. » et… je ne le faisais pas.

YOYO

Une fois cependant, lors d'un séjour à Calcutta, provisoirement éloigné de mon travail (même si en réalité, cela n'était jamais vraiment le cas), j'ai eu tout de même envie de prendre des nouvelles de Yoyo, mon meilleur copain lorsque j'avais 18 ou 20 ans. Je ne l'avais pas vu depuis trois décennies mais il était toujours dans mon cœur, il restait un ami, un ami pour la vie et le fait d'être dans cet environnement particulier m'a fait penser à lui. À l'époque où je le côtoyais, il n'y avait ni téléphone portable ni ordinateur et les mails n'existaient donc pas. Je ne savais même plus comment entrer en relation avec lui. J'ai appelé de là-bas un copain commun en Bretagne qui, je le savais, était resté en contact avec mon ami. Ce copain m'a donné son adresse mail en me précisant que notre ami commun « n'allait pas très bien »... J'ai écrit un gentil mot à Yoyo et sa réponse immédiate fut encore plus gentille. On s'est promis de se revoir dès mon retour d'Inde. Ce que je n'ai pas fait. Quelques semaines après, j'ai reçu un SMS m'annonçant qu'il venait de mourir. Un coup au cœur et une tristesse infinie.

Yoyo avait la particularité de ne pas pouvoir prononcer une phrase sans rire, sans y mettre de l'humour et de l'humour toujours bien vu. À chaque phrase, à chaque instant, sur chaque sujet. C'était un distributeur de bonne humeur et un champion de la repartie. Il avait un petit côté Coluche en moins caustique.

C'est avec lui que j'ai fumé mon premier pétard. C'était à l'époque où l'on trouvait facilement un merveilleux haschisch afghan, et il était champion pour en dénicher.

Yoyo

Il aimait organiser des fêtes, toutes aussi joyeuses les unes que les autres... La sangria, dont il raffolait, n'était jamais loin, l'herbe et les copains non plus, et la musique, en toile de fond, était la meilleure qui soit. Il avait un côté *Peace and Love* qui était charmant. Il n'était qu'amour et joie permanente. Il était juste parfait. Il a sans doute tiré un petit peu trop sur la corde et n'a pas forcément pris soin de lui. Il était plus tourné vers les autres. Trop peut-être...

À cinquante ans, il a quitté la vie terrestre.

Après ces quelques lignes sur mon ami Yoyo et en prenant un verre ce soir, je pense à lui. Je n'ai pas bu de la sangria mais un Moët bien frais et il m'est venu à l'esprit une petite histoire qui était totalement sortie de mon esprit...

Un soir – nous devions avoir une vingtaine d'années – en revenant en voiture de je ne sais où, on tombe nez à nez sur un barrage de la gendarmerie. « Merde, des flics ! » Yoyo était au volant de « Suzanne », le nom qu'il donnait à son Ami 6 (cela rappellera des souvenirs aux gens de mon âge...) Nous n'allions pas faire demi-tour, on aurait été rattrapés en moins de trente secondes. Yoyo s'arrête net bien avant le barrage et me dit : « Regarde dans la boîte à gants ! Il y a une boîte de pellicules photo avec du café moulu dedans ! » (les anciennes petites boîtes noires hermétiques qui contenaient à l'époque les pellicules). Je cherchais précipitamment, d'autant plus qu'un des gendarmes, surpris que l'on s'arrête brusquement et si en amont du barrage, se dirigeait vers nous avec sa lampe torche... Je trouve plusieurs boîtes de pellicules. J'en ouvre une précipitamment : « Merde ! de l'herbe ! » J'en ouvre une deuxième : « Merde ! Encore de l'herbe ! » Désespéré, j'en ouvre une troisième et constate que c'est du café moulu. Yoyo me l'arrache des mains et enfourne le contenu dans sa bouche au moment où le gendarme arrive à sa fenêtre ! Yoyo s'était tellement précipité qu'il en étouffait et se mettait à tousser en en recrachant la moitié devant le gendarme ébahi, qui nous éclairait le visage avec sa lampe torche. Il me dit : « Mais qu'est-ce qu'il a votre copain ? » Et Yoyo de répondre : « Je mange du chocolat ! » J'ai pensé : « Bon, ce coup-là, on est bon ! » Le gendarme est parti chercher un éthylotest, ce qui laissait le temps à Yoyo de bien mâcher et de finir la petite boîte de café moulu.

Yoyo souffle volontairement maladroitement dans le ballon devant le gendarme, pas dupe, qui n'arrêtait pas de dire : « Allez, allez, allez, allez, continuez, continuez, continuez ! »

Au bout d'un moment, le flic reprend l'éthylotest et y braque sa lampe torche. Même si on anticipait déjà le pire, on entend le flic dire : « C'est bon ! Allez-y ! » Sacré Yoyo !

Il avait du mal à conduire tellement on rigolait à se pisser dessus ! On roulait, fenêtre ouverte en pleine nuit, en pleine campagne, dans un fou rire magnifique qui n'en finissait pas. J'entends encore le bruit de son klaxon italien sur lequel il appuyait sans cesse pour fêter la chute heureuse de cette aventure. *« La cucaracha, la cucaracha... Ya no puede caminar... Porque no tiene... Porque le faltan... Las dos patitas de atrás. »* C'était du Yoyo tout cru !

Trente ans plus tard, je sentais des larmes couler sur mes joues quand ses amis et ses parents chantaient, devant son cercueil, sa chanson préférée :

Guantanamera
Guajira guantanamera

Guantanamera
Guajira guantanamera

Yo soy un hombre sincero
De donde crece la palma.
Yo soy un hombre sincero
De donde crece la palma.
Y antes de morir yo quiero
Echar mis versos del alma.

Guantanamera
Guajira Guantanamera
Guantanamera
Guajira guantanamera

Yoyo devait certainement nous « voir » et nous « entendre » à ce moment-là, « sentir » l'amour de tous ses amis qui avaient eu la chance de passer de si bons moments avec lui et qui chantaient tous en cœur. Je suis sûr qu'« il » « ressentait » ces vibrations d'amour. « Quelque part », peut-être, sans doute, chantait-il avec nous. Il en aurait bien été capable...

MA DERNIÈRE LEÇON DE JUDO

Récemment, un samedi matin, à la terrasse d'un café à Morlaix, je lis un article du *Télégramme de Brest*, le journal local : « Le Judo club invite tous les anciens judokas, les sympathisants, à venir fêter la remise de deux médailles, la médaille de la ville de Morlaix et la palme d'or de la fédération française de judo à (mon prof), le samedi 5 octobre à midi à la salle Aurégan de Morlaix. » Cela m'aurait fait très plaisir de revoir mon professeur que j'ai tant aimé, et c'était l'occasion ou jamais.

Deux semaines plus tard, j'arrive au Dojo morlaisien. Après toutes ces années, ces décennies même, seule la femme de mon prof me reconnaît. On me propose tout de suite un kimono pour aller rejoindre sur le tatami les ceintures noires du club afin d'attendre l'arrivée de mon prof. Le président du club prend la parole, suivi de quelques autres personnes, jusqu'à ce que le professeur tant aimé arrive dans la salle. J'étais très ému car j'avais tellement admiré cet homme. Il avait été un modèle absolu pour moi. Pendant la demi-heure précédant son arrivée, je n'imaginais pas pouvoir beaucoup discuter avec lui ce jour-là, car il y avait beaucoup de monde à cette cérémonie officielle. Je ne pensais que le saluer et lui proposer de nous revoir prochainement.

Quand je l'ai vu entrer dans la salle, l'émotion m'a tout de suite gagné, je me suis mis à pleurer, le plus discrètement possible, mais je ne pouvais pas m'en empêcher. Je voyais ce prof que j'avais tant aimé, beau, serein, magnifique faire doucement quelques pas, soutenu discrètement par une personne.

Je me suis rarement senti aussi con. Pourquoi ai-je attendu toutes ces années pour le revoir ? Il avait été si important pour moi ! Pourquoi ne lui avais-je jamais rendu visite lorsque je rentrais en Bretagne le week-end ? Comment ai-je pu être assez bête pour avoir laissé passer tout ce temps ? Cela m'a plongé dans une très profonde tristesse pendant toute la cérémonie. À l'issue de celle-ci, je suis allé le saluer. Moi qui projetais d'aller lui rendre visite quelques jours plus tard, j'ai tout de suite compris que c'était sans doute la dernière fois que je le voyais. Il était très affaibli, presque même un petit peu ailleurs... Lui, que j'avais connu si droit, si fort, inoxydable en quelque sorte, je voyais son visage un peu éteint. J'étais profondément bouleversé.

Soixante-cinq ans de judo quotidien, dont cinquante-six à l'enseigner à des milliers d'enfants, puis aux enfants et aux petits-enfants de ceux-ci.

Après avoir quitté la salle où lui avait été rendu cet hommage, je regagnais ma voiture en pleurant à chaudes larmes. J'étais vraiment malheureux. Je conduisais en pleurant. Je me sentais terriblement coupable. Je me sentais nul, complètement nul. Encore une fois, je prenais en pleine gueule l'erreur d'avoir laissé passer du temps avant de revoir une personne aimée. Ma dernière leçon de judo.

MON PROF DE MÉDITATION

Un soir, vers minuit, avant de m'endormir, il m'est venu l'idée de taper le nom de la personne qui m'a initié à la méditation transcendantale lors d'une petite cérémonie à Rennes, l'année de mes 20 ans. Nous avions le même prénom. Tout comme mon prof de judo, j'ai beaucoup admiré cet homme, un peu plus âgé que moi. Il était d'une très grande gentillesse, d'une douceur infinie, d'un calme incroyable, d'une humilité à toute épreuve, d'une grande beauté intérieure et extérieure aussi. Je me souviens de son regard extrêmement profond avec des yeux bleu clair très perçants. C'était un homme réellement bon, hors du commun. En cherchant ses coordonnées, je découvre la photo d'Emmanuel, un autre professeur de méditation que je côtoyais à l'époque, très gentil également et dont je gardais aussi un très bon souvenir. La photo de celui-ci était accompagnée de son numéro de portable. Le lendemain matin, je décide de lui envoyer un SMS, même si j'avais bien conscience que je n'avais pas pris de ses nouvelles depuis des siècles. Je reçus aussitôt une adorable réponse qui m'a rendu joyeux toute la journée. Un rendez-vous fut pris pour un coup de fil le soir même à 19 heures.

C'était comme si nous ne nous étions pas parlé depuis quatre semaines alors que cela frôlait les quarante ans. La conversation fut immédiatement très joyeuse, très chaleureuse. Nous étions, je crois, aussi heureux l'un que l'autre de nous parler. J'ai très vite demandé des nouvelles d'Alain, mon professeur de méditation, et j'appris qu'il était mort d'un infarctus, un an auparavant. Je reçus un coup de gourdin sur la tête. J'avais du mal à croire que cet homme magnifique était... mort. Il avait passé sa vie à s'investir dans l'enseignement de la méditation et à expérimenter lui-même des états de conscience que peu d'individus ont connus. Je pensais vraiment aller lui rendre visite... un jour. Un jour...

CHAPITRE 18

Un rythme d'enfer

Pendant toutes les années de travail dans l'entreprise, j'avais un rythme particulièrement très intense. Je ne lâchais jamais. Je ne coupais jamais. Je ne débranchais jamais. L'entreprise était belle, si belle, que je la protégeais plus que tout. Et moi, je ne me protégeais pas du tout. Je ne délaissais pas que mes vieux amis, je me négligeais moi-même. Souvent, je rentrais le soir, démoli de fatigue... Je mettais dans l'entreprise, non pas 99 % de mes forces, de mon énergie mais 300 %. J'avais la particularité, je dirais plutôt la tare, de ne pas avoir de soupape qui puisse me dire qu'il est temps de lever le pied.

Les trois dernières années précédant la cession, mon rythme fut encore plus intense. Sa préparation avait été réellement épuisante. Le gros travail juridique et d'audit n'arrêtait pas. L'avocate de mon financier était aussi dure que son client, mais ne s'énervait jamais. C'était curieusement presque pire ainsi... Elle me bombardait en permanence de demandes juridiques, d'audits de toutes sortes, de questions compliquées. À n'importe quel moment de la journée ou de la soirée, elle ne me lâchait pas. Ces presque trois années de travail quasiment consacrées à la cession ont été vraiment épouvantables. C'était très chronophage et j'avais mon métier à assurer qui restait ma priorité quotidienne. J'étais arrivé au stade où je déclinais systématiquement toute invitation, sauf si celle-ci avait un lien avec le travail ou si quelqu'un avait besoin de me parler ou d'un coup de main (ce qui était très fréquent). Tout ce qui était perso, je mettais de côté, de manière systématique. À ce niveau, j'avais une sorte de handicap. L'entreprise passait avant tout. Je ne m'accordais pas de temps de repos, pas de temps de plaisir ou très peu.

Par conséquent, à part les dîners professionnels, je n'avais que peu de vie sociale. Le soir, quand je rentrais du bureau, j'étais très souvent crevé. Aller dîner avec des amis m'était quasi impossible. Aller faire du sport aussi. Du coup, avant de rentrer chez moi, où personne ne m'attendait, j'allais dîner seul dehors. Une sorte de sas de décompression. La salade qui faisait office de repas était souvent l'accompagnement de mes verres et non l'inverse... Je rentrais chez moi plus joyeux, ou plutôt moins triste... Moins fatigué, en réalité davantage bien sûr... Moins seul mais ce n'était qu'illusion. Le boulot restait ma priorité. J'allais écrire que je m'investissais dans le travail comme si ma vie en dépendait, mais c'était bien plus que cela. Il était quelque part devenu plus important que ma propre vie.

Les rares week-ends que je m'accordais, j'allais en Bretagne et, le soir, je rendais visite à mes bons amis Karine et Jacques qui m'accueillaient toujours à bras ouverts. Je passais avec eux des moments formidables, joyeux, uniques. Je ne connais pas de gens plus généreux… C'était à chaque fois pour moi une bouffée d'oxygène et un moment merveilleux de profonde amitié. J'allais parfois aussi avec Fred chez sa sœur Corinne et son mari Gérard, tellement accueillants eux aussi. Les moments passés avec eux étaient également toujours très festifs et très joyeux. De bons moments de vie qui permettaient de couper un peu du travail.

Parfois, les derniers temps avant la cession, chez moi à Paris, en me glissant sous la couette le soir, je sentais que je commençais à frôler le bout. Je tirais sur la corde, je peux le dire, de manière extrême. Je négligeais mon corps. Je sentais bien que l'élastique était si tendu qu'il risquait de casser. Je sentais mon cœur qui peinait… que je le malmenais fortement. Certains soirs, j'étais tellement crevé que je m'étonnais qu'il ne me lâche pas. Au réveil, après avoir peu dormi, je restais immobile. Au bout d'un moment, ne voulant ne pas être en retard, je me résignais à me lever pour aller sous la douche. Et c'était reparti jusqu'au soir.

CHAPITRE 19

Fin de course

Pendant la dernière semaine de l'année 2018, entre Noël et le jour de l'An, je suis parti avec Fred à Saint-Malo. Tous les soirs, quand j'étais au lit, avant de m'endormir, il m'arrivait un drôle de truc. Jamais de ma vie je n'avais connu une situation pareille : je pensais de manière obsessionnelle à la date du 21 janvier, date de l'arrivée du nouveau président et donc date de la fin de ma « présidence ».

Cette date du 21, tellement symbolique, m'obsédait. Une personne ne venant pas de l'entreprise et donc qui ne la connaissait pas, que nous ne connaissions pas, allait en devenir le patron. En fait, ce n'est pas vraiment le 21 qui m'inquiétait, même si ce jour de passation me stressait beaucoup, mais le 22 et tous les jours qui allaient suivre... Comment allais-je pouvoir vivre au quotidien avec un nouveau président, avec le nouveau patron que j'étais censé accompagner plusieurs mois ? Moi qui l'avais été pendant près de vingt ans et qui avais créé de toutes pièces l'entreprise avec Fred et mes amis, sur des bases tellement belles, avec la préoccupation constante que les employés soient heureux, épanouis, détendus, comment allais-je cohabiter avec cette personne que je ne connaissais quasiment pas (quelques entretiens de pré-embauche), que je sentais si différente de moi et qui pourtant, du jour au lendemain, allait avoir tous les pouvoirs ? Certes, je restais président du conseil de surveillance, mais je savais bien que c'était plus symbolique qu'autre chose.

Je n'arrive plus à savoir si c'est moi qui me suis mis dans la tête que j'allais mourir le 21 janvier, si je l'ai rêvé ou si je l'ai fantasmé, en tout cas, je l'ai pensé tellement fort que c'était déjà une réalité dans ma tête. Toujours est-il que, pendant cette semaine-là, je m'endormais le soir avec cette idée, plutôt cette certitude, curieusement réconfortante : « Le 21 au soir, je serai mort ! » Quand je m'endormais, j'y pensais systématiquement. Cette idée me venait comme un mantra. J'allais partir le 21 au soir.

Pendant cette semaine de vacances de fin d'année, je pensais simplement que cela allait s'arrêter ce jour-là. J'oserais dire que je « constatais » à l'avance que « j'allais être stoppé » ce jour-là. Cette pensée, tellement forte, envahissait totalement mon esprit, pas beaucoup dans la journée même si j'y pensais, mais surtout chaque fois que je m'apprêtais à m'endormir. Comme si je ne maîtrisais pas ma pensée. Je n'avais jamais connu une telle chose. Aucune autre idée ne me venait à l'esprit avant de m'endormir. Ça a duré toutes les vacances, mais je n'en ai pas touché un mot à Fred.

Quand le 21 janvier est arrivé, je ne pensais plus du tout à cela. Je pense que j'avais même oublié ce ressenti, pourtant si fort. J'avais repris le travail le 2 janvier. C'était reparti à fond. Le sujet du 21 était totalement sorti de ma tête mais... Ce n'était peut-être pas sorti d'autre part... Les pensées ne meurent pas comme cela...

La journée du lundi 21 fut aussi le jour de l'enterrement de mon ami François Brune. Avant de me rendre à la cérémonie, j'accueille le nouveau patron au siège où un petit-déjeuner a été organisé. Je file ensuite aux obsèques, où je passe quasiment la journée.

Je reviens en fin d'après-midi pour organiser le pot de bienvenue du nouveau patron, qui se déroule très bien, comme tous les pots du bureau. Petit mot d'introduction de ma part, suivi d'un discours, beaucoup plus long, du nouveau patron.

Je décide de ne pas rentrer trop tard chez moi après cette journée particulièrement « chargée » psychologiquement. Je n'avais dormi qu'une heure et quart la nuit précédente. L'arrivée de mon successeur me travaillait tellement que je n'arrivais pas à trouver le sommeil. J'avais vu défiler toutes les heures. Mon réveil, calé systématiquement sur 6h15, m'avait fait sortir d'un très court mais très profond sommeil.

Après le pot, je monte sur mon scooter pour rentrer à la maison. Je fais à peine trois cents mètres. Et puis, plus rien.

Je ne me souviens pas d'avoir eu peur. Je ne me souviens pas d'avoir freiné. Je ne me souviens pas d'avoir eu mal. Je ne me souviens de rien. Comme si rien, absolument rien ne s'était passé. Et pourtant, le lendemain, je me réveille avec un trauma crânien et de la face, le nez cassé et surtout les deux genoux plus qu'abîmés, l'ensemble des ligaments détruits. J'avais tapé très fort dans des panneaux de chantier, puis des plots en ciment en plein milieu de la chaussée, avant d'être projeté à plusieurs mètres. Mon casque, dont la fermeture ne se fermait plus depuis quelques jours, a été retrouvé loin de moi. « Vous être passé tout près, vraiment tout près », me dit rapidement à mon réveil un médecin à l'hôpital Georges-Pompidou le lendemain de mon accident, avant de repartir sans m'expliquer ce que j'avais. Aussitôt me revient en mémoire la semaine de Noël où j'avais non pas le pressentiment, mais la certitude que j'allais mourir... le soir du 21 janvier.

Cet accident du 21, j'en suis convaincu, m'a sauvé la vie. En continuant le rythme que j'avais, j'allais avoir rapidement un gros pépin. Je ne le pressentais pas. Je le savais. Cela m'avait été aussi confirmé par la médiumnité. J'allais au casse-pipe... « Un mal pour un bien », en quelque sorte...

Récemment, en regardant les nombreuses photos sur mon ordi, m'est venue l'idée de revoir celles de ce fameux 21 janvier. Je n'avais jamais pensé à les regarder avant. Au lieu de trouver des photos de ce soir-là, j'ai découvert plusieurs petits films pris avec mon téléphone. La toute dernière vidéo m'a presque mis les larmes aux yeux. Après le petit pot de bienvenue pour mon successeur, et une fois celui-ci reparti chez lui, mes amis du siège se sont amusés. Sur la vidéo, on les voit se détendre, se relâcher, faire la fête. La musique était forte. La dernière vidéo m'a impressionné. J'avais oublié ce moment. Juste avant de quitter le bureau, j'avais mis une chanson et, avant de partir, je filmais une dernière fois mes amis qui y restaient... Il s'agissait de la fameuse chanson *Et maintenant...* composée par Gilbert Bécaud en 1961. Les paroles, écrites par Pierre Delanoë, collaient incroyablement à la situation. La chanson qui passait dans ma petite vidéo était interprétée non pas par Bécaud, mais par Johnny Hallyday[4].

Sur les dernières images, on voit des amis du siège « jouer » des percussions sur des piles de cartons de déménagement, parfaitement dans le rythme particulier et intense de cette chanson : « Ta ta ta ta ! Ta ta ta ta ! Ta ta ta ta ta ta ta ta ta ta ! »

Et maintenant...
Que vais-je faire ?
De tout ce temps
Que sera ma vie
De tous ces gens
Qui m'indiffèrent
Maintenant
Que vous êtes partis

Toutes ces nuits
Pourquoi ? Pour qui ?
Et ce matin
Qui revient pour rien
Ce cœur qui bat
Pour qui ? Pourquoi ?
Qui bat trop fort
Trop fort...

[...]

4. Cette version, live Stade de France 2009, brillamment interprétée par Johnny donne vraiment la chair de poule. On peut la voir sur YouTube.

Je n'ai vraiment
Plus rien à faire
Je n'ai vraiment...
Plus rien
PLUS RIEN
PLUS RIEN
PLUS RIEN
PLUS RIEN
PLUS RIEN
PLUS RIEN
PLUS RIEN
PLUS RIEN

À la fin du dernier « PLUS RIEN ! » j'arrêtais de filmer et je quittais pour la dernière fois le bureau, qui était ma deuxième maison, pour ne pas dire la première. Quelques secondes plus tard, je partais en scooter...

Et puis... PLUS RIEN.

CHAPITRE 20

« Tu as encore une belle route à faire ! »

Ma conscience, mes pensées incessantes pendant cette fin d'année avaient-elles été capables de créer des effets dans un futur proche ? Je pense sincèrement que c'est le cas.

Yonelle, mon amie médium, vient me rendre visite à l'hôpital. À elle, je peux raconter toute l'histoire et le contexte de mon accident du 21 janvier...

Je lui dis : « Tu sais Yonelle, le 21, j'ai été stoppé. » Après avoir sorti ces quelques mots, en la regardant dans les yeux quelques courts instants et en réfléchissant un peu, je rectifie : « Je me suis stoppé ! » Yonelle me répond alors avec cette tonalité particulière que je connais : « Merci d'avoir compris. » J'ai vite pris conscience que c'était une parole médiumnique.

« Merci d'avoir compris » a été suivi par « Tu as encore une belle route à faire » puis par « Je suis là pour te porter jusqu'à pied levé ». Qui pourrait mieux dire ? Et avec autant de précision ? En effet, lors de mon accident, parmi les dégâts sur mon corps, un nerf de ma jambe droite avait été écrasé, empêchant précisément mon pied de se lever. Le challenge était en partie là : que mon pied se lève un jour.

Pour la première fois de ma vie, j'ai compris que la pensée est créatrice d'action. Les pensées, que celles-ci soient positives ou négatives, créent l'action, c'est une certitude. Elles ne disparaissent pas. « Les forces de l'esprit », comme on dit. Je reste sur mon lit d'hôpital avec cette certitude.

Après six mois à l'hôpital, je suis très heureux d'en sortir. Cependant, avant de retrouver Fred chez lui, je vais rendre visite à mon ami Henry. Je reçois quelques messages de ma mère :

« 21... 21... 21... Scooter... Tu as failli me rejoindre... » Elle envoie ensuite une image : un pied qui glisse... suivi de : « Sois prudent ! » Je ne le suis pas assez effectivement. Puis elle indique : « Tu récupéreras. »

Elle revient ensuite sur un sujet qui lui tenait et lui tient toujours « à cœur » : je dois prendre soin de moi. « Prends maintenant des décisions qui sont pour toi ! Il y a un temps pour être heureux tout de même ! Tu auras des idées qui viendront plus tard. Occupe-toi de toi, maintenant ! C'est une évidence ! Il le faut ! Tu rebondiras quand le moment sera venu. »

Un petit clin d'œil ensuite, car elle montre à Henry le dernier collier que je lui ai acheté. Un collier de perles. Je m'en souviens très bien, je l'avais acheté au Brésil. Afin que je le reconnaisse, elle montre à Henry le geste des deux petits aimants qui entrent en contact puis se séparent : tac tac ! tac tac ! que celui-ci mime devant moi. Original pour un collier de perles ! La fermeture de ce collier se faisait précisément de cette manière très simple, par deux petits aimants permettant de l'ouvrir et de le refermer. Bien plus pratique que les crochets traditionnels.

« Ta mère me montre maintenant une mèche de ses cheveux, placée dans un tout petit cadre de couleur beige et doré par endroits », me dit Henry. L'esprit de ma mère indique : « Ils sont bien conservés, ils ne bougent pas. Ne montre pas ça à tout le monde, c'est pour toi ! »

La dernière fois que j'ai vu le corps de ma mère, au dernier moment, j'ai découpé une mèche de ses très jolis cheveux blonds et les ai soigneusement placés dans un petit cadre qui, effectivement, correspond à la description faite par Henry. Il était impossible de savoir que j'avais conservé cette mèche de cheveux (j'étais seul devant ma mère) et il était encore plus impossible de savoir que je l'avais placée dans le petit cadre en question, beige avec des traces de dorure. Il n'était pas usé. Il était neuf, il était comme cela. Cela ne s'invente pas. Sa description ne pouvait pas être plus précise !

Ma mère évoque ensuite nos petites sorties. « Les balades au bord de la mer et nos petits restos. On aimait bien se promener, cela nous éloignait des soucis. » Effectivement, on terminait souvent nos balades par un petit resto et bien sûr, cela nous éloignait tous deux de nos soucis. Et enfin, elle décrit une scène récente, un moment où je pensais particulièrement à elle : « Tu as pris une grande inspiration afin de sentir à pleins poumons le parfum d'une fleur de chèvrefeuille. Tu respirais son parfum en pensant à moi... Tu voulais me faire profiter du parfum de cette fleur que j'aimais tant. Je l'ai senti, j'étais là avec toi ! »

Peu de temps avant, j'étais en effet passé devant une maison en Bretagne où du chèvrefeuille dépassait de la grille d'une propriété. J'ai tout de suite pensé à ma mère, car elle en adorait le parfum. J'ai approché mon nez de cette fleur et ai rempli au maximum mes poumons de son parfum en voulant – cela peut paraître bête – faire profiter ma mère de ce petit plaisir. Je sentais cette fleur en rêvant que ma mère la « sente » également… Ce qu'elle a fait.

Henry « entend » : « Il doit se convaincre lui-même de l'importance d'aider ailleurs et de prendre soin de lui, sinon sa vie va lui échapper. » Et ma mère « termine » par : « Tu sais Alain, il y a une vie ici… »

Le soir même, je passe la soirée chez Fred. Alors que nous évoquons le sujet de la médiumnité, Fred va chercher dans un tiroir des documents écrits de la main d'Alain Joseph Bellet lors d'une consultation avec ce dernier, bien des années auparavant, à l'époque où Fred avait perdu sa maman. Il me montre une feuille avec les mots suivants accompagnés d'un petit schéma : « Attention ! Alain en scooter ! Accident sur des travaux au milieu de la route ! Problème aux jambes. Le casque d'Alain ne tient pas bien ! Il se détache ! » Difficile d'être plus précis… Des travaux au milieu de la route sur lesquels je me suis écrasé jusqu'au détail de mon casque qui, effectivement, ne fermait pas bien et qui a été retrouvé à plusieurs mètres de moi.

CHAPITRE 21

Je suis venu « vous » dire que je m'en vais

Quelques mois plus tard, je retourne au siège de mon fonds d'investissement à une réunion en tant que président du conseil de surveillance. C'était le deal à mon départ : de président exécutif, je devenais, après la cession, président du conseil de surveillance. Les actionnaires sont présents, ainsi que mon successeur. Je ne suis pas du tout à l'aise dans ce rôle. Je sens que l'objectif de l'entreprise n'est plus le même et ne le sera plus jamais. J'annonce en début de séance que je démissionnerai de la présidence du conseil à l'issue de celui-ci.

Ma toute première réunion de travail en juin 2000 avec mon actionnaire financier, président du fonds d'investissement, avait été houleuse lorsque nous avions abordé les clauses de sortie à insérer dans le pacte d'actionnaires. Je me souviens avoir été sidéré de le voir s'énerver ainsi. Vingt ans plus tard, fin janvier 2020 et pile un an après mon accident, ce fut encore le cas lors de cette dernière réunion.

Cette fois-ci, c'était le sujet du pourcentage du résultat annuel à verser à la fondation « nourrir aimer donner » qui était à l'origine de son emportement. Ses paroles étaient dures. Il s'est énervé contre moi devant toute l'assistance, les membres du conseil de surveillance et ceux du comité exécutif. S'emporter contre le fondateur de l'entreprise, *a fortiori* pour son dernier jour, était aussi méchant que maladroit et triste. Et le faire devant mon successeur était d'une inélégance totale. Je militais simplement pour que l'entreprise continue de donner tous les ans 10 % de son résultat de l'année précédente à la fondation. François recommandait que l'entreprise donne « 10 % en moyenne depuis la création de la fondation », c'est-à-dire plus rien pendant plusieurs années, car j'avais au total en moyenne donné, il est vrai, pas loin de 15 % et non 10 %.

Dans sa logique, il n'avait pas forcément tort mais dans l'absolu, il avait tort. On parlait au final de sommes pas très élevées et le fait de refuser de continuer à donner 10 % de notre résultat « tous les ans » et non pas « en moyenne depuis la création de la fondation » faisait que notre promesse allait être cassée. Une fois, notre comptable avait raisonné comme lui, mais dès que je m'étais aperçu de cette erreur, je l'avais aussitôt réparée en complétant (avec mes deniers personnels) la somme qui manquait pour atteindre le minimum de 10 % des bénéfices par an.

François était désormais décisionnaire, c'était son choix ; mais sur la forme, il était très irrespectueux, d'autant plus, encore une fois, qu'il s'agissait des derniers instants d'une collaboration qui avait duré vingt ans et qui, au final, avait abouti à quelque chose de très beau. Cela aurait été plus constructif d'échanger calmement sur ce sujet, et une solution aurait été trouvée en quelques minutes. Ce n'était tout de même pas très compliqué. La discussion inutilement très tendue a empêché que cela soit le cas, et aucun accord n'a été trouvé lors de ce conseil.

Bref... Entre ces deux emportements, l'un à la création de l'entreprise, l'autre vingt ans plus tard, j'avais pourtant, en partant de zéro, créé avec Fred et mes amis une entreprise magnifique, profondément humaine, une jolie marque, très pro, solide, saine, rentable, aimée de tous, autant de ses salariés que de ses clients, reconnue unanimement dans la profession. Mais je suis reparti de cette dernière réunion, tenue dans les bureaux du fonds d'investissement, sans que François, son patron, ne me serre la main à mon départ. Vingt ans d'un investissement total, « extrême » même pourrais-je dire, et partir de la sorte était très dur. J'en suis ressorti vidé, abasourdi, cherchant en béquilles sous la pluie battante un taxi qui n'arrivait pas. J'ai compris ce soir-là dans la rue que c'était définitivement la fin de l'aventure pour moi.

Je me dirigeais vers l'angle de la rue de la Boétie et de la rue Miromesnil afin d'avoir plus de chance de trouver un taxi. À l'angle de ces deux rues se trouvait un café duquel j'aperçus par la vitre mes deux anciens bras droits, un verre à la main, trinquant avec le nouveau patron, à peine un quart d'heure après cette réunion. L'un d'entre eux était debout, le bras levé, tenant son verre, ce que je l'avais vu faire tant de fois devant moi. L'histoire était totalement différente, l'ancien et le nouveau patron, différents... mais sa façon de faire restait exactement la même. Je trouvais ce moment tellement troublant, surréaliste même. Je suis resté quelques instants à les regarder de l'extérieur avant de tourner la tête.

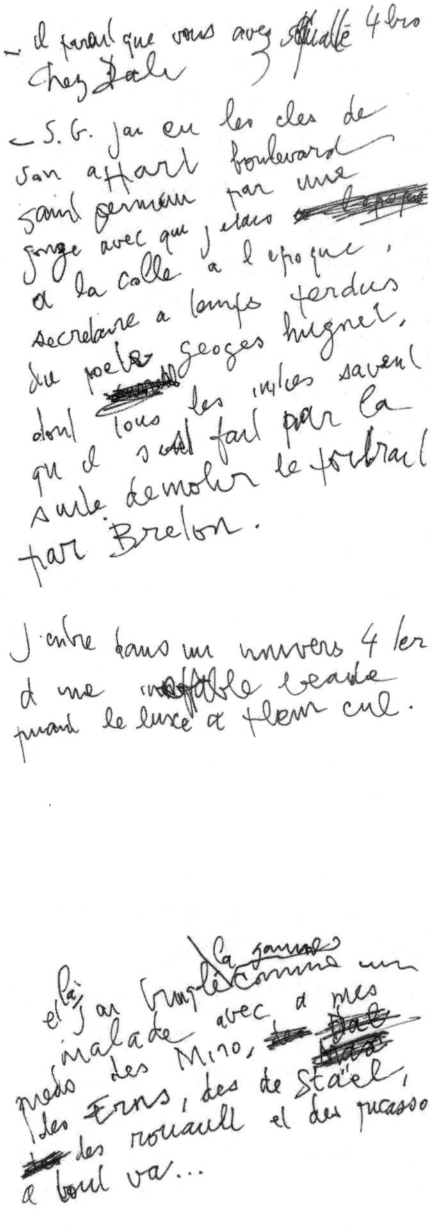

– il paraît que vous avez squatté 4 bis chez Dali ?

– S.G. j'ai eu les clés de son appart boulevard saint germain par une gonzesse avec qui j'étais à la colle à l'époque, secrétaire à temps perdus du poète Georges Hugnet, dont tous les initiés savent qu'il s'est fait par la suite démolir le portrait par Breton.

J'entre dans un univers 4 étoiles d'une ineffable beauté puant le luxe à plein cul.

et j'ai tringlé comme un malade avec, à mes pieds des Miro, des Ernst, des de Staël, des Rouault et des Picasso à tout va…

Un très beau cadeau (note écrite de la main de Serge Gainsbourg)

Confirmation que la page était définitivement tournée pour eux aussi. Quelle énorme surprise !

Un peu plus tard dans la soirée, un ami, grand collectionneur, venant de province, est passé rapidement me voir pour m'offrir un document manuscrit de Serge Gainsbourg, dans lequel il explique que, jeune homme, il squattait l'appartement de Dali et y faisait l'amour avec, au pied du lit, des Miro, des Picasso. Un document rare, unique même, que je découvrais, tout friand, en buvant avec mon ami un Moët & Chandon bien frais. Cela a fait office de pot et de merveilleux cadeau de départ de l'entreprise de la part de quelqu'un qui n'en faisait pas partie. C'est drôle...

Vers 1 heure du matin, j'allais me coucher avec non loin de moi, non pas des Miro ou des Renoir, mais des manuscrits de Serge qui, pour moi, avaient encore bien plus de valeur.

À peine quelques heures plus tard, au petit matin, je m'envolais pour le Bangladesh rejoindre mon amie Runa et des membres de la fabuleuse ONG Friendship.

Runa Khan et moi

CHAPITRE 22

Ce que je crois comprendre...

Nous sommes tous connectés : les vivants, comme les défunts. Cette connexion existe entre nous tous, humains, animaux, végétaux, etc. Nous faisons partie d'un tout. « Un est tout, tout est un », disais-je en début de ce livre lorsque je relatais ce que j'avais ressenti lors de mon expérience au LSD quand j'avais 20 ans. Tout ce qui nous entoure, visible ou pas, est énergie, vibration.

Je crois également que la pensée a un réel pouvoir qui est sous-estimé. Je crois enfin que la mort n'est pas la fin, qu'elle ne nous entraîne pas dans le néant, que notre conscience continue immédiatement après notre mort physique, qu'elle ne s'interrompt même pas lors de ce moment de passage d'un état à un autre.

LES PLANTES

J'ai compris que les brins d'herbe de la pelouse que j'admirais enfant en Bretagne, les fougères qui me fascinaient tout autant, sont bien plus que des végétaux ou plus exactement, les végétaux sont bien plus qu'ils ne me paraissaient quand j'étais petit. Ils font partie du vivant au même titre que nous. Nous sommes un « tout », et la vie ne fonctionne précisément que grâce à ce « tout » qui forme un équilibre.

Les pâquerettes, que j'aimais tant enfant, ne font pas que naître, s'épanouir et mourir. Elles ont tout au long de leur vie des comportements en fonction de leur environnement et du moment de la journée. Quand j'étais petit, j'avais remarqué qu'elles se refermaient toujours avant les averses, comme pour se protéger. Et également le soir. Je pensais que c'était pour dormir. J'ai appris par la suite que c'était pour se défendre des herbivores qui s'en nourrissent la nuit. Elles anticipaient leur venue en se refermant. Un comportement intelligent donc. Sans doute en profitaient-elles également pour dormir comme je me l'imaginais enfant. On sait en effet désormais que, comme dans le monde animal (animaux et humains), les plantes ont besoin de dormir, tout comme nous. Leur métabolisme est d'ailleurs très sensible à cette alternance entre le jour et la nuit. Et comme les animaux (humains compris), elles adoptent des positions différentes pour leur sommeil nocturne. Les feuilles se remettent dans la position dans laquelle elles étaient pendant la germination, un peu comme nous quand on se recroqueville.

Petit, j'avais remarqué que les camélias, qu'aimait beaucoup ma mère, ne perdaient pas leurs feuilles en hiver. Je ne savais pas que c'était pour se prémunir contre le froid. Je n'ai en revanche toujours pas compris pourquoi le blanc poussait toujours avant le rose... Un accord entre eux, peut-être.

Les gros bourdons qui rendaient visite aux capucines de mon enfance venaient effectivement se régaler, ce que j'avais bien repéré à l'époque, mais en le faisant, ils se couvraient de pollen, qu'ils transportaient ensuite sur une autre capucine. Le nectar servait d'appât ou plutôt de récompense pour leur action. En fait, un mélange des deux...

Je repasse de temps en temps dans mon jardin, jardin particulièrement plein de vie et de joie quand ma mère y était. Bien qu'il soit toujours entretenu par un jardinier, il dégage désormais une espèce de tristesse, un vide. Les capucines que ma mère a plantées une seule fois à l'époque de ma naissance sont toujours là, mais beaucoup moins nombreuses, car il n'y a presque plus de bourdon pour les polliniser.

En grandissant, j'ai appris aussi que les végétaux possèdent les mêmes sens que l'animal (humain ou non) : la vue, l'ouïe, le toucher, le goût et l'odorat, mais ils ne sont pas reliés, comme pour nous, à un organe dédié comme des yeux, des oreilles, un nez, une bouche ou encore des poumons. Ils fonctionnent à l'aide d'une multitude de tout petits capteurs répartis sur l'ensemble de la plante. Les plantes peuvent « voir » sans les yeux, « entendre » sans les oreilles, « sentir » sans le nez, « se nourrir » sans la bouche, « communiquer » sans cordes vocales, « respirer » sans poumons, « faire des choix et prendre des décisions » sans cerveau. À la différence des animaux dont nous faisons partie, il n'y a pas une régie centrale qui gère le tout, comme c'est le cas avec nos cerveaux ni d'une pompe pour irriguer les fluides comme c'est le cas avec nos cœurs.

Les végétaux possèdent, paraît-il, beaucoup d'autres sens que nous n'avons pas. Ils vivent en étudiant et en interprétant en permanence une multitude de données environnementales, comme la lumière, l'humidité et la température, mais aussi la pression atmosphérique, la pesanteur, les sons, l'eau, la nature du sol, les nutriments et autres éléments qui la composent, la gravité, le magnétisme, les signes de l'arrivée de prédateurs, les informations données par d'autres plantes, etc. L'absence de cerveau ne les empêche nullement de recueillir toutes ces informations, de les traiter et d'agir en conséquence.

J'ai la chance, à Paris, d'avoir une petite cour avec des plantes. Je les regarde souvent. J'ai fait mettre du fil de fer à proximité de certaines d'entre elles. C'est intéressant de remarquer comment elles parviennent à l'utiliser. Elles ont compris que ce fil peut servir à leur croissance, à évoluer, vivre plus harmonieusement. Parfois, ce fil n'est pas tout près, mais elles élaborent une stratégie pour l'atteindre. J'ai notamment un plant de vigne qui ne demandait qu'à s'approcher de la lumière pour grandir. J'ai remarqué que le fil de fer posé au-dessus de cette vigne était un peu trop éloigné pour qu'il puisse lui être utile. J'observais le soir que la vigne essayait de s'y accrocher, mais sans succès. J'ai pensé plusieurs fois rapprocher le fil mais, pris par autre chose, je ne l'ai pas fait. Un jour, j'ai vu que la vigne avait réussi à l'atteindre et je me suis demandé comment elle avait fait. En regardant de plus près, je me suis aperçu que celle-ci s'était servie des branches de son voisin, un érable, dont certaines n'étaient pas loin du fameux fil. Mon plant de vigne avait certainement repéré mon fil de fer comme étant un levier possible pour s'approcher de la lumière qui lui était nécessaire pour croître et avait trouvé un moyen pour arriver à ses fins en prenant appui sur une autre plante, afin d'arriver jusqu'au fil. Il avait pris un chemin détourné, bien plus long, mais il était arrivé à ses fins : atteindre le fil de fer qui allait lui permettre de croître davantage. Malin, mon plant de vigne. Il avait conscience de ce qui l'entourait et s'en est habilement servi. Avant de croître vers la lumière, il prenait la précaution de s'entourer trois fois autour de chaque petite branche de l'érable qu'il sollicitait avant d'aller plus haut. Il « savait » que sa pousse était tellement fine que trois tours la préserveraient davantage qu'un simple tour.

Dans le quotidien, on ne se rend pas du tout compte que les plantes sont incomparablement plus fortes que nous et que nous leur devons tout. Les animaux, dont fait partie l'humain, n'auraient jamais existé si les plantes ne les avaient pas précédés. Les plantes peuvent vivre sans nous. L'inverse n'est pas vrai. Sans elles, nous tiendrions combien de temps ? Un mois ? Deux mois ? Sans doute pas plus. Il est (hélas) arrivé à tout le monde de retourner dans un endroit, un jardin que l'on a connu, aimé et qui a été complètement changé par l'absence d'entretien pendant quelques mois. L'impression est affreuse, car elle nous ramène souvent à la disparition de proches... et on s'aperçoit alors que la nature reprend vite ses droits. Les plantes nous ont précédés et elles nous succéderont également.

N'oublions pas que les principaux principes actifs des remèdes utilisés par la médecine proviennent des plantes. Beaucoup de découvertes restent sûrement à faire dans ce domaine, même si la déforestation de l'Amazonie ou d'autres forêts primaires en Asie, à la base si riches de tous ces trésors pour la santé, risque hélas de nous en priver. J'ai toujours eu tendance à penser que toutes les réponses à nos différents maux, ou presque, se trouvent dans les plantes.

D'une manière générale, on néglige les végétaux, on les considère comme des créatures « inférieures ». On ne se rend pas forcément compte de leur intelligence, car ceux-ci ne vivent pas au même rythme que nous, on ne les voit donc pas évoluer ou quasiment pas. Nous autres, nous bougeons tout le temps, contrairement à ces derniers qui ne bougent pas ou plutôt presque pas, ou plus exactement encore, qui bougent réellement mais avec une lenteur par rapport à nous et par définition, sans se déplacer si bien que cela nous échappe.

LES ANIMAUX

Je ne fais pas, je ne fais plus, de différence entre un animal et un humain. Nous sommes nous-mêmes des animaux.

Je suis devenu végétarien, non pas par souci écologique, même si l'intérêt en est prouvé depuis longtemps, mais par amour des animaux.

Nos animaux « de compagnie », comme on les qualifie parfois, occupent une place centrale dans nos vies, ils nous apportent un amour inconditionnel. Ils sont souvent bien plus purs, plus fidèles, mieux intentionnés, que beaucoup de gens que nous croisons. Je me demande souvent d'ailleurs comment j'ai pu, enfant et adolescent, aimer autant mon chat et continuer aussi longtemps à manger des animaux tout aussi gentils et innocents. Il y a vraiment quelque chose d'irrationnel.

Enfant, en Bretagne, alors que je vivais cette histoire extraordinaire avec mon chat que j'aimais plus que tout, à la maison je mangeais comme tout le monde du poulet, du jambon et des steaks sans me poser les questions que je me suis posées par la suite. C'est sûrement culturel. (J'ai même le très vague souvenir d'avoir mangé de la langue de bœuf. Quelle horreur !) On a tous grandi comme cela, sans se poser trop de questions à ce sujet. En venant à Paris vers vingt-deux ans, j'ai travaillé chez McDo sans me poser de questions au sujet des animaux et je suis resté de nombreuses années dans cette entreprise. Quand je travaillais dans les McDo et que j'avais une petite faim, je prenais, sans état d'âme, un *double cheese* comme maintenant je prends une pomme ou un mélange de fruits secs. Comment est-ce possible ? Comment cela a pu être possible ? Quelques années plus tard, cela me paraît la pire des hérésies.

Maintenant, avec l'information à portée de tous et notamment l'explosion des réseaux sociaux, tout le monde est au courant des conditions d'élevage, souvent horribles, des animaux et des conditions épouvantables de leur mise à mort. La prise de conscience est, si je puis dire, grandement facilitée depuis quelques années.

Pour les générations nous précédant, l'aspect culturel était encore bien plus fort qu'aujourd'hui, les traditions familiales étaient tellement ancrées. La religion, prônant la supériorité des hommes face aux animaux, n'a forcément pas arrangé les choses non plus. À ce sujet, je crois d'ailleurs qu'il est indiqué dans la Bible qu'« il est permis aux humains de tuer des animaux pour se protéger, se vêtir et aussi pour se nourrir », laissant donc entendre que les animaux seraient à disposition des hommes ; toutefois, le texte sous-entend aussi que les humains ne doivent pas aller au-delà de leurs besoins vitaux. Il n'y a bien sûr aucune raison valable à ce que les humains aient ce statut qui leur permet d'avoir un droit de vie et de mort sur les animaux.

Les cochons, veaux, moutons, poules et bien d'autres qui sont consommés chaque jour par centaines de milliers, si ce n'est plus, ne sont pas plus insensibles que nous. Le jour où tout le monde comprendra cela, tout changera, je l'espère. Dès leur naissance, ces animaux-là, qui ont, pour la plupart, disparu des campagnes, sont enfermés dans des bâtiments industriels, sans jamais voir la lumière du jour, entassés les uns sur les autres, terriblement stressés toute leur vie, souvent maltraités, mal nourris et parfois brutalisés avant d'être tués.

On fait comme si on ignorait tout cela. Les animaux sont pourtant faits comme nous, non seulement composés d'os et de sang, mais aussi des mêmes organes, des mêmes tissus, des mêmes molécules, des mêmes minéraux, parfois même d'un ADN extrêmement proche du nôtre, de près de 100 %, comme c'est le cas pour le cochon. Ils se reproduisent de la même manière que nous, naissent de la même manière, mangent et dorment également comme nous, et souvent aux mêmes fréquences. Ils peuvent être joyeux comme tristes, malins, ruser pour obtenir ce qu'ils veulent, éprouver de la compassion, et certains bien plus que nous. Si l'humain ne les tue pas, ils meurent de la même façon que nous et souvent des mêmes maladies... Si on ouvre les yeux, il n'y a pas de différence majeure. Pourquoi notre souffrance pourrait-elle être prise en considération et en aucun cas la leur ? Rien, absolument rien, ne le justifie. Quand on pense aux animaux d'une même race, des vaches, des cochons ou des moutons, par exemple, on oublie souvent que l'on n'a pas simplement affaire à des animaux d'une même race, mais à des « individus », pour ne pas dire des personnes. Ils sont en effet, comme nous, tous différents, avec des personnalités, une sensibilité et des caractères différents. Ils ont tous une intelligence. J'espère que le temps donnera rapidement raison à Léonard de Vinci qui disait : « Le jour viendra où les hommes comme moi regarderont le meurtre des animaux comme ils regardent aujourd'hui le meurtre de leurs semblables. »

Je pense aussi que, comme nous, les animaux ont une âme. Comme nous, ils ont une conscience. Comme nous encore, celle-ci survit après leur mort. Il y a des quantités de témoignages médiumniques à ce sujet. Les personnes passées de l'autre côté du rideau retrouvent leurs animaux qu'ils aimaient tant de leur vivant. Ce lien d'amour continue après la mort physique.

BOBBY

Je me souviendrai toujours de la première fois que j'ai rencontré Bobby, le petit chien de Fred, un adorable Jack Russel. C'était il y a treize ans. Je le regardais dans les yeux... Il regardait dans les miens. J'étais sidéré par son regard, avec lequel il communiquait. Ni l'aboiement ni la parole n'étaient importants. Tout ce qu'il pensait, tout

Fred et Bobby

ce qu'il voulait « dire », passait par ses yeux, par sa façon extraordinaire de me regarder. Cela valait tous les langages du monde... J'étais scotché, hypnotisé. Je comprenais en un millième de seconde qu'il s'agissait d'une âme dans un corps de chien, au même titre que je le suis dans un corps d'homme. Le premier regard que nous avons échangé a fait que je suis devenu végétarien à l'instant même. Je l'étais déjà quasiment, mais je craquais parfois au restaurant ou ailleurs. Depuis cet instant, cet échange de regards, cela n'est pas arrivé une seule fois. Bobby m'a fait évoluer spirituellement, c'est indéniable. Il m'a ouvert les yeux. Quelle réelle différence avec nous ? Franchement, je n'en vois pas, si ce n'est qu'il n'est jamais décevant. Nous vivons juste au même moment sur la même planète.

C'est le plus gentil, le plus intelligent des compagnons. Le plus joueur, le plus drôle, le plus gourmand aussi. Un « vrai personnage ». Il n'est que pureté, innocence et tendresse. Il donne énormément d'amour et de l'amour inconditionnel. C'est un vrai ami, un ami pour la vie, un vrai compagnon.

Il va tellement bien avec son « maître ». Ils étaient faits l'un pour l'autre. « Libres » et entiers tous les deux. Ils s'aiment vraiment. Oui, il s'agit bien d'amour, d'une véritable histoire d'amour.

L'IMPORTANT, C'EST D'AIMER

Je ne peux m'enlever de l'esprit que, depuis des millénaires, des tensions, des divisions puis des guerres, des massacres, ont eu lieu dans le monde pour des questions de religion. Et c'est encore le cas aujourd'hui. Cela m'a toujours gêné, voire bloqué.

Je suis croyant, mais pas religieux. Mais que veut dire « je suis croyant » ? Croyant en quoi ? Chacun peut croire en différentes choses. Pour ma part, je pense qu'une vie continue immédiatement après la mort, que celle-ci est simplement un changement de dimension, un passage à une autre forme de vie, juste une transition et une étape de l'évolution de l'âme. Je crois, je sais, que la conscience ne meurt pas avec la mort physique.

Lorsque, dans notre entourage, l'on demande à quelqu'un s'il est croyant, la réponse est généralement : « Je suis catholique, j'ai été baptisé, etc. » Ce sont deux choses différentes. Disons que l'on peut être catholique, donc croyant, et l'on peut être croyant sans être catholique ou religieux. D'une manière générale, on a tendance à mêler religion et spiritualité, ce qui est très regrettable. On peut en effet avoir une vie spirituelle sans passer par la case religion.

Les religions ont toutes été créées par des hommes occultant toute recherche provenant d'une autre source que leur doctrine dictée, voire imposée, basée sur des textes, textes contenant toujours une sorte de règlement intérieur avec des règles, des interdictions, des menaces du style : « Si tu fais ci, tu risques ça », doctrine accompagnée par tout un système de hiérarchie comme dans les grandes entreprises, une sorte d'organigramme avec des personnes censées détenir les clés de la spiritualité. Je ne m'y ferai jamais.

Quand on parle de spiritualité, on parle d'amour, d'amour inconditionnel, de bienveillance, d'aide à autrui sans tout le vocabulaire religieux, d'ailleurs pas toujours bienveillant. Je me rappelle que lors d'une discussion avec François Brune, je lui expliquais ce que je pensais de ce sujet. Rapidement, il m'avait dit: « Mais toi, tu n'as pas besoin de religion! » Cela m'avait fait plaisir.

Quelles que soient la race, l'ethnie, l'orientation sexuelle, l'échelle sociale, seul compte l'amour. Tout le reste n'est pas important, n'existe même pas. À mes yeux, dans la religion, il y a trop de choses qui ne vont pas. Je pourrais en parler des heures, mais ce n'est pas le propos ici.

Néanmoins, un sujet que je trouve particulièrement scandaleux dans l'Église catholique (et c'est le cas aussi dans bien d'autres) est celui de la condamnation de l'homosexualité. Comment l'Église ose-t-elle juger? Et pire encore, condamner? C'est aussi idiot que de condamner les gens aux yeux bleus ou aux cheveux bruns. Cette position incite au mépris, voire au rejet d'une orientation sexuelle alors que celle-ci n'est pas un choix. C'est une orientation normale pour des gens qui s'aiment, même si statistiquement elle est moins fréquente que l'hétérosexualité, qui concerne d'autres gens qui s'aiment aussi. Le principal est d'aimer.

La position de l'Église est condamnable à mes yeux, car elle constitue l'une des grandes sources de l'homophobie dans le monde.

L'Église catholique distingue l'homosexualité et les personnes homosexuelles. Autrement dit, le pape condamne l'homosexualité, considérée comme une déviance, mais pas les personnes. Pour celles-ci, la recommandation de l'Église est l'abstinence. Comment imaginer qu'il puisse être réaliste de parler d'abstinence à des jeunes qui s'aiment ? Comment l'Église peut-elle également ne pas penser à la souffrance qu'éprouvent beaucoup de jeunes prenant conscience de leur homosexualité ? Selon plusieurs études, le suicide chez les jeunes gays est en moyenne sept fois supérieur à celui des jeunes hétéros.

Le pape actuel s'inscrit ainsi dans la continuité de ses prédécesseurs. Le catéchisme décrit l'homosexualité comme « contraire à la loi naturelle ». Le texte dénonce les actes homosexuels qui « ne sauraient recevoir d'approbation en aucun cas ».

Récemment, je prenais un taxi à Paris et je discutais avec le chauffeur qui était sympathique. J'avais remarqué qu'il était musulman et, dans la conversation, nous nous sommes mis à parler de la vie. De croyance, puis de religion. La conversation était à la fois agréable et intéressante. Un moment cependant, il a employé le mot « châtiment ». J'ai volontairement abordé le sujet de l'homosexualité et de manière calme et déterminée, il m'a indiqué que le châtiment prévu dans ce cas-là était la mort. Il était formel. Il n'y avait pas de discussion ou de réflexion possible, c'était la mort. Point. C'est désastreux. Un gars qui paraissait sympa, agréable et intelligent était conditionné à ce point. Quelle horreur ! Merci la religion.

Notons par ailleurs que l'homosexualité reste illégale dans environ quatre-vingts pays et que dans certains d'entre eux, elle est punie de la peine de mort. Il a été récemment rapporté des cas de tortures et de mort, infligées sur de jeunes gays dans des prisons en Tchétchénie. Dans l'histoire de l'humanité, combien d'homosexuels ont été emprisonnés, violentés, torturés, tués en raison de leur orientation sexuelle ?

Aujourd'hui, dans de nombreux pays occidentaux, l'homosexualité n'est plus réprimée. Les homosexuels ont acquis de nombreux droits parmi lesquels le droit de se marier. Néanmoins, cette évolution ne s'est pas faite toute seule. Sans remonter trop loin dans l'histoire, et en restant sur notre propre territoire, n'oublions pas qu'afin de la réprimer et de la combattre, l'homosexualité est devenue sous la présidence de de Gaulle, en 1960, un « fléau social » par le biais de l'amendement Mirguet, au même titre que l'alcoolisme, la tuberculose, la toxicomanie ou le proxénétisme. Cet amendement permit de réprimer plus sévèrement les homosexuels, notamment sur les lieux de drague. En France, ils ont été fichés jusqu'en 1981, époque où le dispositif répressif a été supprimé, mais l'homosexualité n'a été dépénalisée qu'en 1992. Elle n'a aussi été retirée de la liste des maladies mentales par l'OMS qu'en 1990. C'est hier...

Les débats et mouvements au sujet du mariage gay en France ont démontré également que malgré les avancées réelles de ces trente dernières années, l'homophobie est loin, très loin d'être résolue.

Pour conclure sur ce sujet, notons que le comportement homosexuel a été trouvé dans plus de mille cinq cents espèces animales, mais seule une d'entre elles est homophobe... No comment !

LE POUVOIR DE LA PENSÉE

Je crois vraiment à la puissance de la pensée, à son pouvoir, à l'énergie qu'elle crée. Je crois qu'elle est souvent à l'origine de ce qui nous arrive, qu'elle peut créer la réalité en quelque sorte. Je pense que la vie est sans doute bien souvent le reflet de nos pensées. On oublie celles-ci généralement assez vite, mais je ne pense pas qu'elles disparaissent... Au contraire, je pense qu'elles agissent quelque part, qu'elles ont une action. Je pense que ce qu'il advient est très souvent à attribuer à nos pensées, à la répétition de celles-ci et aux émotions qui y sont liées. Je crois en effet que rien n'arrive par hasard. Ce qu'il m'est arrivé le 21 janvier me conforte dans cette idée.

François Brune parle longuement dans ses livres, et particulièrement dans *Mes entretiens avec les morts*, d'un adolescent emporté par la maladie à 14 ans en 1945, Roland de Jouvenel. Celui-ci explique parfaitement la force des pensées dans les deux phrases suivantes, reçues par sa mère en « écriture automatique », des années après sa mort. Je me permets de les transcrire ici : « La pensée, cette chose invisible, indéfinissable, peut avoir des projections assez puissantes pour animer la matière » et « Ce que vous croyez le hasard, la plupart du temps, est conduit par des décharges de psychisme et les évènements sont menés par ces correspondances inconnues. » François Brune et un autre auteur remarquable, Jean Prieur, ont analysé et commenté les messages de l'au-delà de cet adolescent dictés à sa mère en six volumes, de 1946 et 1964. C'est fantastique.

Quand on sait les facultés de la pensée, on comprend davantage l'importance d'avoir des pensées positives, des pensées d'amour et non pas des pensées négatives, de rancœur (pour ne pas dire parfois de haine) ou de jalousie, par exemple.

La pensée positive. Je crois que nous sommes beaucoup à passer à côté de cette faculté que pourtant nous avons tous. Grâce à elle, nous avons la possibilité d'influencer le cours des choses.

Lorsque je commençais à me lancer dans mon projet entrepreneurial, je ne pensais qu'en « positif ». Je ne savais pas forcément par quel bout prendre les choses, je n'avais que le projet en tête mais je n'y pensais toujours que de manière très positive... Du coup, cela commençait déjà à lui donner vie. Le projet existait. Certes, que dans ma tête, mais il existait. Il avait une réalité.

À cette époque, j'étais allé voir une de mes connaissances qui travaillait dans une banque afin de lui demander de m'aider à faire un business plan, que je ne savais pas faire. Dès que je suis entré dans son bureau, il m'a dit : « Tu as de l'argent ? » Je lui répondis que non. « Tu as gagné au loto ? » Je lui répondis non de nouveau. « Bon ben, ça ne peut pas marcher ! Tu te lances dans un projet capitalistique. Si tu n'as pas toi-même des capitaux pour démarrer, ce n'est même pas la peine d'essayer ! » Je me suis dit : « Quel con ! Il n'a pas compris que le projet est en route et qu'il va voir le jour ! » Je n'étais pas inconscient, mais ce que j'entrevoyais n'était que joie, que positivité. Je ne visualisais que la beauté du projet et cela me donnait une énorme énergie et surtout, j'avais la foi. Je ne savais pas du tout comment j'allais y arriver, mais je savais que j'allais y arriver. C'était comme une certitude absolue. Mes pensées étaient positives, dynamiques, j'étais tellement focalisé sur le projet que je me disais que cela ne pouvait que marcher ! Avec le recul, j'étais en permanence comme « porté ».

Si j'étais tombé dans le piège du doute, si ce que m'avait dit ce proche avait réussi à me perturber, si j'avais commencé à stresser et à me dire : « Merde, il a peut-être raison », je n'aurais plus été dans cette sorte de spirale positive de pensées et d'action et il est fort possible que le projet n'aurait pas marché. Je suis persuadé que penser positivement le projet dont on rêve, se focaliser dessus, sans se laisser influencer par des pensées négatives qui pourraient le faire remettre en cause, permet de trouver des solutions, contourner les obstacles et avancer dans la bonne direction jusqu'à sa réalisation. Je sais que c'est cela qui m'a en grande partie aidé et non ce que j'ai hérité de mes années d'école qui, au contraire, auraient pu me faire douter.

Je me dis – même si je n'y suis pas arrivé toujours, voire pas souvent ces trois dernières années – qu'il faut orienter son esprit vers des choses positives. Plus on pense à quelque chose, plus on incite cette chose à arriver, que ce soit positif ou négatif d'ailleurs. On attire à soi ce qui nous arrive.

Du coup, à l'époque où je me lançais, je faisais attention quand je croisais quelqu'un qui me parlait des inconvénients d'entreprendre, des risques que je courais, des difficultés auxquelles je serais confronté, etc. J'écoutais, je restais poli, mais je me forçais à chasser tout de suite le négatif de ses recommandations plus ou moins bienveillantes qui auraient pu polluer ma foi. Plus ou moins bienveillantes, car, à cette époque, j'avais au final remarqué que bien souvent, ceux qui me faisaient des remarques négatives, en tout cas pessimistes, étaient souvent en réalité un peu envieux.

Quelques semaines après l'ouverture du premier restaurant à Madeleine, ce banquier était venu déjeuner au restaurant. J'étais allé le saluer à sa table, très rapidement car j'étais en plein service. J'avais vraiment hésité à lui dire : « Ben, tu vois, j'ai ouvert. » Finalement, je le lui ai dit. Sa réaction a été immédiate : « Je n'ai jamais dit que tu ne pouvais pas ouvrir un restaurant. En revanche, je te le dis : tu ne pourras jamais ouvrir un second restaurant, en tout cas en restant majoritaire. C'est absolument impossible. Cela remettrait en cause quinze ans de réflexion bancaire ! »

Pour terminer cette petite histoire, presque vingt ans plus tard, soit trente-cinq ans de « réflexion bancaire » plus tard et autant de restaurants ouverts en restant majoritaire, je suis retourné voir ce banquier pour lui annoncer que j'allais prochainement cesser mon aventure entrepreneuriale.

Je l'invite à déjeuner dans un bon resto et, au cours du repas, je lui raconte les circonstances et le déroulé de la cession. Je lui dis notamment que j'ai refusé les offres de fonds d'investissement qui m'ont sollicité, que les repreneurs de mes parts étaient, à l'encontre des fonds intéressés, deux familles très long-termistes, des gens droits et honnêtes, qui savaient en plus très bien ce que la notion de « marque » voulait dire et que ceux-ci allaient s'associer avec les actionnaires financiers d'origine qui restaient actionnaires. Je lui dis aussi que j'allais donner la moitié de la somme que j'allais recevoir à mes compagnons de l'entreprise et à la fondation, que j'allais désormais me consacrer à celle-ci dans l'avenir, etc. Curieusement (ou pas), je voyais que celui-ci ne semblait pas emballé ni même très à l'aise de ce que j'étais en train de lui annoncer. Il me dit que je ne devrais pas arrêter mais, au contraire, continuer... Je lui ai demandé : « Jusqu'à quand ? 70 ans ? » Il m'a répondu : « Oui, pourquoi pas ? » Je lui ai alors indiqué que j'avais fait en sorte que mes principaux salariés deviennent actionnaires de l'entreprise, cela concernait tous les cadres : les gens du siège et les directeurs de restaurants, que l'entreprise était très saine, qu'elle avait la chance d'avoir ces nouveaux actionnaires solides et qui avaient très bonne réputation. Je lui ai dit que j'avais encore logiquement quelques bonnes années d'énergie devant moi pour me lancer dans mes projets de la fondation, et à plein temps cette fois-ci. Je ne m'attendais bien sûr pas à un « Bravo ! » mais encore moins à ces trois mots : « Tu termines mal. »

Un mot rapide sur les pensées négatives... Comme les pensées positives, elles aussi ont des conséquences, mais forcément... négatives. Les pensées négatives finissent par créer une situation négative. Mes genoux en savent quelque chose... L'accident qui m'est arrivé un 21 janvier était tout sauf un hasard. Une spirale de fatigue, de solitude et de grand stress avec la cession de mon entreprise et l'arrivée de mon successeur, a fait que j'étais même arrivé à « voir », à « sentir » ce pépin du 21 janvier. Un ami médium m'expliquait récemment que lorsque l'on a des pensées négatives, qu'on les ressasse – ce qui était mon cas –, qu'on vit avec jour et nuit, on finit par générer des fluides, forcément négatifs eux aussi, qui vont s'inscrire dans le corps spirituel qui va les transmettre au corps physique, d'où accident, maladie ou autre conséquence de ce genre. C'est certainement ce qui m'est arrivé ce soir-là. Cet accident « existait » avant qu'il n'arrive. Deux citations résument parfaitement ce que je viens d'écrire. L'une de... Bouddha, tout simplement : *« Tout ce que nous sommes est le résultat de ce que nous avons pensé »*, l'autre du poète Khalil Gibran : « Nous choisissons nos joies et nos peines bien longtemps avant de les expérimenter. »

Depuis quelque temps, j'arrive presque à ne plus avoir de pensées négatives par rapport à l'entreprise que j'ai créée, à l'esprit qui y régnait, à cette si bonne époque. Je ne tourne plus en boucle sur ce sujet...

L'idée de recréer quelque chose de beau, de vertueux, dans le même esprit, arrive à chasser l'amertume et ces pensées négatives qui m'ont gâché le quotidien pendant si longtemps et les remplace par des pensées positives.

Je crois aussi au pouvoir de la pensée collective. Des groupes de personnes se recueillant ensemble. C'est ce que faisaient les moines dans le temps... Je ne dis pas qu'il faut rentrer dans les ordres, s'isoler, mais je suis convaincu qu'un groupe de personnes qui se recueillent, pensent de manière positive, peuvent avoir un impact sur leur environnement. Il s'agit alors, non plus de l'énergie d'une simple pensée positive, mais d'une masse considérable d'énergies positives allant dans le même sens, et je suis convaincu là aussi que cela a le pouvoir de modifier l'environnement.

La pensée collective a d'ailleurs un lien avec l'un des grands principes de la méditation transcendantale dont je parlais au début du livre. Maharishi Mahesh Yogi prônait le rassemblement pour pratiquer la méditation transcendantale ; cela pourrait contribuer à instaurer un climat de paix et avoir une influence harmonieuse sur un groupe social donné lorsqu'une fraction de la population la pratique. Des spécialistes ont, paraît-il, démontré que si les membres d'un même groupe partageaient une expérience de conscience, les effets pouvaient en effet s'étendre hors de l'endroit où les personnes étaient rassemblées.

Pour terminer sur la force de la pensée, de cette énergie créatrice, j'ai récemment découvert dans la revue *Inexploré* un petit témoignage reçu par le Dr Raymond Moody, dont j'ai parlé plus haut, parmi les milliers qu'il a reçus dans toute sa carrière consacrée à l'étude de « la vie après la vie ». Lors d'une conférence à Saint-Malo en 2016, Raymond Moody raconta qu'à l'issue d'une précédente conférence donnée en Italie, un chirurgien est venu le saluer et lui a raconté l'histoire suivante que je me permets de relater à mon tour :

« Il y a quelques mois, j'ai opéré un patient jeune et en bonne santé pour une opération de routine. Mais son cœur s'est arrêté brutalement et je ne parvenais pas à le réanimer avec le reste de l'équipe. J'ai alors abandonné mes efforts au bout d'un moment et je me demandais comment j'allais pouvoir annoncer cela à sa famille. Soudain, les portes du bloc opératoire se sont ouvertes et une femme très agitée est entrée en trombe. Elle avait l'air en plein délire et j'ai d'abord cru que c'était une psychotique. Puis j'ai compris ce qu'elle essayait de me dire : "Mon mari n'est pas mort ! répétait-elle. J'étais dans la salle d'attente et mon mari est venu me dire que vous croyez qu'il est mort, mais il n'est pas mort !" Complètement abasourdi, j'ai alors repris mécaniquement les gestes de réanimation et nous avons réussi à faire repartir le cœur du patient. Quelque temps plus tard, quand je retrouve mon patient en salle de réveil, celui-ci me confie immédiatement : "J'étais hors de mon corps et je voyais tout ce qui se passait. J'ai vu que vous pensiez que j'étais mort et j'essayais de vous dire 'Non, je ne suis pas mort !', mais vous ne m'entendiez pas. Alors je suis allé dans la salle d'attente et j'ai essayé de dire à ma femme de venir vous le dire..." »

De la force de la pensée, je passe naturellement à celle de la prière. Quelles que soient les époques, quels que soient les peuples, quelles que soient les traditions, quelles que soient les religions, la prière a toujours existé. Si l'intention de celle-ci est forte, pure, sincère, vertueuse, tournée vers du positif, elle sera entendue. L'énergie que l'on y met n'est jamais perdue.

La prière n'a pas forcément un caractère religieux. On peut en effet – et heureusement – prier, se recueillir, sans réciter des « Je vous salue Marie », des « Notre Père » ou des mantras. Un recueillement avec des pensées sincères d'amour est une prière en soi et crée une énergie positive qui peut agir dans le sens souhaité.

Je suis tombé par hasard sur une citation d'Allan Kardec, le célèbre fondateur de la doctrine spirite, appelée aussi spiritisme. Celle-ci résume parfaitement ce que je viens d'essayer d'expliquer : « La forme n'est rien, la pensée est tout. Priez chacun selon vos convictions et le mode qui vous touche le plus ; une bonne pensée vaut mieux que de nombreuses paroles où le cœur n'est pour rien. »

La prière permet d'élever notre niveau de conscience et d'ouvrir la porte à de plus grandes possibilités. En nous concentrant sur notre force intérieure, on ouvre la porte à une autre force, extérieure à nous, en dehors de nous. La prière, que je définirais comme des pensées positives, des pensées d'amour, de bienveillance, peut même, je pense, créer en quelque sorte un futur différent, comme je l'ai évoqué précédemment lorsque nous abordions le sujet des synchronicités. Elle peut l'influencer en tout cas. En fait, la plupart des religions et le bouddhisme savent que c'est le cas et sont même basés sur ce principe fondateur. Mais les religions en question ont souvent déformé, abîmé la transmission de cette information majeure, en l'enlisant dans des dogmes, des règles, des menaces... ou en la brouillant avec des imageries très souvent totalement incompréhensibles ; en tout cas, c'est le cas pour moi.

La prière est aussi un des moyens de communiquer avec les personnes aimées disparues. Elles ne sont pas loin de nous, nous entendent quand on prie en pensant à elles. C'est une certitude.

LA MORT : LA CONTINUITÉ DE LA VIE

Tout au long de ces dernières années, j'ai compris que la mort, telle que nous l'entendons généralement, n'existe pas. Elle n'est qu'un changement. Un changement de rythme, de dimension, d'état, de réalité. Elle n'est qu'une transition, un passage à une autre forme de vie. Quand la mort intervient, l'âme ayant terminé son incarnation, son parcours terrestre, nous quittons juste notre corps physique et une partie de nous continue à vivre, mais sous une autre forme. Il n'y a pas en effet que la vie que nous vivons sur Terre pendant un temps plus ou moins long, puis un jour la mort et à nouveau une « autre vie ». Il y a une vie, une vie qui ne s'interrompt pas, même quand le corps physique cesse de vivre.

Nous sommes tous des êtres spirituels, des esprits incarnés, vivants, si je puis dire, dans un corps physique, plus ou moins longtemps, quelques instants, quelques années ou quelques décennies et nous continuons à « vivre » après la mort physique. Nos proches qui nous ont quittés ne nous ont quittés que physiquement. Ils sont encore près de nous et bienveillants. J'en ai eu la preuve.

À la mort, le corps disparaît, bien sûr... Ce n'est pas réjouissant, mais en réalité ce n'est pas important du tout. Ce n'est que physique, le cycle normal ; le corps est simplement une enveloppe provisoire.

Le plus important est définitivement la survivance de la conscience. Celle-ci ne meurt pas, elle continue sans même connaître d'interruption. Elle n'est pas logée dans le cerveau qui, lui, disparaît avec le corps. Quand on est vivant, elle est probablement une sorte d'« émetteur » qui passe simplement par le cerveau, et celui-ci agit comme une sorte de « récepteur » afin de capter les informations, les divers éléments qui nous arrivent, et les traiter. Quand on meurt, elle continue, et sans doute d'ailleurs de manière plus intense que lorsque l'on est vivant, car elle n'est plus prisonnière du cerveau et donc réduite aux possibilités forcément limitées de celui-ci.

Mais alors, où se « retrouve »-t-elle ? Reste-t-elle toujours près du plan terrestre, comme une sorte de présence immatérielle « à proximité » des êtres aimés encore incarnés, afin de veiller sur eux, les guider et les accompagner le temps de leur incarnation ? S'estompe-t-elle à un moment donné ? Disparaît-elle même purement et simplement « au bout d'un moment » ? Ou au contraire, est-elle éternelle ? Mais si c'est le cas, cela voudrait dire qu'il existe des milliards et des milliards de consciences qui survivent dans un monde parallèle ? (Ce que j'ai du mal à concevoir...) Ou alors non pas dans un monde, mais dans plusieurs mondes parallèles ? Dans une multitude de mondes parallèles ? Ou peut-être s'éloigne-t-elle « au bout d'un certain temps » dans d'autres dimensions très loin de nous ? Ce qui expliquerait que les contacts avec les personnes disparues depuis très longtemps soient moins faciles. C'est peut-être le cas lorsqu'il s'agit de la conscience d'une personne disparue n'ayant plus du tout de proches vivants. S'éloigne-t-elle indéfiniment ? Ou, peut-être, se regroupe-t-elle avec d'autres consciences ? Par affinités, par exemple ? Un peu comme ce que l'on fait de notre vivant. Ou encore peut-être encore se regroupe-t-elle, non pas en groupes, mais au bout d'un moment avec toutes les autres consciences pour n'en former qu'une seule ? Une seule et même conscience ? Une sorte de conscience universelle regroupant toutes les consciences individuelles ? Mais dans ce cas-là, cela voudrait dire que les personnalités et même les identités des personnes disparues le seraient à jamais ? Ce qui expliquerait de nouveau, et encore plus, que les contacts ne soient a priori plus possibles, ou en tout cas moins possibles, un moment donné... Notre vie serait-elle une sorte de voyage de notre conscience, celle-ci étant simplement accueillie probablement par le cerveau, dans ce monde par définition circonscrit qu'est l'incarnation, avant de trouver une plus grande liberté après la mort ou plus exactement, en y retrouvant sa place ? Ou davantage qu'un voyage

« de » notre conscience, notre incarnation serait-elle un voyage « dans » notre conscience ? Je n'aurai sans doute réponse à ces questions que lorsque je serai devenu, moi aussi, invisible…

Et l'âme dans tout cela ? Je n'ai aucun doute sur le fait qu'elle existe, mais je crois comprendre qu'elle n'est pas dans notre espace-temps, contrairement à la conscience qui, je pense, doit y être, le temps de notre incarnation du moins. Le cerveau est sans doute une sorte d'abri matériel de la conscience pendant que nous sommes en vie, et l'âme, une sorte d'abri immatériel de celle-ci après la mort.

Bref… je suis certain que la mort n'est pas la fin et que nous retrouverons, le moment venu, les proches que nous avons aimés. Je n'ai aucun doute à ce sujet. La mort sépare les corps, mais pas les âmes, elle n'est pas la fin de la vie, elle ne nous entraîne pas dans le néant. Les témoignages de personnes, dont je fais partie, ayant eu un contact avec une personne disparue, se comptent par dizaines de milliers et sans doute centaines de milliers, que ce soit via la médiumnité, l'écriture automatique, la transcommunication instrumentale, ou par d'autres moyens encore. Ce que l'on appelle la mort n'implique pas une coupure de la conscience, même pas momentanément. Elle continue, dans une autre dimension, certes, mais elle continue. Je pense que la mort n'est qu'un passage, un « changement d'état d'âme », c'est le cas de le dire… « Ce n'est pas la chair qui est réelle, mais l'âme », disait Victor Hugo. À la naissance, l'âme prend vie dans un corps physique qui devient une sorte de support de celle-ci et à la mort, une autre vie de l'âme continue dans un autre espace-temps ou plutôt dans un autre univers puisque précisément, l'espace-temps n'existe plus. Pierre Teilhard de Chardin le résume superbement : « Nous ne sommes pas des êtres humains vivant une expérience spirituelle, mais des êtres spirituels vivant une expérience humaine. »

CHAPITRE 23

Une info au 20 heures

Il y a déjà quelques années, Fred et moi regardions tranquillement les infos du « 20 heures ». Soudain, on entend le journaliste dire : « Une étude nous apprend que la part de l'humanité soumise à des canicules potentiellement mortelles de plus de vingt jours s'élèvera à la fin du siècle à 74 %. » Nous nous regardons, ébahis. Nous n'en croyons pas nos oreilles. « On parle des trois quarts de l'humanité ? À la fin de ce siècle ? » Nous étions plus qu'interloqués. Abasourdis. Et une seconde fois abasourdis de voir que cette info majeure durait à peine 1 minute 30 et qu'elle était suivie d'infos insignifiantes comme les soldes, les nouveaux radars, le dernier téléphone ou ce genre d'infos qui n'en sont pas. Nous savions que la situation était catastrophique, mais pas à ce point tout de même ! Je me rappelle m'être dit : « Ce n'est pas possible ! » et d'avoir tout de suite cherché sur Internet. Cette info y était présente avant qu'elle ne soit diffusée au journal télévisé.

Le vendredi suivant, je dînai avec mon actionnaire financier et dans la conversation, j'abordais ce sujet à table.

C'était un « non-sujet » pour lui. Pour moi, c'était un des sujets les plus importants qui soient, mais lui me disait que si cela devenait problématique, les humains trouveraient de toute façon une solution. J'essayais de le convaincre, mais je finis par manquer d'éléments percutants pour lui répondre du tac au tac. Au bout d'un moment, je me contentai de boire mon verre de vin en me disant que pour cet homme, le déclic ne sera pas la fonte des glaciers, mais celle de ses millions.

Cette même personne m'avait dit à un lointain dîner: « J'envisage le capitalisme dans sa définition la plus pure. » C'est-à-dire sans fin. Cela revenait à dire que dans ce monde fini, on allait vers une croissance infinie. Croire, comme ce financier, à la croissance infinie signifierait qu'il n'y a pas de principe d'illimitation. Cette approche est en grande partie responsable des principaux maux présents et futurs de notre monde. L'écrivain-réalisateur Cyril Dion le répète souvent: « Aujourd'hui, les intérêts privés orientent la majorité des décisions publiques. »

Une nouvelle étude scientifique soutenue par le programme de recherche et d'innovation « Horizon 2020 » de l'Union européenne indique que l'humanité va être confrontée à un choix crucial d'ici 2050. Soit les dirigeants préserveront des PIB élevés au prix d'un réchauffement climatique et d'un bilan énergétique catastrophique, soit ils abandonneront ce principe au profit d'une consommation d'énergie raisonnable. En deux mots, soit nous tirons une croix sur le capitalisme effréné, soit nous allons dans le mur avec lui. Pas d'autre option possible.

Le changement climatique n'est évidemment plus une menace hypothétique ou un discours pessimiste de quelques-uns, il est désormais scientifiquement démontré. Le dernier rapport du Groupe d'experts intergouvernemental sur l'évolution du climat (GIEC) de l'été 2021 a en effet dressé un état des lieux implacable et bien plus alarmant encore que les précédents. Il confirme qu'il est définitivement prouvé que ce sont bien les activités humaines qui sont à l'origine du réchauffement global de l'atmosphère, des océans et des terres et par ricochet, de tous les dérèglements climatiques et phénomènes météorologiques extrêmes que l'on connaît de plus en plus. Il indique également que le changement climatique constaté ces dernières années est sans précédent et même inédit dans l'histoire de l'humanité et, hélas, aussi beaucoup plus rapide que ce que l'on craignait. Les cinq dernières années ont été les plus chaudes jamais connues depuis qu'elles sont enregistrées, et la hausse du niveau de la mer et la fonte des calottes glaciaires n'ont également jamais été aussi élevées.

Ce changement s'accélère de plus en plus et va entraîner des conséquences dramatiques qui pourront d'ailleurs arriver de manière simultanée, comme l'intensification des périodes caniculaires, des sécheresses et la multiplication de grands incendies, des ouragans de plus en plus violents, des pluies diluviennes, des tremblements de terre, l'accélération de la fonte des glaciers, la montée des eaux, la disparition des régions côtières, des inondations sans précédent, la création de nouvelles zones désertiques, l'apparition de famines, de maladies, les migrations de masse et même très probablement des guerres... sans parler de la disparition pure et simple de bon nombre d'espèces.

CHANGER LE CONTENU DE SON ASSIETTE

Individuellement, que peut-on faire pour ne pas rester les bras croisés face à tout cela ? Que peut-on faire facilement sans vivre comme un ermite, coupé de tout ? Je ne suis pas du tout spécialiste, mais je pense que, mis à part renoncer à prendre l'avion (sauf si véritable nécessité ou qu'il est impossible de faire autrement), la chose la plus simple à faire et, par chance également, la plus efficace et à la portée de tous est d'arrêter de manger de la viande. Cela paraît simpliste et c'est pourtant la vérité : l'industrie de la viande est une des plus polluantes qui soient et on a tous la possibilité d'agir. L'élevage est en effet responsable de près de 15 % des émissions mondiales de gaz à effet de serre et dépasse (de peu) le secteur des transports, tous confondus (voitures, trains, avions, bateaux, etc.) En 2050, il sera paradoxalement la première cause de pénurie alimentaire dans le monde.

L'élevage intensif des animaux ne peut en effet se faire sans une agriculture intensive elle aussi, pour l'alimentation du bétail. Celle-ci, généralement basée sur la culture du soja, détruit les terres. Les herbicides, à base de glyphosate, polluent les sols, les nappes phréatiques et les rivières. Cette agriculture dilapide les ressources en eau et cause la destruction de millions d'hectares de savanes et de forêts tropicales, comme celle de l'Amazonie. C'est d'autant plus dramatique que la forêt amazonienne, notamment, est une source inégalée de biodiversité ; elle est la plus grande réserve primaire de la planète, certains l'appellent « la forêt de guérison » tellement elle est riche en plantes médicinales, dont beaucoup sont encore inconnues.

Si on passait à un régime non carné, ces terres pourraient être utilisées directement pour les humains (et non pour le bétail destiné à nourrir les humains). Le moyen le plus facile et le plus efficace pour lutter contre cette abomination de l'élevage intensif, automatiquement associée à de la maltraitance animale, est simplement d'arrêter de consommer des animaux. Et rappelons-le, même si tout le monde le sait désormais : la consommation régulière de viande entraîne des maladies cardiovasculaires et certains cancers. Si on ne raisonne que par le prisme de la santé, autant ne plus en manger du tout et la remplacer par des légumes, des légumineuses et des céréales. C'est mieux à tous les niveaux : pour l'être humain, pour sa santé, pour les animaux bien sûr, pour la nature, pour l'environnement, pour la vie des générations futures... « Rien ne peut être plus bénéfique à la santé humaine ni accroître les chances de survie de la vie sur la Terre qu'une évolution vers un régime végétarien », a écrit Einstein.

L'humain a tout bousillé en considérant que tout était à sa disposition. Même s'il est loin de représenter, ne serait-ce que 1 % de la vie sur Terre, il a honteusement, sauvagement agi comme si les 99 % restant étaient à sa disposition, gratuitement, sans comprendre que nous faisons partie d'un tout. Nous sommes des vivants parmi les vivants, mais l'humain a eu la prétention, la bêtise, la folie, de penser que tout ce qui n'était précisément pas humain s'apparentait simplement à une ressource à disposition. Les animaux, terrestres et marins, les végétaux, les terres, tout cela est considéré comme un stock de ressources... Comme si tout, à part lui, n'était qu'une potentielle source de profit, à disposition, comme si nous étions désolidarisés de la nature alors que nous en faisons simplement partie. Nous sommes juste une espèce parmi des millions existant dans la nature. Toutes les espèces sont liées entre elles. Et ce sont précisément les liens entre toutes les espèces, entre toutes les formes de vie qui font que nous existons. Nous coexistons.

L'humain, pourtant supposé être doté d'une intelligence dite « supérieure », a été en fait le moins intelligent des animaux en épuisant, en dilapidant les ressources naturelles de la Terre, en réchauffant l'atmosphère et en saccageant la biodiversité. Les rapports du GIEC estiment en effet que les disparitions d'espèces ont été multipliées par cent depuis le début du XXe siècle. Les scientifiques décrivent la situation actuelle comme un « anéantissement biologique ». Le monde se meurt, mais rien ne change au quotidien. Le Fonds mondial pour la nature (WWF) a, quant à lui, récemment indiqué que : « Le monde a perdu plus des deux tiers de ses populations d'animaux sauvages en moins de cinquante ans. » L'extinction se fait à une vitesse vertigineuse et il faudrait être totalement idiot pour penser que « l'animal humain » est protégé de ce drame. Victor Hugo disait à ce sujet : « C'est une triste chose que la nature parle et que le genre humain n'écoute pas. »

UNE JEUNESSE FORMIDABLE

Je garde une petite lueur d'espoir : la jeunesse actuelle, que je trouve formidable.

Déjà, j'ai pu constater qu'une grande partie des jeunes que côtoyais dans l'entreprise étaient très concernés par l'environnement et soucieux d'un monde plus juste. Ils étaient végétariens, avaient compris que stopper notre consommation de viande, c'est contribuer à stopper la première des pollutions de la planète.

Dès que je croisais un jeune salarié que je ne connaissais pas, j'essayais de papoter quelques instants avec lui et je terminais souvent par lui demander ce qu'il voulait faire plus tard. Systématiquement, et même si le métier rêvé n'était pas forcément nommé ou même très clair, le point clé pouvait se résumer en « une activité qui a du sens ». Dans les quelques minutes de discussion, la notion d'écologie était présente, celle du partage également. Tous les jeunes que j'interrogeais brièvement rêvaient d'un monde plus juste, plus solidaire et par ricochet, d'un métier allant dans ce sens. Au même moment de la vie, la génération précédente se projetait bien souvent cadre dans un grand groupe pour y évoluer. Aujourd'hui, je ne pense pas qu'il y ait beaucoup de jeunes qui rêvent de travailler, à la fin de leurs études, dans une grande banque, ou un grand groupe industriel.

Ils sont conscients d'avoir, à leur échelle, un rôle crucial et une réelle responsabilité écologique. Ils sont désormais parfaitement alertés du danger actuel, conscients que la biodiversité s'effondre, conscients que l'industrie alimentaire est l'un des principaux responsables de la destruction de notre planète, conscients que c'est finalement la société de consommation qui est à l'origine du désastre écologique aboutissant à la disparition d'un grand nombre d'espèces animales et végétales.

Aujourd'hui, la quête de sens, le partage, l'écologie et également le bien-être personnel font partie, me semble-t-il, de la motivation de tous ces jeunes.

J'ai l'impression que la nouvelle génération et celle qui suit inventeront de nouveaux modes de vie, personnels et professionnels, axés davantage sur leurs valeurs que sur leurs carrières et sur l'argent ; qu'elles seront moins dans le consumérisme et, d'une manière ou d'une autre, mettront la pression pour que les gouvernements, les entreprises et les marques prennent des décisions prenant en compte l'intérêt de la planète, la survie de ses richesses et le maintien de ce qui reste de la biodiversité. La jeunesse ne va pas laisser faire les choses, elle ne va pas se laisser faire. Elle sera extrêmement attentive.

La conscience de cette jeunesse me semble d'ailleurs bien plus élevée que la mienne à leur âge et que celles de beaucoup de gens de ma génération. Cette jeunesse a cette force, cette grâce, et je pense, ce pouvoir d'agir sur les consciences. Tout n'est donc pas perdu puisque la conscience précède la matière et peut donc modifier les faits à venir. L'espoir se situe à ce niveau.

Je crois plus que tout en cette jeunesse.

CHAPITRE 24

Et maintenant...

Ma mère, que j'ai profondément aimée et que j'aimerai toujours, est partie il y a déjà huit ans. Elle a été, reste et restera mon modèle. Je sais qu'elle est « bien » et même « heureuse » « là » où elle « est », mais je me dis aussi souvent que j'aurais dû davantage prendre soin d'elle, être plus présent. Je l'étais bien sûr, mais je regrette de ne l'avoir pas été davantage encore... Combien de fois projetais-je d'aller la voir le week-end ou le mercredi soir pour finalement annuler à cause du boulot, parce qu'il y avait tel ou tel sujet important. Oui, important dans « le quotidien » mais avec recul, tellement peu par rapport à une visite d'un fils à sa mère de plus de 80 ans.

Je sais qu'il est dans l'ordre des choses de perdre tôt ou tard ses parents. Cela fait partie de la vie... Et c'est ainsi pour tout le monde, toutes les espèces vivantes. Je sais aussi que le départ n'est que physique, que la conscience survit. Mais cela n'empêche pas le chagrin. Il n'existe pas depuis son départ un moment dans la journée sans que je ne pense à elle.

Quand on est avec sa mère, que l'on partage des moments simples à la maison ou que l'on fait le marché, que l'on se balade, que l'on papote, on ne se rend pas compte qu'il s'agit de moments tout à fait privilégiés, qu'il s'agit de moments extrêmement précieux. En réalité, je savais que ceux-ci étaient précieux, mais pas au point où je le sais aujourd'hui. Je sais que je la « reverrai » lorsque, moi aussi, dans quelque temps, je serai devenu invisible. Comme je l'ai dit à propos du coma, on peut voir sans les yeux, entendre sans les oreilles... Cette « rencontre » sera, je l'imagine, comme une sorte de vibration d'amour commune, une même longueur d'onde, une présence, une chaleur, une douceur, une sensation qui fait que l'on est convaincu qu'il s'agit de la personne aimée. Et cette nouvelle forme de relation, sera, je l'espère, éternelle. Je ne sais pas si c'est comme cela que cela se passera. C'est ce que j'imagine, mais c'est peut-être tout autre chose... Qu'importe en réalité, l'essentiel est de se retrouver. En attendant, je me rends compte de plus en plus que le départ de ma mère m'a définitivement ouvert la porte sur davantage de spiritualité et m'a ainsi déjà rapproché d'elle.

Je ne consulte d'ailleurs plus les médiums dont j'ai parlé et qui sont devenus des amis. Quand je les rencontre, on prend un verre et on papote... Ils m'ont énormément aidé et appris, et je ne les remercierai jamais assez. Je n'ai plus besoin de preuves de survie. Ce n'est même plus un sujet pour moi tellement je suis désormais plus que convaincu que la mort n'est pas synonyme de néant, mais qu'elle ouvre au contraire une porte à une autre forme de vie. Une métamorphose, en quelque sorte.

Petit, avec ma mère, dans le jardin

La médiumnité m'a énormément apporté. Ce pont possible entre les êtres incarnés que nous sommes et les êtres désincarnés qui nous ont quittés est une chose extraordinaire. Concernant le deuil, je pense qu'il s'agit du meilleur moyen de sortir d'un état d'infinie tristesse, d'un désespoir, et parfois pour certains, d'une dépression, voire d'une envie de suicide. Elle peut permettre aussi à un couple ayant perdu un enfant de retrouver un équilibre, qui, dans ce cas, est souvent perdu. La médiumnité aide incontestablement au travail du deuil. Elle soulage, elle apaise définitivement la personne endeuillée. La douleur causée par le départ d'un être aimé s'estompe, mais l'amour reste intact avec en plus la certitude pour la personne endeuillée de « retrouver » un jour l'être aimé devenu invisible. L'amour, plus fort que la mort, reste présent et aussi fort des deux côtés, mais la relation devient simplement différente. Nous continuons à aimer ceux que l'on a aimés et qui sont partis, et eux aussi continuent à nous aimer, nous restons liés par l'amour qui, lui, ne meurt pas.

Deux ans se sont passés depuis que j'ai démissionné de la présidence du conseil de surveillance de mon entreprise. Deux ans vraiment difficiles, avec beaucoup de solitude et d'angoisses liées à l'entreprise que j'ai tant aimée.

Un soir d'avril, sur ma terrasse en Bretagne, je me suis mis à réfléchir à un futur projet tout en observant le coucher de soleil particulièrement magnifique dans ce coin. C'était impressionnant de voir cette grosse boule de feu « descendre » à l'horizon avant de « disparaître » très rapidement. À cet endroit, quand le soleil se couche, on peut le voir descendre quasiment à l'œil nu... Ce soir-là, c'était drôle car, avant de disparaître, il est passé juste au-dessus de l'église du Kreisker, l'église la plus haute de Bretagne, et pendant un court instant, cette grosse étoile rouge se trouva pile juste au-dessus de la pointe du clocher de cette très belle église bretonne, exactement comme une boule sur un bilboquet.

Depuis de nombreux mois, je songeais en effet à reprendre une activité. L'idée n'était pas simplement de retrouver une activité, mais de trouver une activité qui ait du sens, qui soit utile, le plus utile possible, qui apporte quelque chose. Toutes mes pensées allaient dans cette direction. J'avais en tête d'ouvrir un très bon restaurant végétarien à Paris.

Je me disais que si nous ouvrions un très bon restaurant végétarien, cela inciterait probablement certains de nos clients à devenir eux-mêmes végétariens. Je ne comptais pas écrire « végétarien » sur la façade ou nulle part ailleurs et encore moins de déposer à l'entrée, à la vue des clients, des cageots de carottes ou un gros potiron, je voulais simplement que les gens qui y viendraient déjeuner se régalent et comprennent qu'ils avaient déjeuné sans manger d'animaux ou de produits qui en sont issus. En résumé, un restaurant aussi bien pour les végétariens que pour les non-végétariens.

Et puis, j'avais ce souhait fort, ce rêve pourrais-je même dire, de reverser non plus simplement 10 % des résultats à ma nouvelle fondation mais 100 %. Il ne s'agirait pas d'un *« non profit restaurant »*, mais d'un restaurant profitable dont l'intégralité des bénéfices irait à la fondation. Pas de dividendes. Une fois payés, les salaires, les charges, les frais, les impôts, etc., tout irait à la fondation, dont une partie de l'activité serait de recueillir et de prendre soin des animaux en fin de vie. J'avais trouvé le nom du futur refuge : « Un EHPAD pour les vaches ».

Ce projet de refuge est en bonne voie. J'en avais parlé à mon voisin et ami en Bretagne, et l'idée l'avait intéressé. Possédant des terres dans le Trégor, il m'a demandé de combien d'hectares j'avais besoin pour mener à bien le projet. Quelques jours plus tard, nous étions sur place pour repérer les espaces nécessaires pour nos futurs vieux amis à quatre pattes.

Ce soir-là, en profitant des derniers rayons du soleil, je pensais à ce projet de restaurant mais plus j'y pensais, plus j'étais envahi de doutes. L'idée me semblait belle, mais je me demandais quel impact pourrait avoir un énième restaurant parisien. Certes, il serait très beau et je l'espère, très bon. Certes, il aiderait à financer le refuge d'animaux. Mais quel en serait l'impact réel ? Serait-il suffisant ? Ne serait-ce pas un boulot gigantesque, un nouveau sacerdoce pour, au final, n'avoir pas forcément un impact fort ? Ne devais-je pas poursuivre la réflexion ? En fait, je me reposais la même question que je me posais déjà il y a vingt ans avant que je me lance. Exactement la même : « Qu'est-ce que je peux faire pour le mieux ? »

La cause animale m'est chère, mais elle n'est pas la seule cause sur laquelle j'ai envie de travailler ou du moins, d'essayer, à mon niveau, d'apporter quelque chose...

Ce soir-là, les yeux fermés devant cette magnifique boule de feu, m'est venue une idée qui m'a totalement emballé dans la seconde. J'en ai eu immédiatement des frissons et cela a duré un bon moment. L'idée peut paraître simpliste ou irréaliste : un restaurant végétarien, payant pour ceux qui ont les moyens et gratuit pour les gens démunis. Bien sûr, cela paraît être un vœu pieux, totalement inconcevable pour toutes les raisons et tous les débordements que l'on peut très facilement imaginer. Mais je sentais qu'il fallait que je m'accroche à cette idée.

Dans le train qui me ramenait à Paris, j'envisageais ce principe de gratuité. Comment faire ? Comment monter ce projet de restaurant gratuit pour les personnes démunies et payant pour ceux qui le peuvent ? La clientèle « classique », au moment du règlement de son repas, pourrait d'ajouter 1, 2, 5 ou 10 euros pour payer le repas d'autrui. Je réfléchissais aussi à l'opérationnalité : comment gérer une trop grosse affluence de personnes démunies et, en plus, arrivant en même temps que la clientèle « classique » ? Faudrait-il travailler main dans la main avec des associations ou ONG afin de limiter ou réguler les flux ? Faudrait-il des horaires différents pour les deux clientèles ? Je me posais tout un tas de questions.

Arrivé à Paris, j'ai posé mes affaires chez moi et comme il faisait très beau, je suis tout de suite allé me balader près du Louvre, non loin de l'un de mes anciens restaurants que j'aimais beaucoup, et j'en ai profité pour passer à l'église Saint-Germain-L'Auxerrois qui est juste à côté. J'ai beau ne pas être pratiquant ou même religieux, j'aime bien faire un tour dans les églises, et celle-ci en particulier. En y entrant, je pensais à ce qui m'était arrivé la dernière fois que j'y étais allé et que j'y avais allumé une bougie... Je me dirige vers le même endroit, celui des bougies. Je regarde le portrait de sainte Thérèse de Lisieux et son regard particulièrement perçant. J'allume une bougie en pensant à ma mère, puis, au bout d'un petit moment et voyant qu'il n'y a personne autour, je m'autorise à parler tout haut et en regardant la flamme de la bougie : « Ce serait vraiment formidable un restaurant gratuit pour les gens démunis et payant pour les autres. » Je décide de m'asseoir sur une des chaises en paille de la petite crypte et de me concentrer quelques instants. La tête entre les mains, les paumes de mes mains posées sur les yeux, je réfléchis à ce principe de fonctionnement très particulier pouvant paraître utopique. Je me concentre pleinement sur cette question : « Existe-t-il des exemples d'activités ou de services utilisant ce principe : payant pour les gens qui ont les moyens et gratuits pour ceux qui ne les ont pas ? »

Au bout de quelques minutes, je me redresse et m'aperçois que mon pied droit est à quelques centimètres d'une plaque en pierre qui m'a tout l'air d'être une pierre tombale. Je regarde de plus près et je m'aperçois que c'est bien le cas. Je déchiffre que cette personne est née en 1586 et qu'elle est morte en 1643. J'arrive à lire son nom sur la pierre usée par les pas et les siècles. Je prends alors mon portable et cherche son nom sur Internet. Théophraste. Je tombe sur cette indication le concernant : « Il installa un dispensaire, payant pour les aisés et gratuit pour les pauvres. »

Je sais ce qu'il me reste à faire.

REMERCIEMENTS

Michka SC., Tigrane H., Fred M., Hélène W., Julien S., Murielle L., Eric T., Joseph et Danièle LM., Jeannine et Claude S., Henry V., Alain Joseph B., Yonelle D., Florence H., Karine et Jacques C., Corinne et Gérard B., Annie et André G., Elga et Alain S., Carine et William L., Angèle et Jacques R., Juliette B., Clément T., Runa K., Yoyo, Damien C., Mathieu R., Hanns L., Laurence K., Dédé A., Juliette G., Pierre L., Paul-Marie B., Anton BS., Rémy et Lorenzo G., Florence et Alexandre M., Anne LV., Sylvie et Christophe R., Pierre LV., Michel W., Rémy LF., Jean-Luc G., Diane DJ., Florence C., Alain L., Somnath S., Roberto P., Sylvain B., Zak K., Bastien A., Guy H., Cédrick G., Karine D., Axelle D., Anne-Lise R., Yoan L., Marie-Christine M., François G., Laura C., Alexia J., Ashock, Raju, Bapi, Radja, Sanjay, Pappu M., Agnès F., Alice P., Damien R., Charles-Henri C., Elisabeth S., Ludo B., Hugo C., Fanny et Julien P., Christine D., Juliette et Thibaut LC., Edwina D., Ely R., Mehdi L., Myriam S., Jean-Luc G., Sylvie B., François LV., Bernard B., Nina et Félix C., Pierre C., Jacques T., Viviane B., Sylvestre N., Bernard B., Hélène et Ghislain BJ., Nicole L., Françoise et Jean-Jacques V., Isabelle et Patrice, Adrien D., Jean-Marc et Ricardo M., Joséphine et Adrien L., Safia B., Marion C., Simon et Ulysse R., Alexandre D., Marc G., Jean-Baptiste LV., Anne-sophie S., Anaïs S., Eric L.,

Sylvain MB., Charlotte LF., Justine F., Corinne J., Charline M., Rémy D., Teddy, Louis, Johanna O., Sophie L., Benoit J., Fanny R., Madeleine M., Julia LF., Christian S., Jean-Philippe D., Julia D., Cédric LM., Vincent C., Miguel et Philippe-Loic J., Charlotte L., Caroline et Edouard L., Philippe C., Lore S., John M., Vincent R., Cyrille C., Louis C., Andréa I., Loic A., Jean-François R., Philippe Al., Michelle C., Vanessa et Pierre-Louis B., Nadia S., Jean-Yves S., Françoise et François LM., Xavier et Stéphane J., Aissa, Eric D., Patrick G., Perla SS., Olivier F., Dimitri, Robert P., Guillemette F., Jesus DPR., Mauro D., Bernard F., Delphine G., Sandrine et Thierry L., Marcel B., Pierre-Yves B., Auguste E., Kuljit, François T., Danièle K., Vincent A., Jeannine W., Albane L., Laetitia L., Anne-Laure N., Corinne Mx, Françoise M., Amaury DV., Jérôme R., Pierre-Hugo S., Antoine D., Cindy B., Martin W., Fanny et Julien P., Miguel R., Pierre H., Luc A., Diddy, Thibault L., Simon LL., Solange D., Christopher, Sophie RT., Géraldine G., Julien C., Véronique et Christophe S., Johan S., Robin C., Patrick et Olivier L., Baptiste C., David E., Kristoffer, Maï, Julie D., Didier C., Sylvie, Yvette et Jacques B., Elton J., Pierre G., Victoria W., Pierre H de S., Réginald, Philippe G., Gabriel G., Balga, Coline B., Victoria D., Pierre J., Philippe A., Christobal A., Cécila O., Maud J., Christophe C., Fanny L., Benjamin CG., Justine A., Philippe A., Cécile O., Olivier P., Auriane A., Erika D., Flore et Cindy, Olivier S., Julien D., Arnaud P., Eric C., Antoine R., Brigitte et Frédéric F., Axel S., Julien H., Eric et Valérie TC., Line et Hervé V., Eric A., Paco D., Nicolas LC., Monique et Georges V., Pascal B., Jossy R., Guillaume A., Kevin B., Raphaël J., Jean-Baptiste J., Nathalie et Georges, Madjid, Hassan B., Hugues, Pierre

M., Marie M., Thomas D., Matthieu D., Santiago M., Julien LN., Patricia T., Fanny G., Fanny T., Olivier DC., Patrick F., Anthony C., Karine G., Isabelle K., Bruno D., Camilla H., Laura C., Caroline LG., Julie et Mike, Radjep, Anthony, Ebba R., Melody C., Frida S., Valéria E., Siboya, Bonnie DP., Virginie S., Alban, Carole B., Nicolina S., Quentin S., Marius L., Tessa, Sophia K., Grant R., Thomas S., Rusne K., Luc B., Suzanne et Olivier DK., Paul F., Cyrielle H., Louise, Rosalie et Barnabé, Marie-Claire G., Marion S., Laura et Loup, Alexandre T., Vivi et Peyo, Mathilde V., Piero C. et Biago T., Claude S., Coralie B., Sonia et Jean-Clerc B., Geneviève et Michel M., François D., Philippe L., Sole J., Romain IA., Anne-Marie et Frédéric C., Yasmine C., Christobal, Benjamin G., Vianney D., Elisabeth et Didier W., Laurence L., Virginie DM., Thibaud D., Loic C., Béatrice, Louis B., Catherine M., Philippe B., Mickaël P., Sarah et Vassily, Malin A., Jonathan G., Jade et Michel T., Gabriel T., Stéphane M., Julien H., Axelle F., Juliette C., Yohan B., Tatu C., Anne C., Kai L., Ulysse R., Dimitri M., Walter F., Pierre-Olivier M., Benjamin C., Baptiste B., Kajsa A., Nadia V., Yves C., Simon D., Virgine DM, Charlène, Flore T., Vanessa et Pierre-Louis B., Daniel G., Cyriaque F., Yves H., Pauline O., Claude R., Hortense S., Samuel J., Deborah H., Charles, Catherine et Isabelle D., Amélie E., Julien P., Alain G., Thomas M., Amélie et Fabien B., Maryse B., Jean-François S., Alexandra K., Charlène G., Jean-Claude G., Maxence S., Sophie NW., Quentin D., Vanessa L., Marie-Thérèse et Joël J., Pauline Q., Charlotte C., Philippe L., Mathilde AF., Alexandra C., Seb CTV, Jérémy B., Selma A., Corinne et Hubert C., Vincent M., Gaspard M., Marie BDS, Eloi DG., Marie DK., Marvin

H., Alex R., Diana J., Luca C., Jean-Michel et Olivier F., Alexis et Christophe F., Jeanjean, Milan G., Pauline M., Fanny PR., Nicolas C., Estelle G., Hélène J., François BA., Christian S., Roussia, Maxence R., Norbert H., Kevin C., Lucas B., Pamela F., Fabien R., Sophie R., Gaëlle et Jacques R., Bastien L., Brigitte B., Camille-Pierre D., Jean-François G., Charlotte, Philippe G., Flore H., Normand F., Théo, Sarah H., Nathalie I., Alexandre C., Thomasine BM., Masa, Louis F., Adrien G., Stéphanie A., Stéphanie C., Antoine M., Tara G., Madeleine N., Margot H., Bérous, Jean-Luc C., Anna B., Anne-Sophie S., Héléna W., Marie-Lise K., Elisabeth L., Babeth L., Luis R., Amanda B., Benoit LV., Christophe D., Jennie S., Chloé T., Marie et Gérard L., Anne T., Linn L., Santiago R., Nathalie B., Eric S., Yann L., Virginie P., Hugues DK., Richard N., Alexio B., Georges G., Céline, Martin D., Cédric M., Arthur M., Pachéco, Bruce, Louis R., Jean-Guy H., Jow D., Arthur C., Eva C., Etienne B., Yohan G., Denis G., Vincent M., Nadia W., Pierre-Yves A., Stéphanie M., Steeve-Renée, Merieme B., Georges L., Katrine BJ., Yasmina B., Tess R., Valentine et Renaud L., Mme Le Bris, Marc E., Carmine B., Ingue, Arthur LV., Jean-Claude S., Jean L., Billy, Marie P., Michaela D., Tenna N., Margaux H., Käbi NR., Aliette-Piou, Isabelle L., Raphaël G., Julio, Philippe F., Caroline H., Yann B., Mélanie C., Daniel M., Mathieu D., Julien A., Arthur D., Rai, Alain L., Emmanuel LJ., Anaëlle LV., Rosalie L., Olivier DN., Michel G., Denis U., Augusto DSC., Dominique M., Henri G., Antoine LB., Samuel L., Felipe G., Caroline B., Dominique C., Nhu N., Nicole L., Julien C., Olivier DC., Emilie, François B., Magedelene C., Danie et Stéphane OP., Christian S., François S., Caroline et Juan Martin

G., Arnaud T., Juane OA., Serge O., Déborah, David C., Monica T., Jonas G., Félicien B., Tina T., Xavier Z., Fanny et Jean-Baptiste D., Catherine A., Sami V., Héléna M., Alain B., Teele K., Edwige B., Raoul P., Barbara M., Paul Q., Irina KB., Floredelyn R., Pascal LP., Fabien B., Mimi P., Stéphanie et Jean-Marc S., Walter F., Jean-Sébastien T., Patricia C., Charles DM., Arnaud M., Thierry C., Anne-Marie T., Justine A., Juan, Alizée B., Christian L., Caroline J., Sarah S., Raymond, Piny S., Claude S., Fabrice F., Adrien C., Makara L., Ibolya, Séverine, Camille A., Ida V., Océane, Hiroko K., Diana, Laurent W., Lucas TB., Clément, Stan, Francine, Auguste, Franck, Guillaume, Stanley, Mathieu, Kim, Charles, Katerina...

Et tant d'autres... dont je ne me souviens plus du nom mais du sourire.

POSTFACE

De par son naturel battant, Alain Cojean a su dépasser tous les obstacles qu'il a rencontrés, depuis l'enfant espiègle jusqu'à l'homme en recherche de sa voie. Ses rêves professionnels sont intrinsèquement liés à l'humain, mais aussi à nos frères, les animaux.

Alain se projette inlassablement vers le futur. Son amour altruiste, sa bienveillance naturelle sont ce qui le caractérise le mieux. En visionnaire, il a été un précurseur dans son domaine. Il a su tirer la quintessence de ses expériences pour avancer sans fléchir.

Une grande amitié fraternelle et spirituelle nous unit. Notre rencontre fut une évidence. J'ai trouvé en lui le frère que je n'ai pas eu. Je salue ici, mon cher Alain, non seulement l'ami mais aussi l'homme de courage, riche de si nombreux défis, en quête de devenir.

Et pour vous, chers lecteurs, voici le récit d'une vie où chacun peut se projeter dans l'espérance de ne jamais renoncer à ses rêves. Quant à moi, comme j'ai l'habitude de le formuler, je vous dis : « À toujours ! »

Henry Vignaud
Écrivain et médium

À PROPOS DE L'AUTEUR

Alain Cojean est né et a grandi en Bretagne dans le Finistère.

Après des études à Rennes, il monte à Paris. Il y trouve un poste de clerc de notaire dans lequel il s'ennuie à mourir et comprend très vite que son chemin est ailleurs.

Il prend alors un job alimentaire, serveur chez McDonald's et évolue au fil des années jusqu'au poste de responsable Recherche & Développement. Il rêve de créer une entreprise de restauration à service rapide d'un nouveau genre proposant des produits de qualité et dans laquelle les valeurs de cœur trouvent à s'épanouir.

En 2001, il ouvre son premier restaurant à Paris près de la place de la Madeleine. Suivront trente-cinq adresses à Paris et à Londres.

En parallèle, il crée la fondation « nourrir aimer donner » sous l'égide de la Fondation de France et monte des projets d'aide à l'insertion des plus démunis.

En 2013, il perd ses parents. Il expérimente alors une première communication médiumnique avec sa mère disparue. S'ouvrent ainsi pour lui les portes de l'invisible et le contact avec l'au-delà.

En 2017, alors que le succès de l'entreprise ne se dément pas, il choisit pourtant de la quitter.

Il vit aujourd'hui entre Paris et la Bretagne et met son énergie dans de nouveaux projets.

INDEX

A

B

C

D

E

F

G

H

I

J

K

L

M

Q

R

S

SOMMAIRE

CHEZ LE MÊME ÉDITEUR

COLLECTION TÉMOIGNAGES
DES PARCOURS AUX FRONTIÈRES DE L'EXTRAORDINAIRE

Nourritures célestes

L'éveil d'un pionnier de la restauration
Alain Cojean

Un entrepreneur visionnaire raconte sans tabou son aventure professionnelle hors norme, son ouverture à la spiritualité et sa découverte de la communication avec l'au-delà.

Les Couches de l'oignon

Du traumatisme à la résilience, un chemin spirituel
Célia Rombaut
(Préface d'Agnès Stevenin)

Dans ce témoignage intime et sensible sur les conséquences psychiques des viols qu'elle a subis dans un réseau pédophile, Célia Rombaut, devenue thérapeute, nous emmène sur le chemin de sa reconstruction, couche par couche.

Dans le silence de l'amour

Agnès Stevenin

Plus qu'un témoignage intime, ce troisième volet autobiographique d'Agnès Stevenin est une transmission qui agit par les mots, mais aussi par l'énergie vibratoire qu'elle diffuse. L'autrice nous accompagne dans la pacification de notre être, grâce à sa familiarité avec une autre réalité.

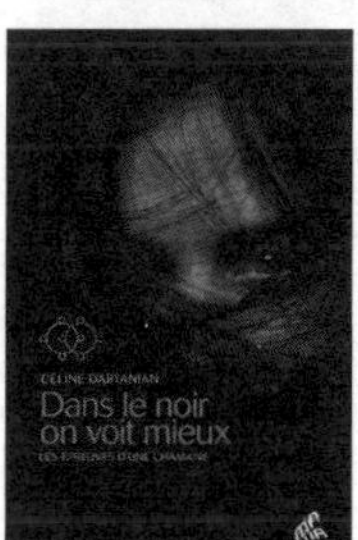

Dans le noir on voit mieux

Les épreuves d'une chamane
Céline Dartanian

Des open spaces médiatiques aux grands espaces chamaniques, une jeune publicitaire relève les défis de son initiation.

Ma peau d'un autre monde

Voyage initiatique en terres aborigènes

Vanessa Escalante

Une plongée dans les secrets de la plus ancienne culture du monde, au fil d'un témoignage intime et immersif.

La grande dame du cannabis se dévoile

Michka

(Préface de Catherine Deneuve)

Une guerrière pacifique – un récit kaléidoscopique qui, subtilement, fait du bien.

[re]vivre

Mon expérience de mort imminente en Irak

Natalie Sudman

Toute fin est un commencement.
Le récit d'une époustouflante plongée dans l'au-delà.

Une psy parle aux esprits

Martine Gercault

(Préface de Stanislav Grof, Postface de Sandra Ingerman)

Découvrir de nouvelles voies d'accès à l'inconscient pour évoluer vers le plaisir d'être.

Splendeur des âmes blessées

Libération
Agnès Stevenin
(Préface de Stéphane Allix)

Après la révélation de son livre *De la douleur à la douceur*, Agnès Stevenin signe un nouveau témoignage qui nous dévoile un univers aussi mystérieux que bienfaisant.

De la douleur à la douceur

Transmutation
Agnès Stevenin

Comment passer de la souffrance à la paix ? L'inspirant parcours d'une guérisseuse hors pair nous ouvre les portes d'une autre perception.

Lorsque j'étais quelqu'un d'autre

Stéphane Allix

Partir à la découverte de soi-même peut mener sur d'étranges chemins. Pour se ressourcer et faire le point sur sa vie, Stéphane Allix entame une retraite en forêt. Il ignore qu'il va se confronter à l'impensable.

De la main gauche

Une autobiographie
Livres 1, 2 & 3
Michka

Ce récit éminemment féminin, audacieux et captivant, qui traite des drogues et du sexe sans aucun tabou, nous fait découvrir un parcours débordant de vie. Une stimulante philosophie de l'existence.

De l'ombre à la lumière

Voyages d'un guérisseur chez les chamanes

Metsa (Préface de Jan Kounen)

Ayant découvert le chamanisme à la suite d'une expérience de mort imminente, François Demange, alias Metsa, nous livre le récit captivant d'une initiation hors du commun. Adopté comme apprenti par des guérisseurs reconnus en Amazonie et en Amérique du Nord, ce Français s'immerge dans ces cultures traditionnelles et devient chamane.

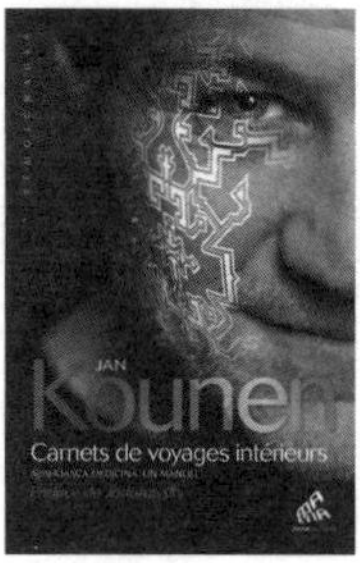

Carnets de voyages intérieurs

Ayahuasca medicina, un manuel

Jan Kounen (Préface d'Alejandro Jodorowsky)

Cinéaste frappadingue et infatigable explorateur de la psyché, Jan Kounen nous livre les différentes facettes de sa personnalité hors norme dans ces carnets intimes, sincères et téméraires, doublés du premier guide d'approche de la médecine traditionnelle de l'ayahuasca en Amazonie.

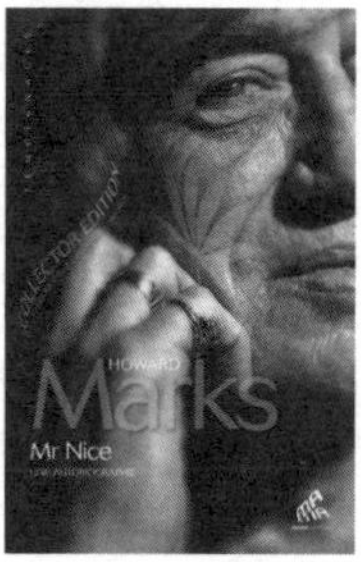

Mr Nice

Une autobiographie

ÉDITIONS COLLECTOR & POCHE

Howard Marks

Recherché par toutes les polices, puis star internationale, Howard Marks, le contrebandier de hasch devenu héros d'un film, raconte. Confessions d'un trafiquant de légende.

COLLECTION MUTATIONS
VIVRE LE NOUVEAU PARADIGME

Manifeste paradisiaque

Jardinage, permaculture & spiritualité
Laurent Huguelit
(Illustrations d'Angéline Bichon)

En trente-six propositions, Laurent Huguelit nous invite à considérer le jardin comme un espace préservé dans lequel intégrité, respect et écoute sont cultivés au même titre que de bons légumes, des fruits juteux, et un univers de biodiversité.

Debout

La force de s'incarner
Marie-Pierre Dillenseger
(Préface de Fabrice Midal)

« S'incarner, c'est arriver, au fil d'une vie, à lisser les aspérités qui se nichent entre l'âme et le corps. » Marie-Pierre Dillensenger nous donne des outils puissants et inédits pour relever ce défi.

Oser s'accomplir

12 clés pour être soi
Marie-Pierre Dillenseger

Une approche intemporelle et singulière pour atteindre son plein potentiel.

Consciences animales

Communiquer avec le vivant
Peggy Reboul
(Préface de Roland de Miller)

Un témoignage bouleversant, qui transforme notre rapport aux animaux et à l'ensemble du vivant.

Bâton de parole

Un chemin vers la paix
Guide pratique
Stephan V. Beyer

Ce manuel permet d'améliorer et de renforcer le lien avec les autres, grâce à la technique ancestrale du bâton de parole.

Le Chant des abeilles

Restaurer notre alliance avec l'abondance
Jacqueline Freeman
(Préface de Pierre Aucante)

Le premier livre qui nous place au cœur de la spiritualité des abeilles. Une nouvelle vision du monde naturel. *BeeScope* inclus (annuaire d'adresses utiles).

Coloc bio : le guide

Pour une cohabitation éco-responsable
Vincent Ravalec

Le premier guide regroupant bons plans, recettes et réflexions sur le comment vivre ensemble. Écologique, drôle, inspirant... et indispensable pour qui souhaite une coloc réussie !

L'École de la liberté

Un modèle d'éducation autonome et démocratique
Daniel Greenberg
(Postface de Mimsy Sadofsky)

Le récit d'une expérience qui révolutionne l'école et place l'élève aux commandes de son apprentissage.

COLLECTION CARTES & LIVRET

DE LA CONNAISSANCE À LA RÉALISATION

Le Chamanisme (Coffret 1)

par Laurent Huguelit

Une introduction destinée aux débutants. Pour découvrir la spiritualité chamanique, ses liens avec le monde moderne, les esprits et la nature.

Ouvrage de référence :
Le Chamane & le Psy

INCLUS DANS LE COFFRET

- Un jeu de 101 cartes
- Un livret de 120 pages
- Un plateau recto verso

Le Soin

par Agnès Stevenin

Découvrez la thérapie énergétique autrement, ses liens avec le corps, l'esprit et l'invisible.
Un outil complet pour stimuler la guérison, développer le bien-être et mettre en pratique de nouvelles perceptions.

Ouvrage de référence :
De la douleur à la douceur

INCLUS DANS LE COFFRET

- Un jeu de 101 cartes
- Un livret de 120 pages
- Un plateau recto verso

L'Alignement

par Marie-Pierre Dillenseger

Découvrez la pensée chinoise autrement, ses liens avec la société contemporaine, notre être profond et notre chemin personnel. Un outil complet pour s'accomplir, passer à l'action et mettre en pratique une sagesse millénaire.

Ouvrage de référence :
Oser s'accomplir

INCLUS DANS LE COFFRET
- Un jeu de 150 cartes
- Un livret de 176 pages
- Un plateau recto verso

L'Oracle de la chamane

par Brigitte Pietrzak

Découvrez la divination chamanique autrement, l'accès aux esprits, les animaux de pouvoir et la force de l'invisible. Un outil pratique pour stimuler la vision intérieure, développer les sens subtils, et interpréter les messages délivrés par les guides.

INCLUS DANS LE COFFRET
- Un jeu de 52 cartes
- Un livret de 72 pages
- Un plateau recto verso

Les Mémos de l'accouchement

par Eve Aschour

Ces 156 fiches pratiques et illustrées vous offriront une préparation à la naissance claire et concise. Réparties en sept thèmes différents et consultables individuellement, elles vous accompagneront et vous guideront de la grossesse jusqu'au postnatal.

Ouvrage de référence :
Les Mémos illustrés de l'accouchement

INCLUS DANS LE COFFRET
- Un jeu de 156 fiches
- Un livret de 36 pages
- Un plateau recto verso

L'Être

par Agnès Stevenin

Avec ces cartes de sagesse, découvrez autrement la pratique du soin énergétique. Un outil pour comprendre les liens entre le corps et l'esprit et le processus complexe de réparation des âmes blessées.

Ouvrage de référence :
Spendeur des âmes blessées

INCLUS DANS LE COFFRET
- Un jeu de 101 cartes
- Un livret de 120 pages
- Un plateau recto verso

LES INITIATIQUES
DES HISTOIRES POUR S'OUVRIR AUX MONDES

Shaman, La trilogie
Tome I - La Quête
Tigran (Préface de Claire Barré)

La Quête est le récit d'un jeune Français parti s'initier au chamanisme en Mongolie.
Une aventure spirituelle et amoureuse parsemée d'épreuves, à cheval entre deux mondes... pour que la flamme soit ravivée et le feu partagé.

Shaman, La trilogie
Tome II - La Vision
Tigran (Préface de Laurent Huguelit)

La Vision est le récit d'un jeune Français parti s'initier au chamanisme en Mongolie.
La poursuite d'une transmission qui se déploie au cœur d'une aventure spirituelle et amoureuse parsemée d'épreuves, à la lisière de l'invisible... pour que la connaissance soit sauvegardée et sa portée révélée.

Shaman, La trilogie
Tome III - L'Appel
Tigran (Préface d'Audrey Fella)

L'Appel est le récit d'un jeune Français parti s'initier au chamanisme en Mongolie.
L'accomplissement d'une quête spirituelle et amoureuse au centre d'une passation de savoirs entre plusieurs dimensions... pour que la magie soit déployée et ses pouvoirs maîtrisés.

Première édition originale, premier tirage

Photographies © Alain Cojean (sauf mention contraire)
Photographie de couverture et portrait de l'auteur © Alain Potignon
Conception graphique : Philippe Fourquet

Achevé d'imprimer en mars 2022
sur les presses de Evoluprint (France)
pour le compte de Mama Éditions.

Ce livre est issu de forêts gérées durablement
et de sources contrôlées.

ISBN 978-2-84594-441-1
Dépôt légal mars 2022
N° d'imprimeur 71868

L'imprimerie Evoluprint est titulaire du label :

IMPRIM'VERT®